Wie man Bill Clinton nach Deutschland holt

Hermann Scherer, Businessexperte und Lehrbeauftragter an mehreren Hochschulen, hält Vorträge zum Thema »persönlicher Erfolg« und »Unternehmenserfolg« und hat bereits mehrere Bücher veröffentlicht. Vor allem aber ist er ein erfolgreicher Netzwerker: 2001 gelang es ihm erstmals, Bill Clinton nach seiner Amtszeit für eine Veranstaltung in Deutschland als Redner zu gewinnen.

Hermann Scherer

Wie man Bill Clinton nach Deutschland holt

Networking für Fortgeschrittene

Campus Verlag
Frankfurt/New York

Bibliografische Information der Deutschen Bibliothek:
Die Deutsche Bibliothek verzeichnet diese Publikation in der
Deutschen Nationalbibliografie. Detaillierte bibliografische Daten
sind im Internet überhttp://dnb.ddb.de abrufbar.
ISBN 13: 978-3-593-37766-7
ISBN 10: 3-593-37766-7

Copyright © 2006 Campus Verlag GmbH, Frankfurt am Main
Umschlaggestaltung: grimm.design, Düsseldorf
Umschlagmotiv: Getty Images Deutschland, München
Druck und Bindung: Druckhaus »Thomas Müntzer«, Bad Langensalza
Gedruckt auf säurefreiem und chlorfrei gebleichtem Papier.
Printed in Germany

Besuchen Sie uns im Internet: www.campus.de

Inhalt

»Zufall ist vielleicht das Pseudonym Gottes,
wenn er nicht selbst unterschreiben will.«

Anatole France

Wir kennen uns bereits

Liebe Leserin, lieber Leser, wer auch immer Sie sind, wir kennen uns bereits. Vielleicht haben wir uns noch nicht die Hand geschüttelt, uns geschrieben oder voneinander gehört. Aber bestimmt kennen Sie jemanden, der jemanden kennt, der wiederum jemanden kennt, der jemanden kennt, der jemanden kennt, der mich kennt. Dieses Phänomen nennt man *Small World* oder auch *Six Degrees of Separation*.

Sicher kennen Sie den Ausspruch: »Die Welt ist ein Dorf«. Tatsächlich ist es immer wieder überraschend, mit wem wir Bekannte teilen. Da ist zum Beispiel Ihr neuer Kollege seit einigen Wochen mit einer alten Bekannten von Ihnen liiert, die Banknachbarin im Englischkurs kennt Ihren besten Freund seit Kindertagen, die Mutter eines Klassenkameraden Ihres Sohnes entpuppt sich als ehemalige Kommilitonin.

Erstaunlich ist es aber doch, dass wir über maximal sechs Schritte mit allen rund sechs Milliarden Erdbewohnern verbunden sein sollen. Diese These jedenfalls stellte der Soziologe Stanley Milgram (http://www.stanleymilgram.com) bereits in den sechziger Jahren auf. Und aktuelle Studien an der Columbia University bestätigen, dass wir – einfach formuliert – mit allen Menschen dieser Welt auf kurzen Wegen in Kontakt treten können. Vor gut fünf Jahren legte der Soziologe Duncan J. Watts mit seinem Team eine Untersuchung dazu auf. Der Aufwand war enorm. Von nahezu 100 000 potenziellen Teilnehmern wählten die Forscher 61 184 Personen – ich selbst war mit dabei – aus 166 Ländern aus und forderten sie auf, via E-Mail persönlichen Kontakt zu 18 Zielpersonen herzustellen, die sich auf 13 Länder verteilten. Das erstaunliche Ergebnis: Es gelang den Versuchsteilnehmern grundsätzlich, eine Verbindung zu den zugewiesenen Zielpersonen herzustellen, indem sie an ihre Bekannten E-Mails schrieben mit der Bitte, diese weiterzuleiten (http://smallworld.columbia.edu).

Die Wochenzeitung *Die Zeit* unternahm im Jahre 1999 das Experiment, eine Verbindung zwischen dem Berliner Falafelverkäufer und Theaterregisseur Salah ben Ghaly und seinem Idol sowie Lieblingsschauspieler Marlon Brando herzustellen. Erklärtes Ziel der Aktion war ein Anruf von Marlon Brando bei Salah ben Ghaly.

Natürlich kannte Salah ben Ghaly Marlon Brando nicht persönlich und verfügte auch nicht über Kontakte zur amerikanischen Filmindustrie. Er hatte jedoch einen guten Bekannten in Kalifornien namens Asaad Al-Hashimi. Der wiederum verbrachte seine Mittagspausen oft mit Ken Carlson und erzählte ihm bei dieser Gelegenheit von dem Projekt. Es stellte sich heraus, dass Ken Carlsons Freundin Michelle Bevan mit Christina Kutzer auf dem College war, der Tochter von Patrick Palmer, einem erfolgreichen Produzenten, der unter anderem den Film *Don Juan* produziert hatte, in dem Marlon Brando damals die Hauptrolle spielte.

Die Kette konnte bis zu diesem Punkt zügig hergestellt werden, doch nun begann sie zu stocken, da Patrick Palmer einfach nicht zu erreichen war. Auch der nächste Versuch, über Salah ben Ghalys Nachbarin und Kundin Meike Müller einen Kontakt herzustellen, scheiterte. Die kannte zwar Wolfgang Nowak, einen Freund des Topanwalts Bruce Ramer, zu dessen Klienten wohl auch Marlon Brando gehörte. Doch obwohl irgendwann sogar die großen Nachrichtenmagazine *Times* und *Newsweek* das Experiment publik machten, verlor sich letztlich die Spur.

Auch wenn Salah ben Ghaly keinen Anruf von Marlon Brando erhalten hat, so macht das Experiment doch eines deutlich: Es gibt das Small-World-Phänomen, und Sie und ich können und sollten es ganz gezielt für uns nutzen.

Glaubt man den Experten, dann ist Networking eine Strategie, ohne die wir in Zukunft nicht mehr auskommen können. Und vor allem: ohne die wir nicht erfolgreich sein werden!

Sie glauben, dass Qualität sich durchsetzt?

Sicher, da haben Sie Recht. Qualität ist eine wichtige Voraussetzung für Erfolg. Doch was passiert, wenn niemand weiß, dass Sie, Ihr Produkt, Ihre Leistungen gut sind? Kommunikation und Networking sind wichtige Säulen, auf die Sie bauen müssen. Wenn Sie ein Produkt, eine Leistung aktiv bewerben, dann kann das teuer werden: Agenturhonorar, Kosten für Anzeigen und Spots. Aber selbst dann können Sie nicht restlos sicher sein, ob Sie Ihre Zielgruppen auch wirklich erreichen. Die Kosten-Nutzen-Relation des Networkings fällt da deutlich günstiger aus!

Sie betreiben bereits Networking? Klar. Wir alle sind mehr oder weniger soziale Netzwerker. Niemand ist eine Insel. Doch was immer Sie bislang unter Networking verstanden haben – dieses Buch wird Ihnen eine neue Dimension zeigen. Dabei geht es nicht um das Knüpfen loser Kontakte. Es geht auch nicht darum, wie Sie andere im Bestfall benutzen können. Es geht um sinnvolles Miteinander, um Mehr-Wert, um Kooperationen, um gemeinsamen Benefit!

Sie werden erfahren, wie Sie Kontakte pflegen. Wie Sie sich ein Profil geben und wie andere Sie als Experten wahrnehmen. Sie werden nicht nur entdecken, wie oder wo Sie den richtigen und wichtigen Leuten begegnen, sondern wie Sie Mr. oder Mrs. Right auch auf sich aufmerksam machen. Ich werde Ihnen einen Einblick in die Königsklasse des Networkings bieten, in das Anbahnen und Knüpfen von Kooperationen. Ich werde Ihnen zeigen, wie Sie ein unwiderstehliches Angebot unterbreiten. Und ganz nebenbei werde ich Ihnen auch erzählen, wie Sie es schaffen, einen amerikanischen Präsidenten zum Abendessen einzuladen.

Das Vernetzen ist eine Technik, die ich auch beim Schreiben dieses Buches verwendet habe. Deshalb verwebe ich eigene Erfahrungen mit recherchiertem Hintergrundwissen, Informationen mit unterhaltsamen Geschichten, die ich selbst erlebt oder die mir andere erzählt haben. Ich würze Fakten mit plakativen Beispielen, einfach, weil ich aus Erfahrung weiß, dass Sie, liebe Leserinnen und Leser, sie dann besser behalten. Was hat Networking etwa mit Papierfalten zu tun? Ich verrate es Ihnen im nächsten Kapitel – und wetten, dass Sie sich am Ende des Buches noch daran erinnern?

Kapitel 1

Die Vorteile des Networkings

> Ohne Networking-Techniken wird in Zukunft
> keine nennenswerte Teilhabe mehr am gesellschaftlichen
> und ökonomischen Leben möglich sein.
>
> *Matthias Horx*

Seien wir doch ehrlich: Über Networking wurde lange Zeit die Nase gerümpft. Von »Vitamin B« war gerne die Rede, von Seilschaften. Falls auch Sie noch Rest-Ressentiments haben – legen Sie sie getrost ab, denn Networking ist heute eine im Geschäftsleben völlig akzeptierte Technik und hat nichts zu tun mit Geklüngel.

Was ist Networking dann? In keinem Fall eine vornehme Variation der Kaltakquise, auch wenn viele Menschen es dafür halten. Ebenso wenig geht es beim aktiven Networking um das Knüpfen loser Kontakte. Und um das Be- und Ausnutzen anderer schon gar nicht.

Meine Erfahrung hat gezeigt: Die meisten Menschen schöpfen nur einen Bruchteil dessen aus, was Networking tatsächlich zu leisten vermag! In diesem Kapitel will ich Ihnen darum zeigen, was ich unter Networking verstehe, wie Sie dabei Ihre Perspektive verändern und welchen Nutzen Ihnen das bringen wird.

Gegen Ende dieses Kapitels können Sie dann in einem kurzen Test Ihr individuelles Networking-Potenzial entdecken und überprüfen, wo Sie in Sachen Beziehungsmanagement heute stehen.

Was Networking wirklich bedeutet

Networking ist zunächst per Definition nichts anderes als der Austausch von Informationen und die Zusammenarbeit innerhalb eines Netzwerkes. Seit Menschengedenken verbünden sich Menschen, sie schließen sich für bestimmte Ziele zusammen. Sie »netzwerken« aus wirtschaftlichen, aus politischen und aus gesellschaftlichen Gründen. Ein effizienter Netzwerker der Neuzeit beispielsweise war Johann Wolfgang von Goethe. Er verkehrte in gelehrten Gesellschaften, Vereinen, Salons, zelebrierte Männerabende in den örtlichen Gasthäusern, Lesezirkel und Teeabende. Er war Mitglied der Freimaurerloge Amalia in Weimar, und auch das politische Jonglieren beherrschte er aus dem Effeff. Sein gesellschaftliches Standing nutzte er konsequent, allerdings ging es ihm dabei vor allem um persönlichen Einfluss und Macht.

Wer Networking betreiben will, wie ich es verstehe, das heißt zeitgemäßes Networking, muss zunächst seinen Blickwinkel verändern. Dieses »Advanced Networking«, wie ich es gerne nenne, bedeutet eben nicht nur, Ego-Marketing zu betreiben. Es bedeutet vielmehr das Anbieten von Lösungen für ein sinnvolles Miteinander. Es geht nicht darum, andere zu benutzen, sondern darum, anderen zu nützen, und in einem zweiten Schritt um einen beiderseitigen Benefit. Um das zu verstehen, lassen Sie uns kurz eintauchen in die faszinierende Welt sozialer Netzwerke.

Das Potenzial sozialer Netzwerke

Der Mensch denkt allzu oft in linearen Zusammenhängen: nach A folgt B folgt C. Es gibt aber viele Systeme, in denen dieses Denksystem nicht angewendet werden kann, zum Beispiel bei Netzwerken. Hier eine kleine Denksportaufgabe: Nehmen Sie ein großes Blatt Papier (DIN A4) in gängiger Stärke und falten Sie es einmal. Dann knicken Sie es nochmals über die Mitte und noch einmal und noch einmal und immer so weiter, bis Sie das Papier schließlich 50-mal gefaltet haben. Wie dick, glauben Sie, wird das zusammengelegte Blatt sein?

Um die Frage zu beantworten, werden die meisten Leute das Blatt vor ihrem geistigen Auge falten und zu dem Schluss kommen, dass es schließlich so dick wie ein Telefonbuch sein wird oder, wenn sie mutig sind, so hoch wie der Kühlschrank. Aber die richtige Antwort lautet, dass das Papierbündel so hoch wäre, dass es die Entfernung von der Erde zur Sonne überbrücken könnte. Und wenn man es noch einmal falten könnte, so würde seine Höhe der Entfernung zur Sonne und wieder zurück entsprechen. In der Mathematik nennt man so etwas eine geometrische Progression: Dinge addieren sich nicht einfach, sondern sie potenzieren sich – wie ein Computervirus, der sich schnell ausbreitet, sich verdoppelt und multipliziert. Unsere menschliche Vorstellungskraft hat es schwer mit dieser Art von Progression, weil das Ergebnis – die Wirkung – so außerhalb jeder Proportion der Vorstellungskraft liegt.

Sie glauben mir (noch) nicht? Versuchen Sie doch mal selbst, ein beliebig großes Blatt Papier über die Mitte so oft wie möglich zu falten. Wahrscheinlich wird es Ihnen maximal siebenmal gelingen, da Sie dann bereits 128 Schichten haben, und die erneut zu knicken, erfordert einen sehr hohen Kraftaufwand. Wer mir das Gegenteil beweist, bekommt einen Jahresvorrat Papier geschenkt:

1. Mal: 2 Schichten
2. Mal: 4 Schichten
3. Mal: 8 Schichten
4. Mal: 16 Schichten
5. Mal: 32 Schichten
6. Mal: 64 Schichten
7. Mal: 128 Schichten

Mit Netzwerken verhält es sich genauso. Die Dynamik, die Netzwerke besitzen, nenne ich »vernetzte Progression«. Über jeden Menschen in Ihrem Netzwerk stehen Sie mit weiteren Personen in dessen Netzwerk in Verbindung, und diese Kontakte strahlen so weit aus, dass alle Menschen auf der Erde über wenige Schritte miteinander in Verbindung kommen.

Ihr Networking-Potenzial umfasst 6 500 000 000 Menschen. Und in der Zeit, die Sie benötigt haben, um diesen einen Satz zu lesen, sind weitere 20 Menschen hinzugekommen.

Diese enormen Zahlen zeigen die großen wirtschaftlichen Chancen von Netzwerken. Das Erfolgsbeispiel schlechthin ist die Internet-Auktionsplattform eBay. Wenn eBay eine Million Verkäufer und eine Million Käufer zusammenbringt, ergeben sich theoretisch zehn hoch zwölf mögliche Kontakte. Wenn von diesen nur jeder Tausendste zu einer Transaktion führt, dann kommen bereits eine Milliarde Verkäufe zustande!

Im Sekunden- und Minutentakt wechseln bei eBay Waren den Besitzer:

alle 2   Sekunden ein Kleidungsstück
alle 14 Sekunden ein Roman
alle 3   Minuten ein Auto
alle 3   Minuten ein Notebook
alle 4   Minuten ein DVD-Player
alle 6   Minuten ein Gartenzwerg
alle 7   Minuten ein Staubsauger
alle 8   Minuten ein Sofa
alle 10 Minuten eine Espressomaschine

»Das Ganze ist mehr als die Summe seiner Teile«, wusste schon der griechische Gelehrte Archimedes und schuf damit die Basis für systemisches Denken. Oder systemtheoretisch formuliert: Die systemischen Eigenschaften sind nicht bei einem einzelnen Systemteil vorhanden, sondern ergeben sich durch die prozesshaften Beziehungen der Teile. Und auch diese Teile erweisen sich bei näherer Betrachtung als kleine, netzwerkartig organisierte Systeme.

Was die Erforschung sozialer Systeme mit diesem Buch zu tun hat? Zunächst: die gemeinsame Annahme eines Small-World-Phänomens – jeder Mensch ist mit jedem anderen auf dieser Welt über eine überraschend kurze Kette von Bekanntschaftsbeziehungen verbunden. Und außerdem: die Einsicht, dass Kooperation und Koordination in Netzwerken in Wirtschaft und Gesellschaft erfolgversprechender sind als hierarchische Strukturen.

Bob Metcalfe, Erfinder des Ethernet und Gründer der IT-Firma 3Com, beschrieb, was heute als »Metcalfe's Law« bezeichnet wird: »The Value of a network scales as the square of the number of those connected to it.« Der Wert eines Netzwerks wächst im Quadrat mit der Zahl derer, die mit ihm verbunden sind: value = n^2.

Ein funktionierendes Netzwerk kann also eine ungünstige Ausgangslage kompensieren. Nehmen wir zum Beispiel Videosysteme: Das VHS-Videosystem hat sich gegenüber »Video 2000« und vor allem gegenüber dem technisch besseren »Betamax« durchgesetzt. Nicht, weil es besser war, sondern weil mehr Menschen es nutzten! Ähnliches geschah mit der Schreibmaschinentastatur. Diese wurde ursprünglich ganz bewusst kompliziert gestaltet, weil die erste Generation von Schreibmaschinen Tastendrucke technisch nicht so schnell umsetzen konnte, wie Benutzer tippten. Heute schreiben wir noch immer auf diesen unlogisch konzipierten Tastaturen – obwohl technisch alles machbar wäre. Wer wollte das ändern bei so vielen Nutzern, die sich daran gewöhnt haben?

Warum Networking?

Networking ist die Strategie der Zukunft – für Sie als einzelne Person ebenso wie für Einrichtungen, Organisationen und Unternehmen. Darin sind sich die meisten Experten einig. Die technischen Voraussetzungen haben wir. Und vergegenwärtigen wir uns noch einmal das Phänomen der vernetzten Progression, dann ist klar: Networking birgt ein unglaubliches Potenzial in nahezu jedem Bereich – ob bei der Kommunikation zwischen Kunden und Mitarbeitern, ob als Markt für gebrauchte Produkte, ob im Arbeitsmarkt, im Immobilienmarkt, im Heiratsmarkt oder im Wissensmanagement.

Networking als Funktionsprinzip der Wissensgesellschaft

Der renommierte Trendforscher Matthias Horx geht sogar noch weiter. Er erhebt das »Netzwerken« zum »Funktionsprinzip der Wissensgesellschaft« schlechthin. Sein auf Trendanalysen spezialisiertes Zukunftsinstitut (www.zukunftsinstitut.de) in Kelkheim entwirft ein gesellschaftliches Szenario, in dem – gleichsam als Gegenbewegung zur voranschreitenden Individualisierung – vernetzte Beziehungen wichtiger sein werden als klassische Bindungen: »Ohne Networking-Techniken wird keine nennenswerte Teilhabe mehr am gesellschaftlichen und ökonomischen Leben möglich sein.« Bindungsformen wie die traditionelle »Verwandtschaft« im sozialen und hierarchische Firmenstrukturen im wirtschaftlichen Bereich verlören an Definitionsmacht – davon ist Zukunftsforscher Horx überzeugt und liefert für diesen Trend zum »Clanning« und »Clubbing« zahlreiche Beispiele aus dem angelsächsischen Raum: so unter anderem das englische »Babbington House« in Sussex, ein exklusives Design-Hotel auf dem Lande, das vor allem für die Mitglieder des »Soho-Club« geschaffen wurde. Der »Soho-Club« ist eine Vereinigung von Journalisten und Medienschaffenden, in der nach typischer Londoner Clubmanier Mitgliedsbeiträge erhoben werden. Dafür erhalten die Clubmitglieder besonders günstige Konditionen im »Babbington House«, ihrem höchst komfortablen und dennoch legeren Wochenend-Erholungstreffpunkt mit Spa, Kinderservice und weiteren Annehmlichkeiten.

Horx sieht auch das Entstehen neuer »Burschenschaften«. Die exklusive Talent Networks GmbH (ehemals RIFU) beispielsweise, die neue Wege in der Auswahl und Entwicklung von Top-Führungskräften geht. Das Unternehmen hat strategische Partner wie McKinsey, Siemens oder Bertelsmann. Topstudenten und Managementkandidaten treten hier in Kontakt mit großen Unternehmen, man unterstützt sich gegenseitig, ein Mentorenprogramm hilft bei der persönlichen Karriereentwicklung. Horx: »Struktur und Intentionen ähneln alten Burschenschaften oder Vereinigungen wie Rotary oder Lions – hier werden ›Berufs-Seilschaften‹ gebildet.«

Networking bedeutet Effizienzsteigerung

»Vernetzt, klein und flexibel – die Firma des 21. Jahrhunderts« – unter diesem Titel erschien 2002 im Sonderband »Effizienz« des *Harvard Business Manager* ein Artikel der Managementprofessoren Thomas W. Malone und Robert J. Laubacher, der weltweit Furore machte. Die amerikanischen Autoren sagten dem Vernetzungsengagement von

Kleinstunternehmen eine große Zukunft voraus. Ihre These: Der Trend geht weg von Großunternehmen, die, ähnlich riesigen Dampfern, schwerfällig auf Kurs gehalten werden müssten, und hin zu kleinen, flexiblen Organisationen, die in Guerilla-Manier die Märkte der Zukunft erobern würden.

Auch in Deutschland geht die Wissenschaft davon aus, dass herkömmliche Strukturen der Unternehmensorganisation weiter aufweichen werden und Arbeits- wie Wertschöpfungsprozesse sich zukünftig noch flexibler und selbstständiger gestalten lassen. Die Entwicklung zeichnet sich schon heute ab: Unternehmen werden in kleine wirtschaftliche Einheiten (zum Beispiel in eigene Profitcenter) gesplittet, die eigenständig am Markt operieren und kooperieren; Arbeitsbereiche werden ausgelagert, sie werden »outgesourct«, und oftmals von ehemaligen Mitarbeitern im Freelancer-Status übernommen. Unter den neuen Selbstständigen und Freiberuflern entwickeln sich wiederum Netzwerke.

Gleiches gilt auch für die Wissenschaften: »Einzelkämpfertum und isoliertes nebeneinanderher Arbeiten innerhalb der klassischen Disziplinen führen heute nicht mehr weiter. Gefragt sind vielmehr klare Prioritätensetzung, interdisziplinäre Zusammenarbeit sowie ein fachübergreifender Erfahrungs- und Informationsaustausch. ›Networking‹ heißt heute die Erfolgsstrategie für unsere Unternehmen und Forschungseinrichtungen«, betonte die damalige Bundesbildungsministerin Edelgard Bulmahn auf einer internationalen Konferenz zum Wissens- und Technologietransfer bereits im Jahr 2000.

Networking bedeutet Effizienzsteigerung – das gilt auch für Sie persönlich! Wenn Sie an Ihr Netzwerk Aufgaben weiterleiten, die andere schneller und kompetenter lösen können als Sie selbst, sparen Sie Zeit und haben zudem die Möglichkeit, als ausgewiesener Experte gezielt die Aufgaben übernehmen, die Ihrem Profil, Ihren Stärken entsprechen. Unabhängig voneinander bestätigten alle von uns befragten Netzworker, dass sie ohne ihre aktive Kommunikation bei weitem nicht so erfolgreich arbeiten könnten.

Networking: Empfehlungsmarketing für Leistungen, Produkte und Sie selbst

Glauben Sie noch daran, dass allein Qualität sich durchsetzt und der Beste immer gewinnt? Und dass dies bemessen wird anhand objektiver Kriterien, die wiederum neutrale Personen bestimmen?

Aber was, bitte schön, ist objektiv? Und wer legt fest, welche Kriterien als relevant in die Bewertungsgrundlagen aufgenommen werden, statt unter den Tisch zu fallen? Ein schönes Märchen.

Natürlich sind Qualität und Leistung wichtig – sie bilden die Eintrittskarte für den Erfolg. Doch wie wird geurteilt, wenn die Leistungen annähernd gleich sind? Welches zusätzliche Kriterium entscheidet dann?

Qualität plus Kommunikation

»Aus reinem Felsquellwasser gebraut!« Mit diesem Slogan wirbt eine Brauerei für ihr Bier und erhöht so ihren Absatz, obwohl wir wissen, dass mehrere Brauereien in Deutschland ihr Bier aus Felsquellwasser oder Quellwasser brauen. Sie sehen: Sie müssen oftmals also gar nicht besser sein als Ihre Mitbewerber, Sie müssen Ihre Stärke(n) nur besser kommunizieren.

Nehmen wir einmal an, Sie haben die Wahl zwischen zwei Produkten oder zwei Dienstleistungen. Abbildung 1 zeigt die Alternativen A und B, die beide den gleichen Preis haben. An der Höhe der Säule sehen Sie, dass A jedoch ein höheres Leistungsspektrum bietet als B. Aufgrund dieser Tatsache würden Sie sich wahrscheinlich für Alternative A entscheiden, da A bei gleichem Preis mehr bietet als B. Gleiches gilt, wenn wir in der Abbildung die von Ihnen erwartete Leistung durch einen Querstrich kennzeichnen. Auch jetzt bietet A immer noch das objektiv bessere Angebot. Die Entscheidung würde in der Regel wieder auf A fallen.

Was aber geschieht, wenn B sein Leistungsspektrum, sprich die Vorteile und den Nutzen seines Angebotes, weitaus besser kommuniziert als A (dunkelgraue Fläche in der Abbildung)?

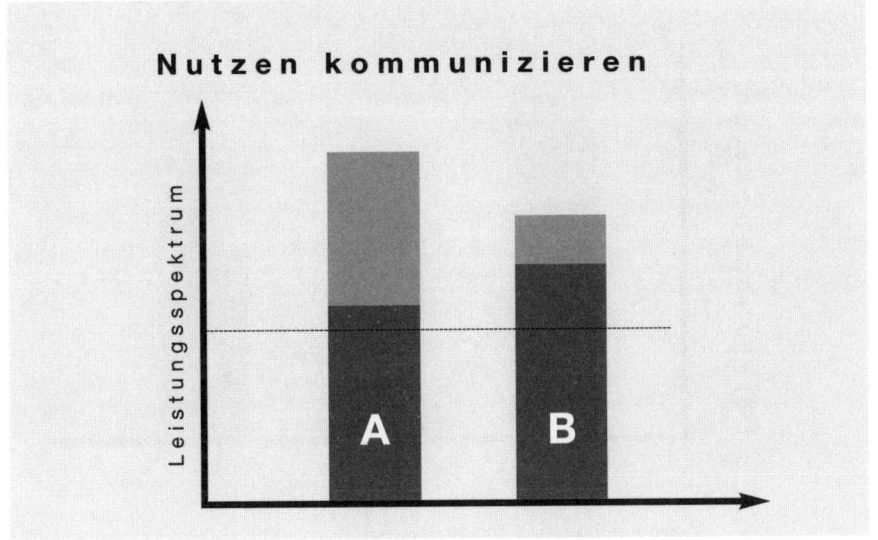

Das verändert die Situation vollkommen. Nun fällt Ihre Wahl sicherlich auf B, denn Sie sind ja kaum in der Lage, sich ohne aufwändigen Vergleich ein objektives Urteil zu bilden. Daher werden Sie sich für dieses Produkt oder diese Dienstleistung beziehungsweise Idee entscheiden, da sich Ihnen B – subjektiv gesehen – positiver darstellt und Ihnen am vorteilhaftesten erscheint, da es den Nutzen eben am besten kommuniziert.

Wir entscheiden uns für die Lösung, deren Nutzen nach unserem subjektiven Empfinden am besten kommuniziert wird. Wir entscheiden uns für die Person oder Idee, die uns ihre Vorteile einleuchtender darstellt. Mit dem objektiven Nutzen oder den objektiven Vorteilen hat das wenig zu tun. Diese können durchaus bei einem anderen Anbieter, einer anderen Person, einer anderen Idee größer oder gleich groß sein. Wir wählen die Unternehmen oder Partner, die uns ihre Ideen, ihre Produkte, ihre Dienstleistungen und den Nutzen ihres Angebotes am besten vermitteln. Denn: Qualität findet im Kopf des Kunden, im Kopf des Menschen statt. Dort müssen Sie mit Ihrer Überzeugungsstrategie ansetzen! Rücken Sie also Ihre Stärken ins Scheinwerferlicht – unabhängig davon, ob andere diese auch haben oder nicht.

Abbildung 2: Nutzen kommunizieren

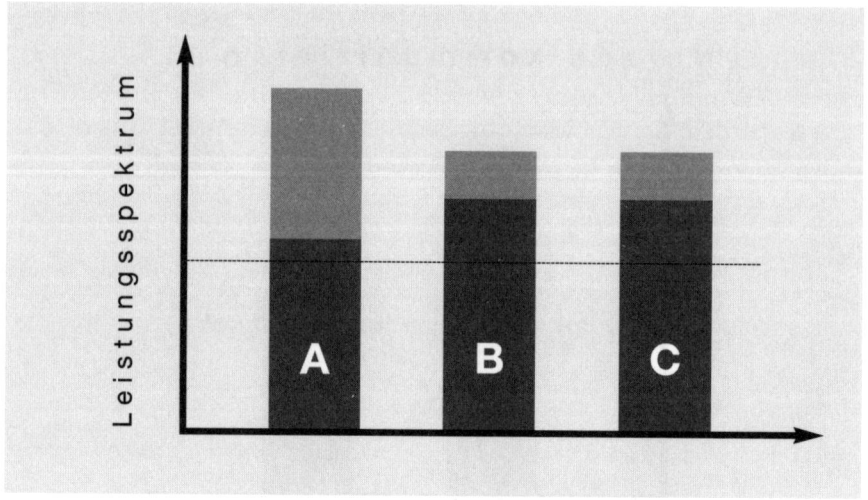

Sie sehen: Qualität ist zwar die Eintrittskarte, Qualität allein ist für die Mehrheit jedoch kein ausreichender Anreiz mehr, sich für die Leistungen einer bestimmten Person, für ein bestimmtes Produkt oder für eine bestimmte Dienstleistung zu entscheiden. Das sind die Spielregeln der Attention Economy, der Aufmerksamkeitsgesellschaft.

Qualität plus Kommunikation plus Netzwerk

Da Qualitäten immer gleicher und damit vergleichbarer geworden sind, ist ein Wettkampf um die bessere Kommunikation und Darstellung entbrannt. Doch was tun, wenn alle Ihre Mitbewerber gelernt haben, die eigenen Stärken ähnlich gut an potenzielle Kunden zu vermitteln? Was, wenn A in unserem Beispiel die Pluspunkte nun auch besser darstellen kann? Oder was passiert, wenn neben uns weitere Mitbewerber ins Feld treten, die ein ähnliches Leistungsspektrum vorweisen und dieses ähnlich gut wie Sie kommunizieren können (Abbildung 2)?

Wenn zwei Anbieter oder zwei Produkte gleich gut sind oder – und das ist das Entscheidende – ihre Stärken gleich gut kommunizieren, wem gibt man dann den Vorzug? Für wen entscheidet man sich in diesem Fall und warum? Bei gleicher Leistung beziehungsweise bei gleich kommunizierter Leistung wird sicherlich derjenige den Zuschlag bekommen, den man schon kennt, von dem man schon gehört hat oder der empfohlen wird von jemandem, der diesen kennt.

Wenn die Qualität vergleichbar ist, die Stärken ähnlich gut kommuniziert wurden, dann gewinnt oft der, der unter den Anbietern bekannter ist oder durch ein Netzwerk empfohlen wurde.

Qualitätssurrogate

Vielfach sind es die Qualitätssurrogate, die »Ersatzstoffe«, die uns – gerade bei vergleichbaren Eigenschaften – helfen sollen, eine Qualität zu bewerten. Angenommen, Sie wollen telefonisch ein Hotelzimmer buchen und rufen ein Ihnen unbekanntes Hotel an. Dauert es sehr lange, bis jemand Ihren Anruf entgegennimmt, so werden Sie die Ihnen unbekannte Qualität des Hotels als eher schlecht einschätzen – nach dem Motto: »Wenn die so einen lahmen Service haben wie am Telefon ...« Viele Menschen buchen bevorzugt bei bekannten Hotelketten, denn: ein hoher Bekanntheitsgrad hebt die Nutzenvermutung – wer bekannt ist, von dem vermutet man, dass er eine gute Qualität bietet.

Ein anderes Beispiel: Sie gehen zu einem neuen Allgemeinarzt, und auf dem Flur kommt Ihnen die Sprechstundenhilfe entgegen. Ihr weißer Kittel ist von oben bis unten mit Blut verschmiert. Welcher Gedanke liegt da wohl nahe? »Wenn die so arbeiten, wie die aussieht, dann ...« Wir nehmen also einen Qualitätsersatz, eine subjektive Beurteilung, um damit auf die echte Qualität schließen zu können. Denn objektiv gesehen können wir aufgrund der Zeit, die es braucht, bis jemand den Telefonhörer abnimmt, oder angesichts der Sauberkeit der Schwesterntracht nicht wirklich eine Dienstleistung beurteilen.

»Der Kunde vergleicht uns mit der Konkurrenz und stuft uns entweder als besser oder als schlechter ein. Das geht nicht sehr wissenschaftlich vor sich, ist jedoch verheerend für den, der dabei schlechter abschneidet«, erklärt Vorbildmanager Jack Welch die Bedeutung des oft subjektiven Leistungsvergleichs. Und dabei hatte Jack Welch, langjähriger CEO von General Electric, hauptsächlich mit technischen Geräten zu tun, mit Produkten, die anhand harter Fakten vergleichbar sind, deren Daten wie Größe, Gewicht, Leistung, Geschwindigkeit, Preis messbar sind.

Dienstleistungen dagegen sind intangibel, nicht anfassbar, und erst bei ihrer Erfüllung können wir – falls überhaupt – feststellen, ob wir damit zufrieden sind oder nicht. Hier gilt bei der Wahl eines bestimmten Anbieters umso mehr der subjektive Eindruck. Ähnlich ist es bei Menschen. Um eindeutig zu wissen, ob eine Zusammenarbeit, Partnerschaft oder Kooperation funktioniert, muss man erst einmal zusammenarbeiten. Ein entscheidendes Qualitätsmerkmal kann da nur die Frage sein: »Kennen wir diese Person?«, »Kennen wir seine Familie?« oder »Kenne ich jemanden, der diese Person kennt?«.

Networking bei Job-Suche und Karriere

Was nützt es, wenn Sie genau das richtige Profil für eine ausgeschriebene Stelle haben, ein anderer aufgrund von guten Verbindungen aber schneller davon weiß und deshalb früher punkten kann. Selbst Internet-Stellenbörsen wie Jobpilot.de oder Monster.de, die von der Beziehungslosigkeit ihrer Kunden profitieren, schätzen, dass rund ein Drittel aller Einstellungen durch persönliche Kontakte zustande kommt. In den USA werden mittlerweile etwa 70 Prozent der offenen Positionen über Networking besetzt. In vielen Firmen gibt es umfangreiche Mitarbeiterempfehlungsprogramme, bei denen der Empfehlende mit einer Erfolgsprämie belohnt wird.

Rund ein Drittel aller europäischen Arbeitnehmer zwischen 16 und 29 Jahren findet Jobs über freundschaftliche oder familiäre Beziehungen. Das ergab die Untersuchung einer EU-Kommission. Drei renommierte spanische Ökonomen wollten wissen, was das für Karriere und Einkommen bedeutet. Sie untersuchten knapp 2 000 Fälle und kamen zu erstaunlichen Ergebnissen: Zwar waren die Profiteure privater Netzwerke durchschnittlich einen Monat kürzer arbeitslos als ihre Altersgenossen, die auf herkömmliche Kanäle setzten. Aber trotz längerer Arbeitszeit haben sie im Laufe ihres kurzen Berufslebens 9 Prozent weniger verdient als die Mitbewerber. Der Grund für dieses Phänomen liegt nach Ansicht der Wissenschaftler darin, dass Bewerber mit Beziehungen oft den leichteren Weg gehen. Sie schöpfen ihr Potenzial nicht aus und verzichten so auf die womöglich besser dotierten Stellen.

In deutschen Großkonzernen finden sich inzwischen häufig Punktesysteme: Je mehr Verwandte bereits in der Firma arbeiten, desto mehr Punkte bekommen die Bewerber. Wenn also Ihre halbe Verwandtschaft in einem Konzern sitzt, ist Ihr Punktekonto so hoch, dass Sie quasi automatisch eine Stelle bekommen. Ob die angebotene Stelle dann aber wirklich dem eigenen Profil entspricht oder ob eine andere Firma vielleicht interessanter wäre, interessiert viele dann leider nicht mehr.

Mein Tipp

Sie sollten Netzwerke nutzen, um an Ihr Ziel zu gelangen, aber achten Sie darauf, dass Ihr Ziel nicht von Netzwerken festgelegt wird.

Lange habe ich geglaubt, dass Personalentscheidungen, zumindest in größeren Unternehmen, begründet, logisch und nachvollziehbar wären. Die Recherche zu diesem Buch aber zeigte, dass auch in diesen Fragen häufig subjektive Kriterien angelegt werden. Eine Studie von IBM in den USA ergab: Ob jemand Karriere bei einem Unternehmen macht, hängt hauptsächlich von drei Faktoren ab:

- Leistung / Qualifikation
- Image / Selbstdarstellung
- Kontakte / Beziehungen

Das stellt eigentlich nichts Neues dar. Überraschend aber ist, wie diese drei Bereiche gewichtet sind. Demnach wird

- zu 10 Prozent auf Leistung und Qualifikation,
- zu 30 Prozent auf Image und Selbstdarstellung und
- zu 60 Prozent auf Kontakte und Beziehungen

geachtet. Diese viel zitierte Studie ist schon ein wenig betagt, doch neuere Untersuchungen bestätigen diese Gewichtung nicht nur, sie kommen gar zu noch erstaunlicheren Ergebnissen. Es geht also um mehr als um Leistung – nicht immer, aber eben immer öfter.

Networking als Wettbewerbsvorteil

Das Münchner Oktoberfest ist das größte und bekannteste Volksfest der Welt. Gefeiert wurde es erstmals am 12. Oktober 1810, als der angehende König Ludwig I. Prinzessin Therese von Sachsen-Hildburghausen heiratete. 1818 wurde auf der Theresienwiese das erste Karussell mit zwei Schaukeln aufgestellt; die riesigen Bierzelte kamen Anfang des 20. Jahrhunderts hinzu. Heute stehen auf der 31 Hektar großen »Wiesn« 14 große Festzelte mit rund 100 000 Sitzplätzen.

1950 zog Münchens Oberbürgermeister Thomas Wimmer zur Eröffnung des Oktoberfestes in das Festzelt Schottenhammel ein, um dort das erste Bierfass anzustechen und damit die Wiesn zu eröffnen. Die Tradition und Planung besagte, dass das Fest jedes Jahr – aus Gründen der Gerechtigkeit – in einem anderen Zelt eröffnet wurde. Der damalige Wirt des Schottenhammels war jedoch ein cleveres Kerlchen und kannte die Vorliebe des Oberbürgermeisters für eine gute Brotzeit nur allzu genau. Darum versprach er dem Bürgermeister, dass, wenn er nächstes Jahr wiederkäme, er die beste und größte Brotzeit seines Lebens bekäme. Und der Oberbürgermeister kam wieder! Seitdem wird die Wiesn jedes Jahr im Schottenhammel eröffnet. Unter den neidvollen Blicken der anderen Wirte, versteht sich. Inzwischen ist das längst gelebte Tradition. Welch enormer Wettbewerbsvorteil!

Eine banale Geschichte? Ja, tatsächlich, aber gerade in ihrer Einfachheit ist sie so verblüffend wie in der Realität tausendfach wiederholt. Bei der Recherche zu diesem Buch stellte ich Dutzenden von Kooperationspartnern stets die gleiche Frage: »Wie ist es zu dieser Kooperation gekommen?« Und immer wieder war ich verblüfft, welche einfachen und vor allem wenig rational begründeten Antworten ich erhielt.

Networking und Zeitgewinn

Networking soll Ihnen Zeit schenken und keinen zusätzlichen Aufwand verursachen. Zumindest langfristig gesehen. Networking sollten Sie vor allem »by the way« machen. Zeit, die Sie zum Beispiel ohnehin auf Veranstaltungen verbringen, können Sie mit aktivem Networking noch sinnvoller nutzen. Wussten Sie, dass Sie fünf wertvolle Jahre Ihrer Lebenszeit damit zubringen, in einer Schlange zu stehen? Und 16 Tage und sechs Stunden, darauf zu warten, dass Ihr Computer hochfährt? Warum nutzen Sie diese Zeit nicht für Networking? Für ein Telefonat, für eine kleine handschriftliche Notiz an einen Kollegen?

Kontakte, die Sie ohnehin haben, können durch solche Kleinigkeiten einen Mehrwert gewinnen. So bekommen Sie entweder bei gleichem Zeitaufwand bessere Ergebnisse oder sparen durch effektive Pflege sogar Zeit – zum Beispiel im Wartezimmer von Ärzten. Sie kennen ja die drei Wartestufen: Kassenpatient, Privatpatient, Netzwerk.

Mein Tipp

Bilanzieren Sie doch einmal, wofür Sie täglich wie viel Zeit investieren, und überlegen Sie, welchen Raum Sie Networking geben wollen oder besser noch, mit welchen Tätigkeiten sich Networking sinnvoll verbinden ließe. Im Flugzeug zum Beispiel können Sie neue Kontakte knüpfen, statt sich über das Liebesleben von Britney Spears zu informieren. Außerdem hat fast jede Airline Briefpapier oder Postkarten an Bord und bietet damit eine gute Gelegenheit, von der Reise zu grüßen.

Ihr persönlicher Networking-Test: Wo stehen Sie?

Den folgenden Test haben wir für Sie entwickelt, damit Sie vorab beurteilen können, ob Sie bereits ein Profi-Networker sind oder noch zur Gruppe der Einzelkämpfer gehören. Dabei liefert Ihnen der Test nicht nur eine generelle Einschätzung, sondern zeigt Ihnen auch die Bereiche auf, in denen Sie am meisten hinzulernen können. Im Folgenden finden Sie 25 Aussagen zum Themenbereich Networking, die korrespondierend zu den folgenden Buchkapiteln in fünf Kategorien gegliedert sind. Bitte beantworten Sie die Aussagen im Hinblick darauf, wie sehr diese jeweils auf Sie zutreffen. Dabei gilt die Bewertung:

4 = trifft zu
3 = trifft eher zu
2 = trifft eher nicht zu
1 = trifft nicht zu

Wie gut ist Ihr Networking?

Themenbereich 1: Welche Kontakte haben Sie, und was tun Sie dafür?	4	3	2	1
• Ich habe eine konkrete Vorstellung davon, in welchen Bereichen meine Bekannten für mich und andere hilfreich sein können.				
• Auf Veranstaltungen gelingt es mir leicht, mit interessanten Leuten in Kontakt zu kommen.				
• Bei guter Gelegenheit kann ich ein unverbindliches Gespräch auch gekonnt in berufliche Bahnen lenken.				
• Ich habe erfolgreiche Strategien entwickelt, um geschlossene Kontakte aufrechtzuerhalten und mich gut in Erinnerung zu bringen.				
• Ich weiß, welche Personengruppen ich so zuvorkommend wie Kunden behandeln sollte.				
• Meine Kunden und / oder Mitarbeiter sind von den Briefen und Geschenken, die ich ihnen zukommen lasse, immer begeistert.				
• Ich weiß, wie wichtig Recherche zur Kontaktpflege ist und kann das Internet zu diesem Zweck effektiv nutzen.				
• Mir gelingt es, auch mit potenziellen Arbeitgebern oder Kunden Kontakte zu pflegen.				

Themenbereich 2: Wie geben Sie sich ein Profil?	4	3	2	1
• Ich weiß, wie wichtig ein bestimmtes Maß an Bekanntheit ist, um voranzukommen und kenne Möglichkeiten, Bekanntheit zu erlangen.				
• Ich habe mir als Person beziehungsweise meinem Unternehmen ein klares Profil gegeben, das ich nach außen transportiere.				
• Ich bin dafür bekannt, dass ich die Probleme innerhalb meines Unternehmens oder bei meinen Kunden erkenne und Lösungen dafür anbiete.				
• Ich helfe meinen Mitarbeitern beziehungsweise Kunden, ihre Träume zu entdecken und zu verwirklichen.				
• Ich profitiere nicht nur aus meinen Beziehungen, sondern investiere auch in diese.				

Themenbereich 3: Wo kommen Sie mit wichtigen Menschen in Kontakt?	4	3	2	1
• Ich habe einen guten Überblick über die existierenden Verbände und Clubs.				
• Ich weiß, welche der Verbände und Clubs mir für mein berufliches Fortkommen hilfreich sein könnten.				
• Ich kenne die Wege, um auch in Clubs zu kommen, bei denen eine Aufnahme stark reglementiert ist.				

Themenbereich 4: Wie werden wichtige Leute auf Sie aufmerksam?	4	3	2	1
• Ich besuche Veranstaltungen, auf denen ich interessante Leute kennen lernen kann.				
• Ich nutze Zeitungen, Kundenveranstaltungen, Messen, Betriebsveranstaltungen und Ähnliches, um in gekonnter Weise auf mich aufmerksam zu machen.				
• Ich organisiere selbst Veranstaltungen, in denen ich mich/meine Dienstleistung präsentieren kann.				
• Ich lege großen Wert auf die Nachbereitung von selbst organisierten Veranstaltungen.				
• Ich weiß, welche Organisationen und Verbände mir eine Plattform bieten können, um mich und mein Angebot meiner Zielgruppe zu präsentieren.				

Themenbereich 5: Welche Kooperation könnte auch für Sie hilfreich sein?	4	3	2	1
• Mir ist bewusst, dass Kooperationen für jeden – ob Angestellter, Hausfrau oder Selbstständiger – ein gewinnbringender Schritt sein können.				
• Ich kenne Personen und Einrichtungen, die dieselbe Zielgruppe haben wie ich.				
• Ich kenne die Voraussetzungen für erfolgreiche Kooperationen und kann diese schaffen.				
• Ich habe viele kreative Ideen für Kooperationen.				

Zählen Sie Ihre gesamten Punkte zusammen und lesen Sie in der folgenden Auswertung nach, welcher Kategorie von Networkern Sie derzeit angehören. In den Kategorien, in denen Sie am häufigsten die Bewertung »1« oder »2« angekreuzt haben, liegt noch Ihr größtes Lernpotenzial.

Generelle Auswertung

100–88 Punkte Herzlichen Glückwunsch, Sie gehören bereits zu den Networking-Profis. Bestimmt finden Sie trotzdem die eine oder andere Anregung im Buch – doch sicherlich hätten Sie auch einige gute Ideen für mich.

87–71 Punkte Sie sind bereits ein effektiver Netzwerker und haben mit Networking sicherlich schon viele Erfolge erzielt. Für Sie wird es interessant sein, gezielt bislang vernachlässigte Bereiche auszubauen und zu verbessern.

70–54 Punkte Sie sind auf einem guten Weg. Bestimmt haben Sie von Ihrem Beziehungsmanagement schon profitiert, verfügen aber auch über eine Vorstellung davon, dass mit Networking noch viel mehr gemeint ist. Lernen Sie diese Vielfalt kennen und bauen Sie sich eine breite Netzwerkarchitektur auf.

53–38 Punkte Erste Schritte sind bereits getan, trotzdem darf ich Sie als Netzwerk-Neuling bezeichnen. Um mit Networking wirklich erfolgreich agieren zu können, empfehle ich Ihnen, das Buch systematisch durchzugehen.

37–25 Punkte Es scheint, als würden Sie zur Gruppe der Einzelkämpfer gehören. Wenn Sie bereit sind, umzudenken und in Beziehungen eine Bereicherung zu sehen, dann können Sie von diesem Buch sehr profitieren.

Auswertung nach Themenbereichen

Auswertung Themenbereich 1
Welche Kontakte haben Sie, und was tun Sie dafür?

28 – 21 Punkte Sie sind sehr aktiv und haben bestimmt großen Erfolg damit. Vielleicht liefern Ihnen Kapitel 2, »Wie Sie die Kontakte pflegen, die Sie bereits haben«, und Kapitel 3, »Wie Sie Kontakte pflegen, die Sie (noch) nicht haben«, die eine oder andere Anregung, um noch professioneller zu netzwerken.

20 – 14 Punkte Sie sind auf einem guten Weg. Schauen Sie einmal in Kapitel 2, »Wie Sie die Kontakte pflegen, die Sie bereits haben«, und Kapitel 3, »Wie Sie Kontakte pflegen, die Sie (noch) nicht haben«, hier finden Sie Hinweise, wie Sie noch erfolgreicher Ihre Kontakte ausbauen und pflegen können.

13 – 8 Punkte Ein Anfang ist gemacht. Lesen Sie Kapitel 2, »Wie Sie die Kontakte pflegen, die Sie bereits haben«, und Kapitel 3, »Wie Sie Kontakte pflegen, die Sie (noch) nicht haben« besonders aufmerksam, um Anregungen zu erhalten, was alles möglich ist.

Auswertung Themenbereich 2
Wie geben Sie sich ein Profil?

20 – 16 Punkte Sie haben sich hervorragend aufgestellt. Finden Sie in Kapitel 5, »Wie Sie sich Profil geben und als Experte bekannt werden«, noch weitere Anregungen.

15 – 10 Punkte Sie sind in einer guten Position, die sich noch professionalisieren lässt. Lesen Sie dazu Kapitel 4, »Wie Sie die richtigen Leute kennen lernen«, und Kapitel 5, »Wie Sie sich Profil geben und als Experte bekannt werden«.

9 – 5 Punkte Die ersten wichtigen Schritte haben Sie gemacht. Schauen Sie in Kapitel 4, »Wie Sie die richtigen Leute kennen lernen«, und Kapitel 5, »Wie Sie sich Profil geben und als Experte bekannt werden«, um sich weitere Anregungen zu holen.

Auswertung Themenbereich 3
Wo kommen Sie mit wichtigen Menschen in Kontakt?

12 – 9 Punkte Na, da kann ich Ihnen kaum noch Tipps geben. Aber vielleicht finden Sie in Kapitel 3, »Wie Sie Kontakte pflegen, die Sie (noch) nicht haben«, und Kapitel 4, »Wie Sie die richtigen Leute kennen lernen«, noch eine kreative Anregung.

8 – 3 Punkte Machen Sie weiter so. Damit Sie noch professioneller agieren, rate ich Ihnen, Kapitel 3, »Wie Sie Kontakte pflegen, die Sie (noch) nicht haben«, und Kapitel 4, »Wie Sie die richtigen Leute kennen lernen«, zu lesen.

Auswertung Themenbereich 4
Wie werden wichtige Leute auf Sie aufmerksam?

20 – 16 Punkte Sie kennen die richtigen Leute und sind sehr aktiv – und bestimmt sehr erfolgreich. Vielleicht finden Sie in Kapitel 4, »Wie Sie die richtigen Leute kennen lernen«, noch eine neue Idee?

15 – 10 Punkte Wunderbar, Sie sind gut aufgestellt. Aber mit der einen oder anderen Anregung könnten Sie noch erfolgreicher agieren. Lesen Sie dazu Kapitel 4, »Wie Sie die richtigen Leute kennen lernen«.

9 – 5 Punkte Sie wissen, worauf es ankommt, doch Ihnen fehlen noch Ideen, nicht wahr? Schauen Sie in Kapitel 4, »Wie Sie die richtigen Leute kennen lernen«, hier finden Sie bestimmt etwas, das Ihnen weiterhilft.

16 – 12 Punkte Sie beherrschen das oberste Level des Netzwerkens perfekt. Könnten Sie mir Anregungen geben, wie ich Kapitel 6, »Die Königsklasse des Networkings: Kooperationen«, noch verbessern könnte?

11 – 8 Punkte Sie sind auf einem sehr guten Weg. Lesen Sie Kapitel 6, »Die Königsklasse des Networkings: Kooperationen«, hier finden Sie vielleicht noch die eine oder andere Anregung, um noch professioneller zu agieren.

7 – 4 Punkte Ein wunderbarer Anfang. In Kapitel 6, »Die Königsklasse des Networkings: Kooperationen«, finden Sie weitere Hinweise, wie Sie mit Kooperationen noch erfolgreicher sein können.

Die Grundlagen für effektives Networking

Manche Menschen sind von Natur aus begnadete Networker, und ich könnte Ihnen jetzt zahlreiche Beispiele nennen. Doch wenn Sie nicht zu denen gehören, die die Fähigkeit zum Vernetzen und Verweben bereits mit der Muttermilch eingesogen haben – nur Mut: Ich versichere Ihnen, jeder kann Networking lernen und für sich nutzen!

Denken Sie doch mal an drei Erfolgsstorys aus Ihrem direkten Umfeld: Ich wette, in mindestens zwei von drei Fällen ebneten Kontakte und Kooperationen den Weg zum Erfolg – zumindest aber beschleunigten sie ihn. Das können Sie auch! Die Basis von Networking sind – schlicht und ergreifend – menschliche Beziehungen. Und wie ich bereits im vorangegangenen Kapitel gezeigt habe: Sie verfügen über jede Menge Potenzial für Ihr Netzwerk!

Doch was sind die Voraussetzungen für erfolgreiches Networking? Welche Anforderungen stellt Networking an Sie persönlich? Und welches Handwerkszeug brauchen Sie als effizienter Netzwerker? In diesem Unterkapitel will ich Ihnen die wichtigsten Grundlagen kurz skizzieren. Ich möchte Ihnen zeigen, dass bereits Ihre Einstellung Ihren Erfolg prägen wird, dass der Zufall »nur einen vorbereiteten Geist trifft« und warum es für Sie ab sofort tabu sein sollte, über andere schlecht zu reden.

Networking Spirit

Sie mögen es Geisteshaltung nennen, Einstellung oder Mentalität – wenn ich von »Spirit« spreche, meine ich ungefähr das Gleiche. Auf den vorangegangenen Seiten habe ich aufgezeigt, welch großen Nutzen Ihnen Networking bringen kann und dass Sie dafür vergleichsweise wenig Einsatz bringen müssen. Ich habe Ihnen aber auch deutlich gemacht, dass Networking – so wie ich es verstehe – immer ein Austausch, ein sinnvolles Miteinander ist.

Dieses Miteinander setzt Offenheit und echtes Interesse an anderen Menschen voraus. Stellen Sie sich vor, Sie wären ein Schwamm: Effiziente Networker saugen immer und überall Informationen über Menschen auf, mit denen sie zu tun haben! Ob bei beruflichen Kontakten, beim Elternabend oder beim Lieblingsitaliener – gute Networker haben ihre Antennen stets auf Empfang geschaltet, sie beherrschen den Small Talk ebenso wie das aufmerksame Zuhören, sie kommunizieren einfach gern.

Networking passiert überall und täglich, wo immer Sie Bekannte treffen: Wenn Ihnen eine Freundin ein Restaurant empfiehlt, Ihnen Nachbarn die Adresse eines Freundes vermitteln, der Ihre Wohnung günstig streicht, oder Sie von einem ehemaligen Kollegen auf eine offene Position in seiner neuen Firma aufmerksam gemacht werden. Der beiderseitige Nutzen besteht nicht unbedingt darin, dass Sie sich für die Informationen in irgendeiner Form revanchieren müssen, meist freut sich Ihr Bekannter schon allein darüber, dass er weiterhelfen konnte.

Was viele davon abhält, Netzwerke zu nutzen, ist die Angst, zu einer Gegenleistung verpflichtet zu sein. Gehen Sie mit gutem Vorbild voran und erwarten Sie für Hilfeleistung keine direkte Kompensation. Vertrauen Sie auf eine stimmige Gesamtbilanz. Wenn Sie eine Anfrage an Ihr Netzwerk stellen, sollten Sie auch keine konkrete Erfolgserwartung haben. Sehen Sie es vielmehr als Infoweitergabe und nicht als Aufforderung. Ich kann Ihnen versprechen: Sie werden letztlich erfolgreicher sein, wenn Sie Networking zunächst als Selbstzweck betrachten und keine konkreten Ziele im Hinterkopf verfolgen. Sie sollten vielmehr Spaß daran haben, Menschen zu treffen, Kontakte aufzubauen, Informationen zu sammeln und Empfehlungen weiterzugeben. Fragen Sie sich nicht: Was kann *er* oder *sie* für mich tun? Sondern: Was kann ich für andere tun?

Ein weiterer wichtiger Networking-Grundsatz lautet: Hüten Sie sich vor vorschnellen Urteilen! Wenn Sie Menschen ausschließlich kategorisieren in »bringt mir was« oder »bringt mir nichts« und rigide nach diesem System verfahren, verpassen Sie viele Chancen und Gelegenheiten – auch wenn Sie zum Glück von den meisten nie erfahren werden!

In diesem Zusammenhang möchte ich die Geschichte einer Bekannten erzählen, die in einem großen Unternehmen arbeitete. Sie hatte für einige Wochen eine junge Praktikantin zu betreuen. Auch nach der Praktikumszeit suchte diese junge Frau weiterhin Kontakt zu meiner Bekannten. Diese ging darauf ein, obwohl sie wusste, dass sie der ehemaligen Praktikantin keine Stelle in ihrem Unternehmen würde vermitteln können. Es stellte sich heraus, dass der Vater der Praktikantin Personalberater in einer sehr speziellen Branche war, in der auch der Mann meiner Bekannten arbeitete. Beide lernten sich kennen, und als der Personalberater ein Jahr später eine interessante Stelle zu besetzen hatte, befürwortete er die Bewerbung des Mannes meiner Bekannten, der die Stelle schließlich bekam. Die Moral von der Geschichte? Als Networker müssen Sie in Vorleistung gehen, Verbindungen nicht übereilt kappen, nur weil Sie darin keinen sofortigen Nutzen erkennen. Vielleicht haben Sie eine nette, alteingesessene Nachbarin an Ihrem neuen Wohnort? Nicht interessant? Doch natürlich! Diese kann Ihnen eine vorbildliche Autowerkstatt empfehlen. Und das Café mit dem besten Frühstücksbrunch. Und die kreativste Fotografin. Und da die Fotografin eine alte Schulfreundin Ihrer Nachbarin ist, bekommen Sie nicht nur schnell einen Termin, sondern auch noch vergünstigte Konditionen. Habe ich alles erlebt!

Erfolgreiche Networker verstehen sich als Problemlöser, sie machen sich zum Connector, zum verbindenden Element zwischen Menschen und Gruppen: Stellen auch Sie Kontakte zwischen Menschen in Ihrem Netzwerk her. Verbinden Sie diese, wenn Sie dafür interessante Anknüpfungspunkte sehen. Verstehen Sie sich Sie sich als Facilitator: Als Vermittler, als Moderator haben Sie das Ziel, Beziehungen zwischen Menschen, Gruppen und noch größeren Systemen herzustellen und zu managen. Der eigene Input tritt dabei in den Hintergrund, vielmehr begleiten Sie einen Prozess, vom dem vielleicht auch Sie letztendlich profitieren werden. Ganz klar: So mancher Kontakt verliert sich, und nicht jede Verbindung erweist sich als gewinnbringend für alle Seiten. Egal. Indem Sie sich als Problemlöser erster Klasse empfehlen, erhalten Sie aus Ihrem Netzwerk aktuelle Informationen, machen sich zum unverzichtbaren Knotenpunkt. Wie von selbst werden sich für Sie daraus beruflich interessante Kontakte und wunderbare Synergien ergeben.

Menschen gegenüber offen zu sein, bedeutet aber nicht nur, andere und deren Anliegen ernst zu nehmen. Um echtes Vertrauen aufzubauen, müssen Sie etwas von sich preisgeben. Letztlich können Sie ein Netzwerk und das Small-World-Phänomen nur dann sinnvoll nutzen, wenn Sie über Ihre Ideen sprechen, andere nach deren Meinung und Empfehlung fragen. Zwar würden wir alle gern den Eindruck erwecken, wir kämen auch ganz gut allein zurecht. Doch es ist ein Zeichen von Selbstbewusstsein, sich Rat bei anderen zu holen. Es zeugt von Professionalität, der Sache mehr Bedeutung beizumessen als dem eigenen Ego. Und: Es erhöht die Chance, dem Zufall auf die Sprünge zu helfen!

Wenn Sie von vermeintlich schicksalhaften Begegnungen oder Entdeckungen anderer hören, bekommen Sie eine Idee davon, was möglich ist und was auch Ihnen passieren könnte. »Serendipity-Effekt« nennen Experten dieses Phänomen. Der Begriff bezeichnet zunächst eine zufällige Beobachtung von etwas, das gar nicht das ursprüngliche Ziel einer Untersuchung ist – die Entdeckung der Röntgenstrahlen oder die des Penicillins etwa sind Beispiele für Serendipität. Im übertragenen Sinne steht das Serendipity-Prinzip aber auch für das Finden von Informationen und Kontakten, ohne dass man direkt danach gesucht hätte.

Lassen Sie mich den Anfang einer Geschichte erzählen, die sich wie ein roter Faden durch dieses Buch ziehen wird: die Geschichte meines Abendessens mit Bill Clinton. Eines Tages hatte ich die verrückte Ideen, ob es nicht möglich wäre, den damaligen Präsidenten der Vereinigten Staaten, William Jefferson Clinton, genannt Bill Clinton, zum Abendessen einzuladen. Als ich die Idee in unserem Büro präsentierte, gab es großes Gelächter und Kopfschütteln, mehrere Leute riefen: »Das schaffst du nie!« Diese Bemerkung hat mich enorm motiviert. Geradezu unglaublich fand ich die Reaktion, die ich aus dem Weißen Haus bekam. Unser Anliegen wurde sehr wohl ernsthaft und mit dem nötigen Respekt behandelt. Jedoch machte man uns auf sympathische Art und Weise deutlich, dass Mr. Clinton der Präsident der Vereinigten Staaten sei und damit ein Land zu regieren habe. Und von Amts wegen könne er gar keine Vorträge privater Natur im Ausland halten. Das akzeptierte ich und verschob mein Vorhaben auf die Zeit nach seiner Präsidentschaft.

Drei Tage, nachdem Präsident Bush im Amt war, kontaktierten wir erneut das Weiße Haus, um nun mit Bill Clinton in Verbindung zu treten. Nach dem Motto »Der König ist tot, es lebe der König!« hätten wir wohl alle möglichen Drähte zu Präsident Bush aufbauen können – aber der Kontakt zu Bill Clinton war urplötzlich abgerissen! Nicht einmal seine Adresse konnte uns genannt werden. Wir setzten eine regelrechte Maschinerie in Gange, um zumindest eine Spur zu finden. Doch es gab keine Auskunft. Nicht im Internet, nicht über das Weiße Haus, nicht über die *New York Times* oder den New York Postal Service. Der Privatier Bill Clinton schien wie vom Erdboden verschluckt!

Genau zu dieser Zeit vertiefte ich in einem Einzelcoaching meine Englischkenntnisse. Für gewöhnlich traf ich mich für 90 Minuten in einem Biergarten in München-Freising mit meiner Lehrerin, der Amerikanerin Anita Gibbs. Da es mir zu langweilig schien, immer die Geschichten von Peter, Paul and Mary aus dem Lehrbuch zu wiederholen, wandelte ich den Unterricht ab. Ich erzählte Anita von meinen beruflichen Aktivitäten, Zielen und Wünschen. So schlug ich oft zwei Fliegen mit einer Klappe – ich konnte meine Englischkenntnisse aufbessern und durch die Formulierung meiner Gedanken manche Dinge klarer strukturieren. Irgendwann saßen wir also wieder in dem Freisinger Biergarten und ich erzählte ihr von all meinen – bisher erfolglosen – Bemühungen, Ex-Präsident Clinton zu kontaktieren. Und wissen Sie, was sie mir lässig erwiderte? »Mit Bill Clinton habe ich schon mal in einem Wahlhelferbüro gearbeitet. Wenn du seine Adresse brauchst, dann kann ich sie dir bis morgen besorgen.« Wenn ich nicht so offen gewesen wäre, über meinen reichlich verrückten Plan zu sprechen, dann würde ich wohl bis heute von einem Treffen mit Bill Clinton träumen!

»Der Zufall trifft nur einen vorbereiteten Geist«, so formulierte es der französische Wissenschaftler und Begründer der Mikrobiologie Louis Pasteur. Serendipity wird eben nicht nur als Effekt, sondern auch als Fähigkeit verstanden, intelligente Schlussfolgerungen zu ziehen und mit den richtigen Leuten zur richtigen Zeit über Ideen und Projekte zu sprechen.

Die Fähig- und Fertigkeiten effizienter Networker

Ein Koch braucht Töpfe, einen Herd und Lebensmittel, um seiner Arbeit nachzugehen. Um ein leckeres Essen zuzubereiten, muss er aber auch ein Gefühl für die geschmackliche Kombination der Zutaten, ein Feeling für Frische, für Würze und Schärfe mitbringen. Welche Fähig- und Fertigkeiten braucht ein Networker?

Ganz banal formuliert: Wenn wir Offenheit als Fundament für erfolgreiches Networking voraussetzen, dann müssen Sie – damit Sie erfolgreich sein können – regelmäßig Ihren Schreibtisch verlassen, um über den eigenen Tellerrand hinauszublicken. Viele soziale Kontakte ergeben sich aus unserem privaten Alltag, berufliche Verbindungen über unser berufliches Handeln. Darüber hinaus ist es natürlich sinnvoll, sich bestimmten Gruppen anzuschließen – das können berufliche Interessengruppen, Vereine, aber auch Business-Clubs sein. Wenn Sie

Menschen für sich gewinnen möchten, müssen Sie nun einmal dorthin gehen, wo andere Menschen sind.

Erfolgreiche Networker finden überall Gesprächspartner – im Zug, im Flugzeug, im Wartezimmer, am Tresen ihrer Lieblingskneipe, im Elternbeirat, im Sportverein, im Fitness-Club, beim Rotarier-Treffen … Bedeutsam ist allein, dass Sie Ihrem Gesprächspartner echtes Interesse an seinen Gedanken, an seiner Meinung entgegenbringen. Geben Sie Ihrem Gegenüber das Gefühl, wichtig zu sein, wenn Sie ihn oder sie für sich gewinnen wollen. Seien Sie aufmerksam, »saugen« Sie Informationen über Ihren Gesprächspartner auf: Ist er verheiratet? Hat er Familie? Was macht sie beruflich? Welche Hobbys hat sie? Was mag er, was nicht?

Auch wenn Sie feststellen, dass Sie gerade mit einer sehr interessanten Person sprechen – haben Sie Geduld. Es ist ein bisschen wie beim Flirten: Seien Sie interessiert und aufmerksam, aber nicht aufdringlich. Bei rein beruflichen Kontakten können Sie ebenso wie bei privaten Bekanntschaften Persönliches über Ihr Gegenüber erfahren, ohne deshalb indiskret zu werden. Ein Büro beispielsweise spricht oft Bände über einen Menschen – anhand von Fotos, Bildern, Pflanzen oder herumliegenden Zeitschriften können Sie Informationen herausfiltern und diese als Gesprächseinstieg verwenden. Seien Sie einfach offen für den Menschen, der Ihnen gegenübersitzt. Das bedeutet nicht, dass Sie kumpelhaft auftreten oder taktlos Fragen stellen müssen. Hören Sie zunächst einfach zu und – vor allem – versuchen Sie, die Zwischentöne zu hören! Je besser Sie jemanden kennen, desto vertraulicher wird der Ton sein, aber Vertrauen muss erst einmal aufgebaut werden.

Wichtig ist, dass Sie Ihre Gedanken knapp und präzise formulieren – Ihr Gesprächspartner wird sich nur wenige Themen aus Ihrem Gespräch merken können. Konzentrieren Sie sich darum auf wesentliche Botschaften!

Auch wenn es sich als Gesprächsthema anbieten sollte: Vorsicht! Reden Sie nicht schlecht über Dritte. Das kann unliebsame Überraschungen nach sich ziehen: Wer weiß, vielleicht kennt und schätzt Ihr Gesprächspartner ja die benannte Person. Andere schlecht zu machen, dient nicht dazu, Vertrauen zu schaffen. Im Gegenteil: Unweigerlich wird sich Ihr Gesprächspartner fragen, ob Sie vor anderen eines Tages auch so über ihn reden werden. Versuchen Sie stattdessen lieber, Gemeinsamkeiten mit Ihrem Gegenüber auszuloten. Ein nettes Kompliment und ehrlich vorgetragene Anerkennung kommen immer an!

Eine Selbstverständlichkeit sind höfliche Umgangsformen und Zuverlässigkeit. Nehmen Sie Gesprächsangebote wahr, sagen Sie rechtzeitig ab, wenn Sie verhindert sind, lassen Sie niemanden endlos in der Telefonwarteschleife oder vor Ihrer Bürotür sitzen.

Zuverlässigkeit bedeutet auch, beständig gute Leistungen zu erbringen. Nirgends ist es so wichtig, gute Arbeit zu leisten wie im Netzwerk. In einer offenen Networking-Gruppe (im Gegensatz zur Seilschaft!) können Sie nur erfolgreich sein, wenn Sie durch Qualität überzeugen. Es ist geradezu vernichtend für ein Unternehmen, auf Mund-zu-Mund-Propaganda zu bauen – und dann schlechte Arbeit abzuliefern. Während etwa Billigbaufirmen vor allem über den Preis Kunden gewinnen und hoffen, dass Qualitätsmängel sich in der Anonymität der Masse nicht gleich herumsprechen, kann sich der Familienbetrieb auf dem Land grobe Schnitzer kaum leisten – es sei denn, er hat im Umkreis von 100 Kilometern keine Konkurrenz.

Hat jemand Sie weiterempfohlen, dann wirft eine schlechte Leistung ihrerseits auch ein schlechtes Licht auf den Empfehlungsgeber. Die Konsequenz: Er wird sich beim nächsten Mal zurückhalten, Sie vorzuschlagen. Erhält er dagegen Bestätigung, dankt ihm gar jemand für den »tollen Tipp«, dann wird er Sie auch in Zukunft weiterempfehlen.

Prioritäten setzen und Visionen entwickeln

Jeder erfolgreiche Mensch verfügt über eine gesunde Portion strategisches Denken. Bei meinen Recherchen zu diesem Buch stieß ich aber auf eine weitere Gemeinsamkeit: Fast alle diese Menschen halten sich mehr im »Traumquadranten« auf. Um das zu erklären, benötigen wir ein Modell, das Sie wahrscheinlich gut kennen, da es sehr populär geworden ist. Sie finden es in Abbildung 3: die so genannte Vier-Quadranten-Methode, auch bekannt als »Eisenhower-Modell«.

Abbildung 3: Eisenhower-Modell

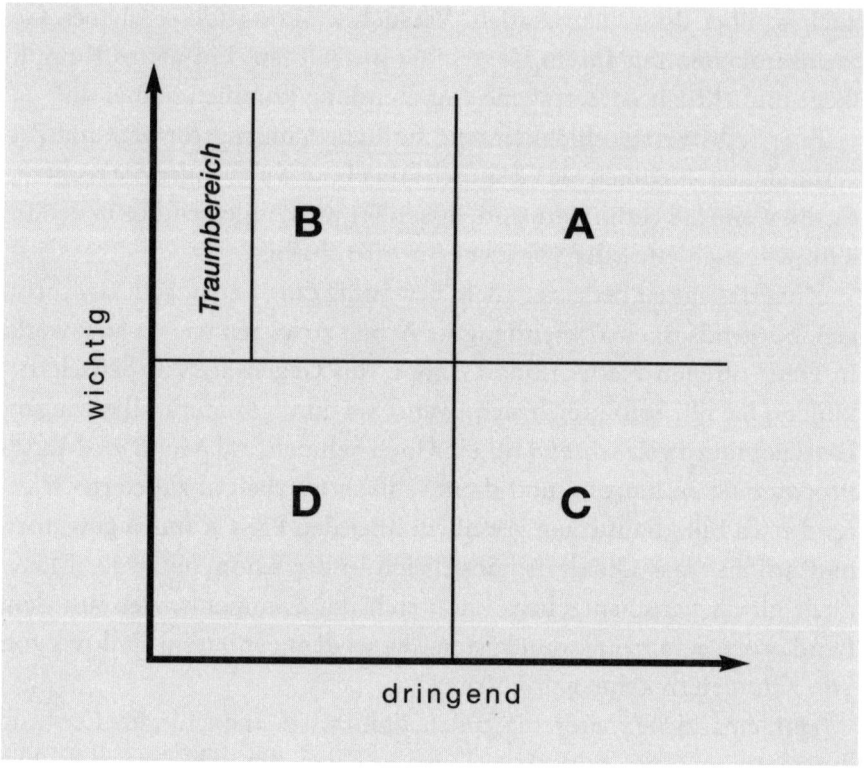

Alle Aufgaben, die wir im Laufe unseres Lebens zu bewältigen haben, lassen sich in vier Bereiche unterteilen: »wichtig und dringend«, »dringend, aber nicht ganz so wichtig«, »wichtig, aber nicht ganz so dringend«, »nicht wichtig und nicht dringend«. Am einfachsten gelingt uns das, wenn wir die vier genannten Beschreibungen in Beziehung zueinander setzen. Dazu bilden wir als erstes eine Matrix mit den vier Begriffen, die dann logischerweise aus vier Feldern besteht, die ich im Folgenden als »Quadranten« bezeichnen möchte.

Erster Quadrant = A-Quadrant (wichtig und dringend) In diesen Quadranten gehören alle Aufgaben, die wichtig und dringend zugleich sind. Also zum Beispiel das längst überfällige Angebot auszuarbeiten und zu versenden, von dem Sie annehmen, dass es gute Erfolgschancen hat. Oder aber, auch für den Privatmann beziehungsweise die Privatfrau relevant, die Steuererklärung abzuschließen, deren Abgabetermin bereits verstrichen ist.

Zweiter Quadrant = B-Quadrant (wichtig, aber nicht ganz so dringend) In diesen Quadranten gehören alle Aufgaben, die wichtig, aber nicht ganz so dringend sind. Also zum Beispiel die Entwicklung strategischer Zukunftsvisionen für Ihr Unternehmen – oder aber auch die regelmäßige Pflege von Kontakten mit Freunden und Bekannten im Privatleben.

Dritter Quadrant = C-Quadrant (dringend, aber nicht ganz so wichtig) In diesen Quadranten gehören alle Aufgaben, die dringend, aber nicht ganz so wichtig sind. Der Anruf bei der Schwiegermutter, die »dringend« darauf wartet, zurückgerufen zu werden (vermutlich, weil sie in der Zeitungsbeilage dieses unglaublich günstige Sonderangebot gesehen hat, das ihr unbedingt jemand vorbeibringen soll). Oder die Ausarbeitung eines – schon mehrfach angeforderten – Sitzplanes für die nächste Abteilungsleiterkonferenz, bei der Kollege Müller allen Herren ein Zigarrenetui und allen Damen ein Parfumfläschchen auf den Platz stellen will.

Vierter Quadrant = D-Quadrant (nicht wichtig und nicht dringend) In den vierten Quadranten gehören alle Aufgaben, die weder dringend noch wichtig sind. Und wenn sie weder das eine noch das andere sind, dann sollten wir uns fragen, warum wir sie überhaupt übernehmen oder erledigen müssen. Eine logische Schlussfolgerung ist, diese Dinge nicht zu tun. Deshalb heißt dieser Quadrant für mich einfach »Papierkorb-Quadrant«. Lange Zeit hatte ich auf meinem Kalender eine kleine Karte mit der Frage: »Bringt dich das, was du jetzt gerade tust, wirklich deinen Zielen näher?« Die konsequente Beantwortung dieser Frage war geradezu verblüffend und hatte zur Folge, dass ich von diesem Zeitpunkt an viele scheinbar wichtige Dinge in den Papierkorb fallen ließ. Dies hilft, die richtigen Prioritäten zu setzen. Und genau darum geht es.

Sind die Unterschiede deutlich geworden? Gut. Am besten, Sie versuchen einmal selbst, verschiedene Aufgaben einem der vier Quadranten zuzuordnen. Na? Meistens ist es ja ganz einfach, diese imaginären Aufgaben zuzuordnen – manchmal aber ist die Unterscheidung gar nicht so leicht. Eine korrekte Zuordnung kann dennoch relevant für Ihr Leben oder die Zukunft Ihres Unternehmens sein!

Viele Menschen setzen ihre Prioritäten allerdings völlig falsch. Unproblematisch ist es meistens noch, wenn es darum geht, Aufgaben, die wichtig und dringend zugleich sind, die höchste Priorität zuzuweisen. Dass solche Dinge als allererstes und mit entsprechender Konsequenz »abgearbeitet« werden müssen, stellt wohl niemand infrage. Schwieriger wird aber schon die Entscheidung, ob wichtigen (aber nicht dringenden) oder dringenden (aber nicht wichtigen) Aufgaben im Zweifelsfall der Vorzug gegeben werden sollte!

Wenn ich gefragt werde, welchen von diesen Aufgabenarten im Zweifelsfall eine höhere Priorität eingeräumt werden muss, antworte ich immer: »Stellen wir uns einmal vor, wir sind gemeinsam mitten in der heißesten Phase eines entscheidenden Kundengesprächs, bei dem es um einen wirklich großen Auftrag geht. In diesem Moment fällt mir ein, dass ich vergessen habe, an meinem Auto das Licht auszuschalten. Was würden Sie mir raten – um was soll ich mich jetzt zuallererst kümmern? Sicher werden Sie mir zustimmen, dass es das Beste sein wird, im Raum zu bleiben und von der Erfolgsprämie für den abgeschlossenen Auftrag eine neue Batterie zu kaufen.« Leider entscheiden sich viele Menschen in ähnlichen Situationen genau umgekehrt.

Menschen lassen sich von den dringenden Aufgaben aus dem C-Quadranten von wesentlich wichtigeren Aufgaben aus dem B-Quadranten abbringen! Ja, schlimmer noch, manche Menschen kümmern sich sogar, trotz knapper Zeit, in kaum nachzuvollziehendem Umfang um Aufgaben aus dem D-Quadranten, also um Aufgaben, die weder wichtig noch dringend sind! Es stellt sich die Frage: Warum tun sie das?

Nun, ganz einfach: D-Quadranten-Aufgaben sind oft einfacher als andere, manchmal machen sie auch richtig Spaß … kurzum – mit diesen Aufgaben können wir uns wunderbar ablenken! Sicher, manchmal wäre es wesentlich angenehmer, die Angebote für den neuen Laptop zu

»prüfen« – aber viel wichtiger ist es doch, sich um die Zusammensetzung der neuen Außendienstmannschaft zu kümmern! Mit D-Quadranten-Aufgaben »drücken« sich viele von uns vor den wirklich wichtigen oder dringenden Aufgaben – und beruhigen sich zugleich damit, »enorm viel gearbeitet zu haben«. Ausschlaggebend ist aber, wie effektiv dieses Arbeiten war.

Dass A-Quadranten-Aufgaben (wichtig und dringend) bevorzugt abgearbeitet werden sollten, steht außer Zweifel. Allerdings müssen die B-Quadranten-Aufgaben (wichtig, aber nicht dringend) ein wesentlich stärkeres Gewicht bekommen, und zwar zulasten der C-Quadranten-Aufgaben (dringend, aber nicht wichtig). Die D-Quadranten-Aufgaben (nicht wichtig, nicht dringend) schließlich können Sie im Zweifelsfall gleich in den realen (oder geistigen) Abfalleimer werfen! Oder delegieren Sie sie.

Wenn wir uns den B-Quadranten genauer ansehen, dann lassen sich Unterscheidungen treffen. Viele B-Aufgaben werden, sofern sie nicht rechtzeitig erledigt werden, zu A-Aufgaben. Die Steuererklärung, die in sechs Wochen abgegeben werden muss, ist heute wichtig, nicht dringend. Wenn wir damit über fünf Wochen warten, dann wird sie allerdings dringend. Dies ist letztlich eine Aufgabe, die von übergeordneter Stelle kontrolliert oder »getrieben« wird. Zusätzlich gibt es Bereiche, die nie von außen angemahnt werden, auf deren Weiterentwicklung eben niemand ein Auge wirft. Während es unwahrscheinlich ist, dass Sie die Steuererklärung nicht machen, so können andere Dinge, die nicht weiter verfolgt werden, schnell untergehen. Dazu eine Frage: Gibt es in Ihrem beruflichen oder privaten Leben Dinge, deren erfolgreiche Erledigung Sie einen signifikanten Schritt nach vorne bringen würde?

Lassen Sie mich Ihnen dies an zwei Beispielen näher erläutern. In meiner Branche ist es wichtig, einmal ein Buch geschrieben zu haben. Es kam aber nie jemand auf mich zu und forderte mich dazu auf. Außerdem möchte ich gern noch ein wenig mehr meiner Lebenszeit in New York verbringen; eine Verbesserung meiner Fähigkeiten, Präsentationen in englischer Sprache abzuhalten, wäre dazu wichtig. Jedoch sorgt keiner – außer mir – dafür, dass ich es auch wirklich tue. Deshalb untergliedere ich den Quadranten B gerne in Aufgaben, die von außen getrieben sind, zum Beispiel die Steuererklärung und Ähnliches. Und in den Bereich, den ich den Traumquadranten nenne, in dem sich Wünsche, Träume, Ideen und Vorhaben befinden, deren Erreichung uns einen deutlichen Schritt nach vorne bringen würden, doch deren Umsetzung oft durch die Erledigung aller anderen Dingen (A, B, C und D) verhindert wird.

Darum nochmals die Frage: Gibt es in Ihrem beruflichen oder privaten Leben Dinge, deren erfolgreiche Erledigung Sie einen entscheidenden Schritt nach vorne bringen würde? Bitte denken Sie darüber einmal kurz nach.

Erfüllen Sie Träume!

Was stellen Verliebte nicht alles auf die Beine, um den oder die Angebetete glücklich zu machen? Ganze TV-Show-Redaktionen leben davon, Träume zu erfüllen. Und auch Sie fänden es sicher klasse, wenn es jemand gäbe, der Ihre Wünsche wahr macht, oder zumindest dabei hilft, dass sie Wirklichkeit werden.

Gute Networker sind Traumerfüller oder zumindest Traumerfüllungsassistenten. Lassen Sie uns diese Erkenntnisse in Beziehungen übertragen. Erfolgreich ist jede Art von Zielsetzung, die Ihrem Gegenüber hilft, seine Träume zu erreichen. Dies kann in verschiedenen Ausprägungen stattfinden.

Zum einen ist es durchaus möglich, dass Ihr Gegenüber seine eigenen Träume oder Vorstellungen nicht oder nur teilweise kennt. Oder sie sind ihm zumindest nicht mehr präsent oder bewusst. Viele Menschen und Unternehmer verdrängen ihre Wünsche, Visionen und Vorstellungen oft aus dem Bewusstsein, da es zu viele Erlebnisse und Erfahrungen gab, die ein Realisieren der Vorhaben unmöglich scheinen ließen. Oftmals tut die interne Unternehmenspolitik, die negative Markteinschätzung oder das fehlende Wissen über Möglichkeiten ihr Übriges dazu. Ich kannte einmal einen leitenden Mitarbeiter, der sich in einem Gespräch plötzlich daran erinnerte, wie gerne er eigentlich mit Worten umging und wie sehr er sich wünschte, selbst Texte zu verfassen. Völlig unerwartet wurde ihm dieser Wunsch sehr deutlich.

Wenn Menschen wissen, was sie wollen, dann gibt es viele Ansatzpunkte, darüber zu sprechen, wie sie dieses erreichen können. Helfen Sie Ihrem Gegenüber, im Traumquadranten zu arbeiten oder nehmen Sie ihm wichtige Bereiche ab. In dem Falle des leitenden Mitarbeiters mit der Neigung zum Schreiben gab ich den Tipp, ein Buch zu verfassen, stellte Kontakte zu Verlagen her und schlug diverse Möglichkeiten der Unterstützung vor.

Finden Sie darum im Gespräch heraus, wie A- oder C-Aufgaben leichter erledigt werden könnten. Der geringstmögliche Ansatz ist es, Menschen zu helfen, die kleinen Dinge besser zu lösen, damit sie sich mehr auf die B-Aufgaben oder noch besser auf den Traumquadranten konzentrieren können.

Als Networker und Kooperationspartner sind Sie allerdings umso unentbehrlicher, je mehr sich Ihre Tipps, Ideen, Nutzen oder Kooperationen um die großen Ziele und Wünsche Ihres Gegenübers und deren Erreichbarkeit drehen. Je kleiner die Korrelation zwischen der Zusammenarbeit mit Ihnen und der Erreichung der großen Ziele ist, desto größer wird die Gefahr, dass das Gespräch verkürzt und die mögliche Kommunikation, geschweige denn Kooperation, kurz und oberflächlich verläuft.

In den Beratungsgesprächen, die ich neben meinen Vorträgen noch führe, sehe ich meine Verantwortlichkeit gegenüber dem Kunden gerne in zweifacher Hinsicht. Zum einen bin ich natürlich dazu da, all die Fragen, die mir gestellt werden, sinnvoll zu beantworten. Das ist sicherlich die Mindestanforderung an einen Berater oder Coach. Doch selbst da gibt es Dienstleister, die mit manchen Inhalten eher zurückhaltend sind und nicht zu viele Informationen preisgeben, um sich weitere Beratungstage zu sichern.

Gleichzeitig glaube ich, dass selbst eine hervorragende Beantwortung aller Fragen nur ein Teil einer hoch qualifizierten Beratung sein kann. Die Extrameile, die ich immer zu gehen versuche, besteht darin, auch Antworten auf Fragen zu geben, die mein Klient möglicherweise so noch gar nicht gestellt hat. Fragen, von denen ich weiß, dass sie mein

Gegenüber in der Zukunft beschäftigen werden. Fragen, die vielleicht im Nacharbeiten oder im Vorausdenken der zukünftigen Situation entstehen können. Dies halte ich für extrem wichtig, um langfristigen Erfolg zu sichern.

Ähnlich spannend kann es sein, wenn Sie mit den Informationen, den Tipps, den Empfehlungen oder sonstigen Unterstützungen, die Sie Ihrem Gegenüber zukommen lassen, nicht nur das liefern, was erwartet wird, sondern noch über den einen oder anderen Tellerrand hinausblicken und somit auch Antworten auf Fragen geben, die noch gar nicht gestellt wurden

Kapitel 2

Wie Sie Kontakte pflegen, die Sie bereits haben

Suchen Sie nicht gleich Perfektion,
suchen Sie den ersten Schritt.

Hermann Scherer

Am besten starten Sie Ihre Karriere als Networker mit einer kurzen Zwischenbilanz, nämlich einer Aufstellung Ihrer bisherigen Kontakte. Sie werden überrascht sein, wie groß Ihr Netzwerk bereits ist. Und welch interessante Leute Sie schon kennen, die wiederum Kontakt zu anderen spannenden Menschen haben. Vielleicht können Sie über sechs Ecken sogar einen Kontakt zu unserer Bundeskanzlerin knüpfen? Oder gar zum Papst?

Wen kenne ich? Und wer kennt mich? Diese Fragen stehen im Mittelpunkt dieses Kapitels. Und ganz egal, ob Sie E-Mail-Kontakt zum Vatikan oder ins Kanzleramt herstellen möchten – ich verspreche Ihnen, dass Sie nach Ihrer Bilanz rund 250 interessante Kontakte haben werden, von denen Sie vorher kaum ahnten, dass Sie über sie verfügen.

Es geht im Folgenden aber nicht nur darum, wie Sie all Ihre Kontakte entdecken und systematisieren können. Ich werde Ihnen auch die effizientesten Strategien aufzeigen, wie Sie Ihre Kontakte pflegen.

Ihre Networking-Zwischenbilanz

Wen kennen Sie eigentlich? Und wer kennt Sie? Seltsame Fragen, werden Sie vielleicht denken – und im Kopf schnell ein paar Dutzend Namen und Gesichter parat haben. Und dann? Dann sollten Sie anfangen, systematisch vorzugehen, um keine wichtigen Kontakte zu übersehen.

Wen kennen Sie?

Überlegen Sie sich zunächst, in welchen Lebensbereichen Sie engere und weiter gefasste Kontakte haben. Das können beispielsweise sein:

- Familie und Verwandtschaft
- Freunde
- Nachbarschaft
- Schule / Ausbildung / Studium
- Arbeit / Beruf
- Hobbys / Mitgliedschaften

Vergegenwärtigen Sie sich jetzt die Personen, die jeweils in diesem Netzwerk vertreten sind und mit denen Sie Kontakt haben.

Verknüpfen Sie nun die Namen mit Möglichkeiten: Wem können Sie auf welche Weise etwas Gutes tun? Wer kann Sie in welchem Bereich möglicherweise unterstützen? Wer verfügt eventuell über wichtige Kontakte zu einer für Sie interessanten Person oder Gruppe?

Wie viele Namen sind zusammengekommen? Möglicherweise sind Sie neben Familie, Verwandtschaft, Freunde, Nachbarschaft, Arbeit, Studium, Hobbys und Mitgliedschaften noch auf einen Bereich gestoßen, an den Sie zunächst gar nicht gedacht hatten – Ihren Sportverein zum Beispiel oder Ihren Englischkurs. Damit schlagen Sie einen neuen Knoten in Ihrem Netz und erweitern Ihr Netzwerk vielleicht um überraschend interessante Menschen. Möglicherweise ist Ihnen bei dem ein oder anderen Namen eine Kooperationsidee in den Sinn gekommen. Oder die Erkenntnis: Die oder den müsste ich wieder einmal anrufen!

Nicht jeder neue Kontakt eröffnet sofortige Kooperationschancen, doch darum geht es zunächst gar nicht. Nach unserem Advanced-Networking-Prinzip sollten Sie auch die Kontakte pflegen, bei denen Sie nicht sogleich einen konkreten Benefit erwarten.

Der 111-Namen-Test

Man schätzt, dass jeder Mensch durchschnittlich 250 Kontakte hat. Sie kommen nur auf 25? Glaube ich nicht! Wenn Ihnen spontan nur ein paar Dutzend einfallen, machen Sie jetzt den 111-Namen-Test, den ich in meinen Seminaren gerne verwende. Dafür habe ich aus einem Telefonbuch willkürlich 111 Namen herausgesucht, die Sie weiter unten als Kopiervorlage finden.

In meinen Seminaren frage ich die Teilnehmer, wie viele Menschen sie mit entsprechenden oder ähnlichen Nachnamen kennen. »Kennen« ist hier sehr weit gefasst im Sinne von »bekannt sein«. Mehrfachnennungen sind natürlich möglich, wenn Ihnen zu einem Namen mehrere Personen einfallen. Wenn Sie also drei Leute kennen, die mit Nachnamen »Hübsch« heißen, dann können Sie sich drei Punkte geben. Oder es fallen Ihnen beim Lesen eines Namens andere, ähnliche Namen von Bekannten ein, dann haben Sie wieder einen Punkt mehr auf Ihrem Konto.

Sie können daraus mit Ihren Freunden und Kollegen einen kleinen Wettkampf machen – mir aber geht es bei diesem Vorgehen vor allem um eines: Ihr Unterbewusstsein anzuregen. Und wetten, Sie kommen letztlich auf rund 250 Kontakte?

Der 111-Namen-Test

Ackermann, Robin	Adler, Heinrich	Anzinger, Anneliese
Bachmann, Johann	Bauch, Konrad	Bogner, Andreas
Carl, Kerstin	Christl, Franz	Clemens, Alois
Danner, Anton	Diller, Antonie	Dürr, Manfred
Eck, Anna	Eisenmann, Andreas	England, Lutz
Essig, Gisela	Fackler, Georg	Falkner, Dieter
Fink, Jürgen	Fischer, Alexander	Forster, Helene
Gais, Peter	Geiß, Christine	Graf, Gustav
Gruber, Franz	Haberl, Alfons	Hammer, Sebastian
Hechtl, Christoph	Hoffmann, Ulrich	Hirsch, Alfons
Huber, Andrea	Hübsch, Emilie	Irrgang, Sabine
Ismaier, Georg	Imhof, Josef	Jonas, Michael
Jungbeck, Peter	Junge, Corina	Kaiser, Albert

Kastl, Helmut	Klingert, Nina	Kock, Albert
Kratzer, Berta	Kronauer, Anton	Kürzinger, Maria
Kunst, Andreas	Lacher, Phillipp	Lammers, Andreas
Landsmann, Stephanie	Lengl, Elsa	Lindner, August
Lohs, Peter	Lüke, Herbert	Luttner, Dietrich
Marder, Cornelia	Marx, Georg	Menzel, Carsten
Mitsch, Erhard	Moosmüller, Ernst	Müller, Hermine
Mustermann, Jens	Nieper, Klaus	Nikel, Nancy
Noll, Anna	Nusser, Sandra	Obster, Hans
Öffner, Friedericke	Ostermann, Kurt	Otto, Florian
Palm, Otto	Paukner, Adolf	Plank, Bernd
Putz, Wilhelm	Putzel, Andrea	Rad, Uta
Rattenhuber, Erwin	Reger, Heidi	Rippl, Eva
Rosner, Klaus	Ruhland, Norbert	Sandner, Georg
Schiffmann, Birgit	Schott, Anja	Schweiger, Anneliese
Schwibbe, Bianca	Seidl, Bernhard	Springer, Christine
Tausch, Werner	Teufel, Christian	Thalhammer, Josef
Tram, David	Trost, Christian	Turner, Beate
Ullmann, Anna	Unger, Johann	Unterstein, Kurt
Vater, Harald	Vierling, Christina	Vogl, Franz
Volk, Andreas	Vordermeier, Gerhard	Vorlaufer, Friedrich
Wacker, Rosa	Waller, Barbara	Walz, Christine
Weiß, Siegfried	Wildgruber, Anna	Zeiler, Reinhold
Zink, Gerda	Zucker, Angelika	Zwingel, Horst

Im Sinne einer globalisierten Welt nehme ich in diese Liste auch gerne uns fremde Namen auf, wie zum Beispiel John Smith, Timothy McAndrew oder Shifeng Liu.

Ordnen Sie Ihre Kontakte!

Nachdem Sie Ihre Netzwerkkontakte gesammelt haben, sollten Sie diese nun im Hinblick auf verschiedene Fragestellungen betrachten, um sie sinnvoll zu kategorisieren. Eine naheliegende Einteilung beispielsweise wäre die Trennung in berufliche und private Kontakte – andererseits gibt es sicher Menschen, mit denen Sie privat und beruflich Kontakt haben, nette Kollegen zum Beispiel. Sie sollten auch überlegen, welch privater Kontakt in beruflicher Hinsicht interessant werden könnte. Den folgenden Fragenkatalog sehen Sie bitte als Anregung, als Kreativturbo für Ihre Systematisierung.

Systematisieren Sie Ihre Kontakte

- Folgende Personen gehören zurzeit zu meinen wichtigsten Kontakten im Privatleben: . . . .

- Folgende Personen sind momentan meine wichtigsten beruflichen Netzwerkpartner: . . . .

- Mithilfe der folgenden Personen habe ich durch Networking die folgenden Probleme gelöst: . . . .

- Welches ist zurzeit mein dringendstes Problem? . . . .

- Wer aus meinem persönlichen Freundes- und Bekanntenkreis oder aus meinem weiteren Umfeld könnte mir bei der Lösung dieses Problems behilflich sein? . . . .

- Ich verpflichte mich mir selbst gegenüber, innerhalb der nächsten 48 Stunden einen persönlichen Termin mit dieser Person zu vereinbaren. . . . .
. . . .
. . . .

- Welche besonderen Fähigkeiten und Kenntnisse habe ich, durch deren Einsatz ich anderen einen Dienst erweisen könnte? . . . . .
. . . .
. . . .

- Welchem mir wichtigen Menschen will ich mit diesen Fähigkeiten und Kenntnissen in den nächsten 24 Stunden ganz konkret meine Hilfe anbieten? . . . .
. . . .
. . . .

- Wie bewerte ich meine eigene Networking-Kompetenz auf der Skala von 1 bis 10? Wie begründe ich meine Antwort? . . . .
. . . .
. . . .
. . . .

- Welche Networking-Fähigkeiten möchte ich noch verbessern? .
. . . .
. . . .
. . . .

- Welche Networking-Fähigkeiten möchte ich mir noch aneignen?
. . . .
. . . .
. . . .

- Welche weiteren Aktionen fallen mir ein? . . . .
. . . .
. . . .

Networking-Mind-Map

Um Ideen und Namen zu ordnen, empfehle ich Ihnen das so genannte »Mind Mapping«, eine Arbeitsmethode, die in den siebziger Jahren von Tony Buzan auf der Grundlage von gehirnphysiologischen Hypothesen entwickelt wurde. Mind Mapping ist vor allem eine Visualisierungstechnik, also eine Möglichkeit, einen Sachverhalt »sichtbar« zu machen. Es ist aber auch eine effiziente und universelle Notiz- und Merktechnik, bei der die Funktionen des Gehirns optimal ausgeschöpft werden. Herkömmliche Notizen oder Diagramme beanspruchen nur die linke Gehirnhälfte. Diese Hälfte des Gehirns ist für analytisches Denken zuständig. Hier werden Sprache, Logik und Zahlen, geordnete und lineare Dinge verarbeitet. Die rechte Gehirnhälfte beinhaltet das bildliche Vorstellungsvermögen. Sie bearbeitet Formen, Farben, Muster und Rhythmen. Eine Mind Map nutzt die Fähigkeiten der rechten Gehirnhälfte zusätzlich zur linken Gehirnhälfte. Dadurch wird die Leistungsfähigkeit des Gehirns bestmöglich ausgeschöpft.

Als kreative Strategie, sich über Kontakte und sich daraus ergebende Möglichkeiten klar zu werden, hat sich das Mind Mapping bestens bewährt. Im Gegensatz zu klassisch linearen Aufzeichnungen gleicht das Ergebnis des Mind Mapping einer Karte. Eine Mind Map strahlt immer vom Zentrum, dem eigentlichen Thema aus, gruppiert um sich herum untergeordnete Mittelpunkte, die wiederum neue Verzweigungen eröffnen. Mithilfe von Pfeilen und anderen Symbolen werden Verbindungen geschaffen. Und das Ideale: Eine Mind Map kann immer wieder erweitert werden.

Nehmen Sie ein großes Blatt Papier zur Hand oder wählen Sie ein Flipchart. Nehmen Sie sich mindestens eine Stunde Zeit für Ihre Mind Map. Ihre Netzwerk-Karte könnte dann so aussehen wie Abbildung 4.

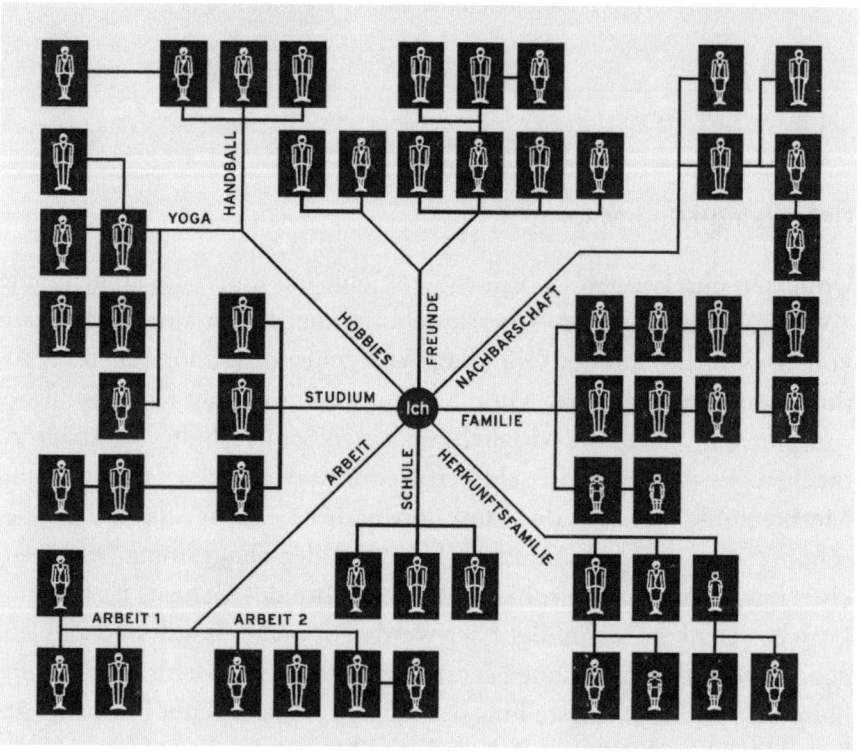

Und wer kennt Sie?

Viele Menschen, mit denen ich beruflich zu tun habe, sind stolz darauf, im Besitz von vielen Tausenden von Kundenadressen zu sein. Natürlich sind Kundendaten wichtig, doch seien wir mal ehrlich: Wenn Sie wollen, können Sie sich sofort sechs Millionen Adressen auf CD-ROM besorgen – und das für lediglich 19,95 Euro.

Neben der Frage: »Wie viele Kunden kenne ich?« stellt sich doch vor allem die Frage: »Wie viele Kunden *kennen mich*?«. Und im Sinne des Advanced Networking: »Wie viele Menschen *kennen mich*?«

Tatsächlich wird Networking häufig oberflächlich und nur in einer Blickrichtung betrieben. Hören Sie auf, nur in der Kategorie »Kunde« zu denken. Auch wenn die massiven Marketinganstrengungen in der westlichen Welt anderes vermuten lassen, so sind es doch oft die sozialen Netzwerke, die über den Erfolg oder Misserfolg eines Produkts oder einer Dienstleistung entscheiden. Mit wem haben Sie sich das erste Mal über einen DSL-Anschluss unterhalten? Mit dem Verkäufer einer Firma, die diesen beworben hat, oder mit einem technikversierten Freund, der Ihnen gleich seine neueste Errungenschaft präsentiert hat? Wahrscheinlich war es für Ihr weiteres Verhalten nicht ganz unwesentlich, wie Ihr »privater« Experte den DSL-Anschluss beurteilt hat. Anstatt Massenwerbung zu betreiben, wäre das Geld darum sicherlich auch gut investiert, wenn man Empfehlungsgeber für das jeweilige Produkt recherchierte und zu einer spezifisch zugeschnittenen Präsentation einladen würde.

Der amerikanische Soziologe Duncan Watts stellte die These auf, dass es letztendlich auch Netzwerke sind, die über den Erfolg oder Misserfolg eines Buches entscheiden. Ausschlaggebend sei, dass ein Buch von Anfang an in die richtigen Kanäle gelange und von wichtigen Personen als Empfehlung weitergereicht würde. Nur so würden Bestseller gemacht.

Wenn Sie jetzt sagen, dass Sie sich nicht die Bücher kaufen, die Ihnen andere empfehlen, sondern die, die auf den Bestsellerlisten zu finden sind, dann bestätigen Sie dennoch diese Theorie. Denn eine Bestsellerliste vermittelt ja genau das: Dass das Buch wohl gut sein muss, wenn es so viele Leute lesen. Spötter behaupten, dass manche politische Partei allein deswegen derart viele Stimmen bekomme, weil sich die Wähler sagten: »Können sich so viele Leute irren?«

In unserem Netzwerk gibt es eine Vielzahl von Menschen und Unternehmen, die für unseren Erfolg von entscheidender Bedeutung sind. Das sind erwartungsgemäß unsere Kunden, doch genauso interessant sind auch andere Gruppen, die ich im Folgenden aufzähle und dann kurz beschreiben möchte:

- Kunden
- Prospects
- Kunden ohne Potenzial
- Berater

- Champions
- Empfehlungsgeber
- Multiplikatoren / Netzwerkarchitekten
- Preiswächter oder Marktkenner
- Ordnungshüter und Beziehungswächter

Kunden, Prospects, Kunden ohne Potenzial Kunden sind Ihre wichtigste Gruppe. Kunden gilt es zu pflegen, damit sie noch bessere Kunden werden, Zusatzkäufe tätigen oder auch als Empfehlungsgeber fungieren. »Prospects« sind potenzielle Kunden, also Menschen oder Unternehmen, die noch nicht zu unseren Auftraggebern oder Abnehmern zählen, jedoch das Potenzial dazu haben – zum Beispiel weil sie die angebotene Leistung bei Wettbewerbern nachfragen oder weil die benötigte Leistung substituiert werden kann. Es kann auch sein, dass Kunden durchaus einen Bedarf hätten, wenn man ihnen dies bewusst machen würde. Viele Kleinunternehmer etwa denken nicht daran, eine PR-Agentur zu beauftragen, obwohl sie davon sehr profitieren könnten.

»Kunden ohne Potenzial« sind Menschen oder Unternehmen, die keine Kunden sind und es voraussichtlich auch niemals sein werden. Diese Gruppe ist meist sehr klein. Überlegen Sie aber ganz genau, ob Sie einen Menschen oder ein Unternehmen in diese Kategorie packen. Denn viele könnten sich auf den zweiten Blick doch als wichtig entpuppen, etwa als Empfehlungsgeber.

Berater Unter Berater verstehe ich diejenigen, die in vielen Berufsgruppen Menschen oder Unternehmen beraten und ihnen dabei helfen, Entscheidungen zu treffen. So gibt es im Business für fast jeden Sinn oder Unsinn einen spezifischen Berater, seien dies nun Steuerberater oder Rechtsanwälte oder IT-Berater. Aufgabe von Beratern ist es, zu prognostizieren, ob eine Entscheidung gut oder schlecht ist. Und egal, wie sehr Sie sich auch anstrengen: Wenn der Berater eines potenziellen Kunden sich gegen Ihre Dienstleistung oder Ihr Produkt ausspricht, dann werden Sie – zumindest wenn das Vertrauensverhältnis zwischen dem Kunden und seinem Berater intakt ist – kaum eine Chance haben. Berater sollten überparteiisch, unabhängig und objektiv agieren. Dies ist nicht immer der Fall, da viele Berater sich zusätzlich zu ihren Beratungshonoraren von präferierten Anbietern auch noch provisionieren lassen – und so manchmal die richtige Lösung zum falschen Problem anbieten.

Champions Champions sind diejenigen, die wir im Musikgeschäft als Fans bezeichnen würden. Es sind überzeugte Kunden, die Sie mögen, Menschen, die begeistert sind von Ihren Lösungen, von Ihren Produkten, Menschen, die Sie anderen empfehlen. Champions sind meistens bei Ihren Kundenfirmen interne Empfehlungsgeber. Da auch Champions immer wieder die Unternehmen wechseln, kann es durchaus sein, dass jemand, der in einem Unternehmen ein Champion war, auch im nächsten Unternehmen ein Champion sein wird. Wenn Sie dafür sorgen, dass er die Begeisterung für Ihr Unternehmen verinnerlicht hat, dann haben Sie eine gute Chance, in einen neuen Markt zu kommen. Champions sind meist umsichtige, rührige Menschen, die gerne gute Tipps ans eigene Unternehmen weitergeben, die auf Bewährtes bauen oder auch neue Trends mit initiieren – eventuell sogar als Trend-Scout tätig sind.

»Ihre« Verkäuferin ist begeistert von der tollen Qualität und dem schönen Design der Kleidung, die Sie produzieren? Von einer namhaften Handelskette abgeworben, wird sie sich sicher bemühen, dass Ihre Produkte künftig dort ins Sortiment aufgenommen werden. »Ihr« Doktorand ist überzeugt von der guten Betreuung, der tollen Ausstattung im Labor und der qualitativ hochwertigen Forschung, die an Ihrem Lehrstuhl betrieben wird? Nach Fertigstellung der Doktorarbeit wechselt er in einen Verband, der auch für die Vergabe von Forschungsgeldern zuständig ist. Über die Vergabe entscheidet ein mehrköpfiges Gremium, seine Aufgabe ist es, die Forschungsanträge zu präsentieren …

Empfehlungsgeber Empfehlungsgeber sind vergleichbar mit den Champions – jedoch mit dem Unterschied, dass diese nicht in einem Unternehmen arbeiten, sondern einfach gerne Empfehlungen über Sie und Ihre Dienstleistungen aussprechen. Dies geschieht in der Regel nach Rücksprache und Gespräch mit Ihnen. In manchen Branchen sind für solche Empfehlungen auch kleine oder große Geschenke bis hin zu großen Provisionen (bis 30 Prozent) möglich.

Multiplikatoren Es gibt Menschen, die weder in die Kategorie der Champions noch in die der Empfehlungsgeber einzuordnen sind. Diese können jedoch in einem beachtlichen Umfang dafür sorgen, dass Ihnen Kontakte, Aufträge und Umsätze »zufließen«. Ich habe einige Multiplikatoren in meiner Datei, die mir noch nie einen einzigen Auftrag gegeben haben. Vermutlich werden sie es auch nie tun. Dennoch gehören sie für mich zu den wichtigsten Netzwerkpartnern, weil sie es immer wieder verstehen, durch unterschiedliche Vorgehensweisen Menschen und Leistungen zusammenzubringen, Empfehlungen auszusprechen, Menschen zu kontakten oder einfach mal einen Anruf zu tätigen: »Den musst du unbedingt kennen lernen, der ist gut.« Multiplikatoren sind Netzwerkarchitekten. Und fallen oftmals – völlig zu Unrecht – durch jedes Raster, da sie weder als Kunde noch einer Kundenfirma zuzuordnen sind.

Preiswächter oder Marktkenner Nun gibt es noch eine kleine Gruppe von Menschen, die Malcom Gladwell in seinem Buch *The Tipping Point* als »Preiswächter« oder »Marktkenner« beschreibt. Dieser kleinen Käuferschicht fällt immer sofort auf, dass Sonderangebotspreise nicht eingehalten oder gewisse Eckpreise zuungunsten von Kunden nach oben korrigiert wurden. Die Preiswächter oder Marktkenner sind insbesondere deswegen so wichtig, weil sie in kürzester Zeit die Veränderungen wiederum an ihre Netzwerke weiterreichen und so die Informationen, die möglicherweise nie nach außen gedrungen wären, an alle anderen weiter kommunizieren.

Ordnungshüter und Beziehungswächter Eine ähnliche Rolle wie die Marktkenner spielen die Ordnungshüter, die oftmals unterschätzt werden. Ob Ordnungshüter Partner von der Gewerbeaufsicht, vom TÜV oder der IHK sind, ist sicherlich von Branche zu Branche unterschiedlich. Sie sind für einen reibungslosen Ablauf, insbesondere in Sonderfällen oder Krisenzeiten, von zentraler Bedeutung.

Die effizientesten Strategien zur Kontaktpflege

Nun, da ich Ihnen die Macht sozialer Netzwerke deutlich gemacht habe und Ihnen hoffentlich klar geworden ist, wie groß und komplex Ihr eigenes Netzwerk bereits ist, will ich Ihnen die besten und effektivsten Möglichkeiten zeigen, bereits bestehende Kontakte zu pflegen. Doch da wir alle von Natur aus bequem sind, vorneweg eine Anregung, wie Sie konsequent Ihrem inneren Schweinehund in punkto Networking auf die Sprünge helfen können.

Networking-Selbstkontrolle: Nur wer sät, kann auch ernten

Längst wollten Sie sich bei Ihrem Onkel melden und sich für die netten Geburtstagsgrüße bedanken; zu Ihrer alten Studienkollegin Kontakt aufnehmen, die mittlerweile in der gleichen Branche arbeitet wie Sie; eine E-Mail an Ihren ehemaligen Kollegen schreiben, der seit kurzem bei einem Wettbewerber im Ausland arbeitet.

Und warum tun Sie es nicht einfach? Immer ist irgendetwas wichtiger. Stimmt's? Gerne stellen wir Networking zurück, wenn auf unserem Schreibtisch und zu Hause genug Arbeit auf uns wartet. Und abends dann noch telefonieren oder gar einen Brief schreiben?

Alle Menschen sind bequem, darum kann es nicht schaden, wenn Sie sich bei Ihrem Networking-Vorhaben durch eine kleine Motivationshilfe unterstützen. Horst Conen erzählt in seinem Buch *Sei gut zu dir, wir brauchen dich* eine kleine Geschichte, die ich Ihnen als Grundlage für Ihre Networking-Selbstkontrolle mit auf den Weg geben möchte:

»Es war einmal ein italienischer Conte, der sehr alt wurde, weil er ein Lebensgenießer par excellence war. Niemals verließ er das Haus, ohne sich zuvor eine Hand voll Bohnen einzustecken. Er tat dies nicht etwa, um die Bohnen zu kauen, er nahm sie mit, um so die schönen Momente des Tages bewusster wahrnehmen und sie besser zählen zu können. Für jede positive Kleinigkeit, die er tagsüber erlebte, zum Beispiel eine nette Konversation auf der Straße, das Lächeln seiner Frau und das Lachen seiner Kinder, ein köstliches Mahl, eine feine Zigarre, einen schattigen Platz in der Mittagshitze, ein Glas guten Weines – kurz: für alles, was die Sinne erfreute, ließ er eine Bohne von der linken in die rechte Jackentasche wandern. Manche Begebenheiten waren ihm gleich zwei oder drei Bohnen wert. Abends saß er dann zu Hause und zählte die Bohnen aus der rechten Tasche. Er zelebrierte diese Minuten. So führte er sich vor Augen, wie viel Schönes ihm an diesem Tag widerfahren war, und freute sich des Lebens. Und sogar an einem Tag, an dem er bloß eine Bohne zählte, war der Tag gelungen, hatte es sich zu leben gelohnt.«

Meine Aufforderung an Sie: Tragen Sie immer ein paar Bohnen in der Tasche. Wann immer Sie einen kleinen Schritt in Sachen Networking, in Sachen Kontakte knüpfen und pflegen getan haben, lassen Sie eine Bohne von der rechten in die linke Tasche wandern. Gleichzeitig werden Sie so daran erinnert, jeden Augenblick mit Networking zu verbringen.

Die Datenbasis für Ihre Kontakte

Jedes zukunftsorientierte Unternehmen sammelt heute Informationen über seine Kunden. Über Wohnort und Alter hinaus wird längst versucht, aus Bestellungen, mithilfe von Fragebögen und Gewinnspielen mehr über die Situation und die Wünsche der Kunden zu erfahren, um daraus mögliche interessante Angebote abzuleiten. Denn längst haben gewiefte Marketingstrategen erkannt, dass Massenmailings im Zeitalter der Reizüberflutung und Überinformation wirkungslos geworden sind. Vielmehr wird durch Personalisierung versucht, Kunden individueller anzusprechen.

Warum ich Ihnen das erzähle? Auch im Networking gilt: Es ist nicht nur interessant, wen Sie kennen oder wer Sie kennt, es ist ebenso wichtig, wie viel Sie über diese Menschen wissen. Und je größer Ihr Netzwerk wird, desto schwieriger wird es sein, alle Informationen im Kopf zu speichern und auf Bedarf abzurufen.

Keine Frage, es gibt Menschen, die das können – wandelnde Datenbanken mit dem Gedächtnis von Elefanten. Allen anderen aber, und das werden wohl die meisten sein, empfehle ich, Kontakte und Informationen zu notieren und systematisch abzulegen. Dies können Sie nach althergebrachter Methode mit Hilfe von Karteikarten oder einem Rolodex leisten – ich empfehle Ihnen jedoch die elektronische Datenspeicherung. Einfach, weil Sie sie sauberer aktualisieren und einfach besser nutzen können.

Längst gibt es Software, meist unter dem Stichwort CRM (Customer Relationship Management), mit der Sie ganz spezielle Vorgehens-, Kontakt- und Serviceaktionen in unterschiedlichen Betreuungsritualen festhalten können. Diese können Sie einzelnen Kunden, ganzen Kundengruppen oder bestimmten Kontakten zuordnen. Vollautomatisch druckt Ihr PC dann schon die Grüße zum Valentinstag, generiert und versendet die persönliche E-Mail zum Namenstag oder bereitet die Nachfassaktion vor. Eine Übersicht über CRM-Programme erhalten Sie unter www.softguide.de. Nützlich für die Archivierung und Pflege Ihrer Kontakte unterwegs sind kleine elektronische Adressdatenbanken, die Sie mit Datenbanken auf Ihrem Laptop und Ihrem PC synchronisieren können.

Ich gebe Kontaktadressen und -daten immer sorgfältig in meine elektronische Datenbank ein. Und ich pflege sie regelmäßig. So wie ein Arzt bei jedem Patientenbesuch in seiner Praxis Notizen auf der Patientenkarte macht, so sollten auch Sie sich wichtige Informationen aus einem privaten Gespräch oder einem geschäftlichen Meeting notieren und als Follow-up unter der entsprechenden Person ablegen. Auch wenn Sie zum Nachbereiten eines Termins dann ein bisschen mehr Zeit benötigen – es lohnt sich im Hinblick auf kommende Gespräche enorm!

Mündliche und schriftliche Kommunikationsstrategien

Kontakte brauchen kontinuierliche Pflege. Wenn Sie also einen interessanten Kontakt knüpfen konnten, sollten Sie unbedingt in Verbindung bleiben. Regelmäßige Telefongespräche und E-Mails sind eine Möglichkeit, Beziehungen aufrechtzuerhalten, ohne viel Zeit investieren zu müssen. Als Kontrapunkt zu unserer schnelllebigen Zeit der SMS und E-Mails empfehle ich, mit Briefen und Aufmerksamkeiten im Gedächtnis haften zu bleiben. Telefonate geraten schnell in Vergessenheit, und wer täglich Dutzende von E-Mails erhält, teilt seine Aufmerksamkeit gnadenlos ein! Besser ist es also, sich von anderen abzuheben: mit einem gut und persönlich formulierten Brief, einer kleinen Gefälligkeit, die nicht wie eine Bestechung wirkt.

Selbstverständlich sind regelmäßige Treffen ideal – die Frage ist nur, ob Ihr Networking-Partner und Sie selbst dazu immer die notwendige Zeit finden. Schön ist, wenn Sie zumindest mit wichtigen Gesprächspartnern, etwa mit »Empfehlungsgebern« und »Multiplikatoren«, dazu Gelegenheit finden. Vielleicht können Sie sogar ein kleines Ritual entwickeln – das kann die gemeinsam verbrachte Mittagspause am ersten Donnerstag im Monat sein, das Kamingespräch am Mittwochabend oder gemeinsame Aktivitäten wie Joggen oder Ähnliches.

Wie Sie in Ihrem Netzwerk kommunizieren, ist letztlich auch von Ihren Networking-Partnern und von Ihren eigenen Vorlieben abhängig. Manche Menschen bringen ihre Gedanken lieber zu Papier, andere bevorzugen die Interaktivität des Mündlichen, die Möglichkeit, unmittelbar Gedanken auszutauschen und in »Echtzeit« zu reagieren.

Im Folgenden möchte ich Ihnen einige Tipps geben und wesentliche Kommunikationsstrategien aufzeigen, mit denen ich persönlich gute Erfahrungen gemacht habe.

Mittagspausentelefonate

Neben den qualitativen Zielen sollten ganz einfache quantitative Ziele nicht vergessen werden. Meine persönliche Vorgabe sind tägliche Mittagspausentelefonate. Während andere nach dem Mittagessen zur Zigarette greifen, greife ich zum Handy und führe mindestens ein Telefonat mit einem Menschen aus meinem Netzwerk beziehungsweise mit einem, den ich gerne in meinem Netzwerk hätte. Und die Mittagspause gilt erst dann als beendet, wenn ein Gespräch mit einem solchen Netzwerkpartner geführt wurde. Um auf die Idee einer Networking-Selbstkontrolle zurückzukommen: Je mehr Samen Sie für Netzwerke und

Kunden täglich säen, je mehr Aktionen Sie täglich durchführen, desto mehr Bohnen können Sie in Zukunft ernten.

Terminbestätigung

Konnten Sie eine Bohne in die andere Tasche wandern lassen, weil Sie einen Kontakt gepflegt oder gar einen persönlichen Termin mit einem potenziellen Kunden vereinbart haben? Toll – aber dies ist nur der erste Schritt.

Mein Tipp

Bestätigen Sie Termine grundsätzlich noch einmal. Manche Menschen stehen gelegentlich mit vollen Händen vor verschlossenen Türen. Ich bekam einmal eine Absage, da saß ich schon zwei Stunden im Zug und war kurz vor dem Ziel. Und Sie können mir glauben, es bedurfte einigen Geschickes, diese Absage wieder rückgängig zu machen.

Manche Menschen fühlen sich bei Gesprächen so sehr bedrängt oder in die Enge getrieben, dass sie nur deshalb einen Termin vereinbaren, um den aufdringlichen Gesprächspartner endlich loszuwerden. Logische Konsequenz ist dann die spätere Absage per Telefon.

Genauso gut kann es aber sein, dass Sie Termine zwar gerne wahrnehmen würden, jedoch eine lange Vorlaufzeit benötigen. Mir geht es häufig so, dass ich Anfragen von interessierten Kunden bekomme, die sich gleich »nächsten Monat« oder gar »nächste Woche« treffen wollen. Es führt oft zu Bestürzung, wenn ich aufgrund der vielen Buchungen die Kunden über Monate hinweg vertrösten muss. Bis es dann endlich so weit ist, ist der Nutzen, den ich bei einem solchen Termin stiften könnte, im Gedächtnis oft nicht mehr so präsent.

Um einer solchen Situation vorzubeugen, empfiehlt sich eine Terminbestätigung, bei der Sie nicht nur den Termin, also Ort, Datum und Uhrzeit bekräftigen, sondern vor allem den Nutzen, noch besser den individuellen Nutzen bestätigen, der durch diesen Termin entstehen kann. Ein Beispiel:

Sehr geehrte(r) Traumkunde,

gerne bestätigen wir den Termin am 14. August 2006 um 17.30 Uhr in Ihrem Büro in Stuttgart.

Die Inhalte unseres Gesprächs:

1. Vorstellung des Leistungsspektrums und der Schwerpunkte unseres Unternehmens
2. Mögliche Ansatzpunkte im Bereich der Verkaufsaktivierung

Sie werden bei unserem ersten Gespräch schnell feststellen, dass sich unser Unternehmen und unser Leistungsspektrum ganz erheblich von vielen anderen unterscheiden. Damit Sie sich schon im Vorfeld ein Bild machen können, wie wir arbeiten, dürfen wir Ihnen Namen und Telefonnummern von drei Kunden angeben.

– Hans Huber, Maxtor GmbH und Co, Musterstadt, 012-345 678
– Josef Meier, Meierwerke, Traumstadt, 023-456 789
– Martha Junde, Trauke Unternehmen, Traumort, 034-567 891

Die Kunden sind informiert und freuen sich auf Ihren Anruf.

Während unserer 30-minütigen Präsentation erfahren Sie außerdem, wie wir Ihnen weiteren Nutzen bieten und Ihre Situation optimieren können.

Mit allen guten Wünschen aus München

P. S.: Dieses Gespräch bietet genau die Ansatzpunkte, um Ihre individuellen Ziele und Vorgehensweisen zu realisieren.

Am besten ist, wenn Sie im Postskriptum eine konkrete Aussage Ihres Gegenübers anführen. Sehen Sie dazu auch das letzte Kapitel, »Die Königsklasse des Networkings: Kooperationen« und darin besonders das Unterkapitel »Wie Sie Kooperationen anbahnen«.

Noch eine Anmerkung zu den im Brief genannten Referenzen. Diese sind bestens dazu geeignet, Glaubwürdigkeit und Vertrauen aufzubauen, werden jedoch nur in den wenigsten Fällen, nach meiner Erfahrung gerade mal bei knapp 3 Prozent, wirklich angerufen. Schade, wenn es so viel Gutes zu berichten gibt …

Spätestens jetzt sollten wir uns dem geschriebenen Wort widmen, das ein unverzichtbares Mittel ist, um Beziehungen aufzubauen und zu festigen.

Wann schreiben Sie Briefe?

Es gibt viele gute Gelegenheiten, einen Brief zu schreiben. Keine Frage, dass Briefe vor allem so aufgebaut sein sollten, dass der Empfänger sie gerne und aufmerksam liest. Der erste Schritt ist ein guter Text. Manchmal muss man sich allerdings wundern, in welch trauriger Relation Inhalt und Portokosten stehen. Ich kannte mal ein Unternehmen, das regelmäßig 80 000 Briefe an potenzielle Kunden versendete und damit Kosten in Höhe von 3 5 000 Euro verursachte. Als ich fragte, wie viel Geld sie denn ausgeben würden, um den Brief professionell zu schreiben, kam als Antwort: »Das machen wir meistens in der Mittagspause gemeinsam.«

Wie viel sinnvoller wäre es gewesen, noch einmal 500 Euro – und so viel kostet es meist gar nicht – zu verwenden, um den Brief von Profis noch besser, noch begehrlichkeitenweckender und verlockender formulieren zu lassen?

Natürlich sind ebenso gestalterische Punkte wichtig, wie die Betreffzeile oder das P. S., die eine oder andere Grafik, der eine oder andere Textkasten. Dies alles sind Dinge, die einen Brief leichter lesen lassen. Auch eine in der Marketingsprache so genannte 3D-Beilage, also etwas zum Angreifen, zum Anfassen, kann sinnvoll sein: das typische Päckchen Cappuccino, die nicht sehr originellen, aber dafür äußerst leckeren Minitütchen mit Fruchtgummibären, ein Luftballon oder Ähnliches.

Die Umschläge lassen sich genauso reizvoll gestalten. Die Erfahrung zeigt zum Beispiel, dass wesentlich mehr Briefe geöffnet werden, die mit Briefmarken und von Hand notierter Adresse versehen sind statt mit Freistempeln und maschinell erstellten Etiketten. Der Empfänger möchte sich gerne als etwas Besonderes fühlen, nicht als Teil einer Masse.

Vor kurzem erhielt ich einen Brief mit einem gelben Post-it-Zettelchen darauf, der auf den ersten Blick mit Handschrift geschrieben schien und auf dem zu lesen stand: »Wichtige Infos für Hermann.« Umso enttäuschter war ich, dass es sich doch nur um ein Massenmailing handelte. Die Idee war im Prinzip gut, doch der Inhalt stand in keinem Verhältnis zum äußeren Aufwand.

Besonderen Eindruck machte auf mich ein Geschäftsmann, der eine ganz hervorragende Idee hatte, seine Weihnachtsbriefe zu verfassen: Zunächst einmal schrieb er sie alle per Hand. Die Besonderheit aber war, dass er bereits im Januar damit begann, sich Notizen zu machen. Immer, wenn er gerade bei einem Kunden gewesen war und noch alle Gedanken und Informationen ganz frisch verfügbar hatte, begann er (meist auf der Heimreise im Flugzeug oder im Zug), Weihnachtsbriefe zu schreiben, um sie dann – immer wieder vervollständigt – zu Weihnachten zu verschicken. Wirklich eine gute und vor allen Dingen zeitsparende Möglichkeit, hier persönliche Gedanken zum Ausdruck zu bringen!

Follow-up-Mail nach persönlichen Treffen

Sie können einem persönlichen Gespräch, einem Treffen auch nachträglich noch eine besondere Bedeutung geben – indem Sie es mit einer Follow-up-Mail abrunden. So können Sie zudem dokumentieren, dass Sie die Erwartungen und Gedankengänge Ihres Networking-Partners verstanden und aufgenommen haben sowie vielleicht schon signalisieren, wie Sie an die Umsetzung herangehen werden.

Ich habe mir früher einen richtigen Sport daraus gemacht, nach einem persönlichen Gespräch – möglichst in der gleichen Nacht noch – mit der Umsetzung zu beginnen. Und während mein Gesprächspartner am nächsten Morgen noch die Inhalte des Gesprächs überdachte, konnte ich ihm per E-Mail bereits die ersten Inhalte liefern.

Follow-up-Mails bringen aber auch für Sie selbst einen Nutzen – Gedanken und Ideen aus einem Gespräch lassen sich noch einmal ordnen und entsprechende To-dos ableiten. Sie wissen ja: Was Sie nicht sofort ins Rollen bringen, gerät schnell in Vergessenheit.

Das Wunschzettelprinzip

Haben Sie schon einen Wunschzettel, einen großen Wunschzettel? Bitte versuchen Sie, in jedem Gespräch mindestens zehn, ja: *zehn* Wünsche Ihres Gegenübers herauszufinden. Manche dieser Wünsche sind offensichtlich und möglicherweise vor dem Gespräch schon klar, manche Ideen werden in einem Gespräch erst formuliert, manche Wünsche erfahren Sie durch geschickte Fragen, wieder andere Wünsche können Sie zwischen den Zeilen lesen. Und von manchen werden Sie nie etws erfahren.

Erst wenn Sie *zehn* Dinge gefunden haben, die Ihr Gegenüber interessieren, können Sie über *einen* Punkt sprechen, der Sie beschäftigt. Ja. Zehn. Nun gut, es geht natürlich auch mit weniger Wünschen. Aber je mehr Möglichkeiten wir haben, unsere Wunschliste zu komplettieren, desto besser.

Die im Laufe eines Gespräches gesammelten Wünsche müssen nicht im direkten oder indirekten Zusammenhang mit mir oder meiner Dienstleistung stehen, sondern können auch ganz alltägliche, berufliche oder private Punkte betreffen. So erfuhr ich beispielsweise von einem Gesprächspartner, dass er gerade auf der Suche nach einem guten Buch zum Thema Zeitmanagement ist oder von einem anderen, dass er sich gerade überlegt, wohin er denn im nächsten Urlaub fahren soll. In solchen Fällen gibt es mehrere Möglichkeiten zu reagieren. Eine Buchempfehlung kann ich, je nach Wissensstand, gleich vor Ort aussprechen oder das passende Buch direkt in einer Buchhandlung besorgen und als Geschenk überreichen oder durch amazon.de als Geschenk verpackt zusenden lassen. Bei Reisen lassen sich Reiseprospekte im nahe gelegenen Reisebüro besorgen, eigene Erfahrungen mitteilen, oder ein kleiner Reiseführer kaufen.

Ich persönlich lege mir immer eine Art Speicher an, bei dem ich kurze Notizen über die Wünsche oder Herausforderungen meiner Partner und Kunden sammle. Immer dann, wenn ich einen Zeitungsbericht lese oder irgendwelche Informationen habe, die dazu passen, lege ich diese kurz aufs Fax und schreibe »Mit herzlichen Grüßen« darüber.

Schenken – gewusst wie!

Die Bandbreite bei Geschenken reicht von der größtmöglichen Einfallslosigkeit über Luxus pur bis hin zu den wundervollsten, kreativsten Wunderwerken. 08/15-Geschenke machen keinen Sinn, ganz aufwändig gestaltete Geschenke wirken manchmal aber auch befremdlich – vor allem dann, wenn es sich letztlich nur um einen losen Kontakt handelt. Das passende Geschenk zu finden ist also schwierig. Es sollte überraschen und Freude bereiten, es sollte nicht nach Bestechung aussehen, und es muss zum jeweiligen Typ passen.

Geschenke können ruhig einmal persönlicher, sogar ein bisschen verrückt sein, Sie müssen sich nur vorher genau überlegen, ob Ihr Adressat der richtige Empfänger dafür ist. Hier ein paar Anregungen:

- ein Rätsel mit individuellen Fragen und Lösungen
- ein Computerspiel mit den eigenen Bildern
- ein Roman, in dem der Beschenkte die Hauptrolle spielt
- ein Mondgrundstück
- Jahrgangsweine
- Tortenbilder
- historische Schlager-CDs

Weitere Ideen finden Sie zum Beispiel unter www.geschenkideen.de. Oder verschenken Wunsch-Tage an Ihre Kunden (www.mydays.de), in denen diese sich eine »Hot Chocolate«-Massage gönnen, auf dem Männerspielplatz Bagger fahren oder sich einen Tag lang den Traum von einer Modelkarriere erfüllen können.

Einer unserer Kooperationspartner ist das Nachrichtenmagazin *Focus*. In der ersten Zeit unserer Zusammenarbeit waren unsere Ansprechpartner sehr stark eingespannt, da sie gerade die Erstausgabe des neuen Magazins *Focus Schule* vorbereiteten. Da war natürlich klar, dass wir ihnen am Tag der ersten Veröffentlichung eine prall gefüllte Schultüte mit allerlei leckeren Süßigkeiten und nützlichen Utensilien ins Büro brachten.

Als ich bekannt gab, dass ich meinen Geburtstag in New York feiern werde, habe ich von einem Kunden für den 3-D-Film *New York* im IMAX-Kino (www.imax-kinos.de) im Deutschen Museum zwei Freikarten bekommen. Ich war begeistert!

Einer meiner Auftraggeber, ein internationaler Chemiekonzern, wollte einem Kunden etwas schenken, mit dem es um einen Millionenauftrag verhandelte. Da mein Auftraggeber den Einkäufer zwar beeindrucken, aber auf keinem Fall bestechen wollte, war Seriosität gefragt. Und das Geschenk durfte nicht mehr als 5 Euro kosten. Nach einiger Recherche stellten wir fest, dass der Entscheider zwar in Düsseldorf lebte, jedoch Amerikaner war und gerne die aktuellen Sportergebnisse aus den USA verfolgte. Wir haben uns nach langem Überlegen für vier Montagmorgenausgaben der Zeitung *USA Today* entschieden. Damit lagen wir noch unter 5 Euro, auch wenn die Transportkosten etwas höher ausfielen – und gewannen den großen Auftrag.

Die Krapfenstrategie

Bei Terminen oder Besprechungen habe ich es mir zur Gewohnheit gemacht, nirgendwo hinzukommen, ohne eine kleine Aufmerksamkeit in der Tasche zu haben. Und mit einer »kleinen Aufmerksamkeit« meine ich nicht die Präsente, die sich üblicherweise in den Lagern von Büros stapeln, um sie dann zu mehr oder weniger wichtigen Anlässen den mehr oder weniger geschätzten Menschen mit mehr oder weniger aufmerksamen Worten zu überreichen oder zu übersenden. Es sind ganz bewusst ausgesuchte Kleinigkeiten. Kleine Geschenke, die meistens ein sehr geringes Haltbarkeitsdatum haben. Schon allein dadurch wird deutlich, dass ich sie ganz speziell für diese Personen gekauft und nicht schon auf Vorrat irgendwo bestellt habe. Das können ein paar Blümchen aus den Feldern mit der Aufschrift »Blumen zum Selberschneiden« sein, das können an heißen Sommertagen ein paar Tüten Eis sein (bitte immer Servietten mit dazulegen) oder ein paar Leckereien vom Bäcker um die Ecke. Morgens ein paar frische Brezeln (Laugengebäck), nachmittags kleine Teilchen oder aber Krapfen (»Pfannkuchen« für alle Berliner) zum Kaffee.

Geburtstagsgrüße

Toll, wenn Sie die Geburtstage Ihrer Networking-Partner nicht vergessen. Es gibt wohl kaum einen Tag im Jahr, an dem so genau geschaut wird, was denn so alles von wem kommt. Lassen Sie sich rechtzeitig von Ihrem elektronischen Assistenten erinnern. Und bitte – ganz wichtig! – stellen Sie die Funktion so ein, dass Sie rechtzeitig vor dem Geburtstag und nicht erst am Geburtstag selbst daran erinnert werden. Nur so haben Sie Zeit, eine Karte, vielleicht eine kleine Aufmerksamkeit zu versenden.

Auch via Internet können Sie Grußkarten mit vielen verschiedenen Motiven, so genannte E-Cards, versenden. Dabei ist es möglich, schon weit im Voraus eine Karte auszuwählen, zu schreiben und mit einem Versandtermin zu versehen. Nicht der absolute Hit, jedoch für die ganz Vergesslichen besser als gar nichts. Witzige Karten gibt es zum Beispiel von der *Sendung mit der Maus* unter www.wdrmaus.de.

Andere Fest- und Feiertage

Zum Geburtstag kommen in der Regel natürlich viele Briefe und Aufmerksamkeiten. Die Gefahr besteht, dass Ihr Geschenk oder Ihre Nachricht in der Masse untergeht. Überlegen Sie doch einmal, welche weiteren Möglichkeiten und Termine neben dem Geburtstag nutzbar sind. Anbei eine Auswahl an Feiertagen und Gedenktagen, die Sie als Anlass für einen Kontakt wählen können. Dabei ist es natürlich am besten, wenn Ihr Anliegen in Zusammenhang mit dem Anlass gebracht wird.

Persönliche Festtage

- Namenstag
- Hochzeit (als Rechtsanwalt können Sie möglicherweise auch zum Scheidungstag gratulieren)
- Geburtstag des Empfängers

Deutsche Festtage

- Ostern
- Pfingsten
- Erster Advent
- Weihnachten

Internationale Festtage

- St. Patrick's Day
- Valentinstag
- Nikolaus

Kalendertage

- Sommeranfang
- Sonnenwende
- Winteranfang

Atypische Feste

- Tag des Baumes
- Tag des Radfahrens
- Weltspartag
- Prüfen Sie doch einfach, ob es speziell für Ihre Branche oder Ausrichtung einen Tag gibt.

Besonderheiten

- Vollmond
- Sonnenfinsternis

Natürlich gibt es eine Vielzahl weiterer sinniger oder unsinniger nationaler beziehungsweise internationaler Gedenktage. Oftmals kommt es gar nicht auf die Bedeutung des Tages allein an, sondern darauf, wie dieser Tag mit Ihren Botschaften verknüpft werden kann. Eine gute Auflistung internationaler Tage finden Sie zum Beispiel unter www.weltzeituhr.com.

Abbildung 5 auf der nächsten Seite zeigt beispielhaft einen Jahresablauf mit diversen Anlässen, um in Kontakt zu treten, zu grüßen, sich in Erinnerung zu rufen.

Tage, die Sie zu Festtagen machen können

Eine gute Möglichkeit, Aufmerksamkeit zu erzeugen, ist es, einfach selbst einen Festtag zu kreieren oder azyklisch auf Festtage hinzuweisen. Wie wäre es zum Beispiel mit Ostergrüßen zu Weihnachten? Nach dem Motto: »Noch 104 Tage bis Ostern«, »Noch 100 Tage bis zu Ihrem Geburtstag« oder »Seit 100 Tagen kennen wir uns«. Lassen Sie Ihrer Fantasie freien Lauf.

Finden Sie hier ein paar Ideen für überraschende Anlässe, die Sie zu Festtagen machen können.

Aktuelle Ereignisse

- Ausgang von politischen oder Verbandswahlen
- Gesetzesänderungen, die die Branche betreffen
- besondere Tage der Branche oder Messen

Besondere Geburtstage

- Geburtstag des Absenders
- Geburtstag des Empfänger-Unternehmens
- Geburtstag eines Produkts

Einige Autohändler sind beispielsweise dazu übergegangen, nicht mehr dem Fahrer, sondern dem Auto zum Geburtstag zu gratulieren. Dadurch wird in zweifacher Hinsicht mehr Aufmerksamkeit erreicht.

Abbildung 5: Jahresablauf mit Kontaktanlässen

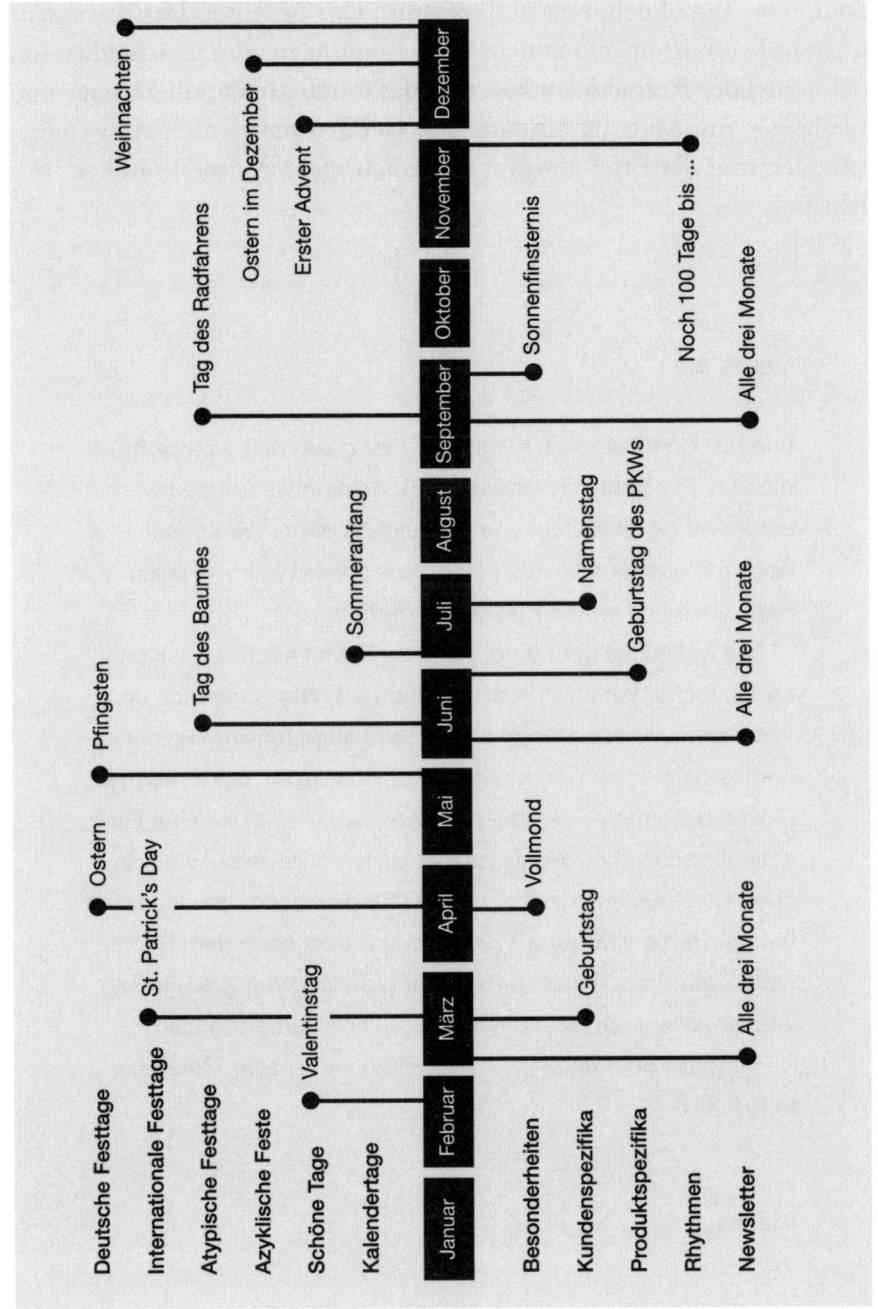

Der Brief kommt nicht zum Geburtstag des Fahrers, dessen Postkasten an diesem Tag ohnehin meist überquillt. Das bedeutet: Der Brief steht nicht in Konkurrenz mit den anderen Sendungen oder Geschenken um die Gunst der Aufmerksamkeit und des langfristigen »In-Erinnerung-Bleibens«. Ein Auto als Adressat von Geburtstagswünschen ist zudem witziger, und der Brief gewinnt sicherlich mehr Aufmerksamkeit. Ein Beispiel:

Liebes Auto,

nun bist du tatsächlich schon ein Jahr geworden – wie schnell die Zeit an einem vorbeirauscht. Zu deinem Geburtstag wünschen wir dir alles Gute und ein langes Leben. Wir können uns noch gut erinnern, wie du blitzeblank unser Werk verlassen hast, um deine ersten Runden zu drehen.

Wir hoffen, es geht dir gut und du stehst noch in Lack und Leder. Sicher kümmert sich dein Fahrer bestens um dich und versorgt dich neben ausreichend Sprit auch regelmäßig mit einem Schlückchen Öl und etwas Kühlflüssigkeit. Damit auch er diesen besonderen Tag mit dir feiern kann, legen wir eine Flasche Prosecco bei. Wohlwissend, dass du viel lieber ein Kännchen Öl genießen würdest, das wir für dich schon bereitgestellt haben. Gerne würden wir bei dir mal wieder nach dem Rechten sehen. Grüß doch deinen Begleiter ganz lieb von uns und sag ihm, er solle doch mal auf eine Inspektion vorbeischauen.

Für das kommende Jahr wünschen wir dir alles Gute und freie Fahrt!

Autohaus X

Der Newsletter als Info-Plus

Nach wie vor scheint mir für die meisten Branchen der E-Mail-Newsletter ein sinnvolles Medium zu sein. Natürlich wird heute eine Vielzahl der elektronischen Postfächer mit Spams überschwemmt, dennoch erlebe ich als Internetnutzer, dass ich mich selektiv und vorübergehend in die für mich interessanten Newsletter eintrage und diese auch mit Vergnügen und Anteilhabe lese. Und als Versender des News-to-use-Letters (www.hermannscherer.de) mit mittlerweile weit über 20 000 Abonnenten bekomme ich immer wieder positive Rückmeldungen. Klar, dass der Nutzen für den Leser im Vordergrund stehen muss und es nicht bei einem billigen »Produktanbieten« bleiben darf.

Oft werde ich von meinen Kunden gefragt, welche Inhalte ihr Newsletter haben sollte. Schließlich darf er ja auch nicht zu lang sein. Tatsächlich gibt es eine Vielzahl von Möglichkeiten, einen Newsletter mit wertvollen Inhalten zu füllen.

Folgende Themen eigenen sich für einen Newsletter

- aktuelle Service- beziehungsweise Produktneuigkeiten – schließlich ist es ein Newsletter
- spezifische Branchen- oder Anwenderinformationen
- Beispiele für Problemlösungen, abgestimmt auf die Zielgruppe
- Memos – ein paar Beispiele: ein Zahnarzt bringt sich ins Spiel, wenn er an die Vorsorgeuntersuchung erinnert; ein PC-Dienst informiert, wenn der Virussoftwarevertrag ausläuft; ein Fahrradhändler erinnert an den Inspektionstermin für ein neues Fahrrad; ein Blumenhändler versendet eine Valentinstagswarnung an vergessliche Männer; ein Juwelier schickt vor dem einjährigen Ehejubiläum einen Newsletter an einen Kunden (Ring kostenlos polieren plus eventuell Geschenk zum ersten Hochzeitstag); ein Kinderwagenverkäufer könnte nach einem Jahr schreiben: Superangebot für einen Buggy!
- Verweis auf Homepage
- Veranstaltungstermine
- neue gesetzliche Vorgaben für die Branche

- Pressespiegel, interessante Artikel
- Ausblick/Rückblick auf Messen und andere Veranstaltungen
- Einblick in Markt und Märkte
- Unternehmensinfos, Vorstellung von neuen Mitarbeitern
- Empfehlungen
- Kontaktmöglichkeiten

Ein bisschen Werbung für Sie, Ihre Produkte oder Dienstleistungen darf natürlich auch dabei sein und wird sich durch den Bezug der einzelnen Punkte zu Ihrer Kernkompetenz sowieso ergeben.

Newsletter müssen übrigens nicht nur im klassischen Anbieter-Abnehmer-Verhältnis stattfinden. Ich kenne einen Vorgesetzten, der einen hausinternen Newsletter schreibt und damit alle Mitarbeiter über die vergangenen und kommenden Entwicklungen sowie Entscheidungen auf dem Laufenden hält. Da das Unternehmen recht groß ist, ist es ihm manchmal nicht mehr möglich, alles im persönlichen Kontakt zu regeln. Mit dem Newsletter hat er die Möglichkeit, direkt vom »Schreibtisch des Chefs« zu informieren.

Ähnlich verfährt meine Bekannte Annette Häuser als Mitarbeiterin des Stabs Veranstaltungsorganisation in einem großen Unternehmen. Kollegen, Partner und Dienstleister hat sie in Adresscluster zusammengefasst. Alle sechs Wochen berichtet sie kurz von den News in ihrer Abteilung. Wenn sie Anfragen oder Aufträge zu verteilen hat, dann finden sich Informationen darüber im Letter. Und wenn sie Fragen oder Informationsbedarf hat, dann wird das ebenfalls formuliert. »Es ist immer wieder verblüffend, wie schnell ich eine Menge von guten Antworten auf meine Mail bekomme«, meinte sie beim letzten Treffen.

Wichtig ist: Wenn Sie einen Newsletter konzipieren und verschicken möchten, dann achten Sie darauf, dass in der Betreffzeile nicht das Wort »News« oder »Newsletter« steht! Viele Spamfilter sortieren leider aufgrund dieser Schlüsselwörter auch die gewünschten und bestellten Newsletter aus – am besten überlegen Sie sich einfach eine andere Betreffzeile.

Sie möchten erfahren, wer welchen Artikel Ihres Newsletters gelesen hat und wer sich wann an- oder abgemeldet hat? Kein Problem! Es gibt kompetente Dienstleister in diesem Bereich (zum Beispiel die Firma mailingwork: www.mailingwork.de).

Einladung zu Veranstaltungen

Eine etwas aufwändigere Möglichkeit, Kontakte zu vertiefen, sind Einladungen zu Veranstaltungen. Damit sind nicht unbedingt Hausmessen oder Tage der offenen Tür gemeint. Auch hier geht es vielmehr darum, Kreativität zu entwickeln. Firmengeburtstage sind nicht der einzige probate Anlass für eine Einladung. Überlegen Sie, was Ihre Kunden interessieren könnte – wenn Sie zum Beispiel hochwertige Lampen verkaufen, laden Sie einen Beleuchtungsexperten ein, der Vorträge über die richtige Beleuchtung in Arbeitszimmer, Schlafzimmer, Flur und Keller hält. Genauso interessant wäre für das entsprechende Klientel der Vortrag einer Feng-Shui-Beraterin, die auch das Thema Beleuchtung einfließen lässt. Oder Sie laden Ihre Kunden und Geschäftspartner in die Werkstatt eines Lichtkünstlers ein, dessen Objekte Sie auch in Ihrem Laden verkaufen, oder zu einem Ausflug in die Allianz Arena in München, um ihnen (unter anderem) zu zeigen, wie dieser überdimensionale »Schwimmreifen« (ein futuristisch anmutendes neues Fußballstadion) beleuchtet wird. Merken Sie? Wenn Sie ein bisschen Brainstorming betreiben, kommen Sie auf die tollsten Ideen.

Die erfolgreiche Jungunternehmerin Tina Voss hat mit ungewöhnlichen Veranstaltungen sehr gute Erfahrungen gemacht. Zum fünften Geburtstag ihrer Firma lud sie beispielsweise alle Kunden in ein Varietétheater ein, das zu diesem Zweck an einem Montagabend mitsamt allen Künstlern gemietet wurde. Das war bezahlbar, da Montage in der Gastronomie traditionell schwache Tage sind und sie einen Sonderpreis aushandeln konnte. Und nachdem sie gemeinsam mit einer Kollegin einen Wochenend-Workshop über Entspannungslehre sowie traditionelle chinesische Medizin besucht hatte und sehr entspannt mit viel Fachwissen über Ursache und Wirkung von Stress nach Hause fuhr, beschloss sie, das Thema Work-Life-Balance unbedingt auch ihren Kunden nahe zu bringen. Sie organisierte einen Workshop und lud Kunden, Geschäftspartner und Networking-Partner ein. Die Veranstaltung war restlos ausgebucht. Am Ende baten alle um eine zweite Veranstaltung, bei der sie durch praktische Übungen noch mehr über das Thema lernen wollten.

Was mein Abendessen mit Bill Clinton betrifft: Können Sie sich ausmalen, welche Wirkung Sie bei Ihren Kunden und Networking-Partnern erzielen, wenn Sie sie zu einer Veranstaltung mit einem amerikanischen Präsidenten einladen – mehr noch, wenn Sie Bill Clinton die Hand schütteln, vielleicht sogar beim Dinner an einem Tisch mit ihm sitzen?

Das Schehersad-Prinzip

Es ist überliefert, dass die Märchen aus 1 001 Nacht durch folgende Geschichte entstanden sind: Es war einmal ein grausamer König im fernen Morgenland, der ließ jedes Mädchen, das er heiratete, am Morgen nach der Hochzeit töten. Eines Tages heiratete er die gebildete und geistreiche Prinzessin Schehersad. Diese wusste von der Gefahr und hatte die Idee, dem König nachts, wenn sie bei ihm war, spannende Märchen zu erzählen. Dabei richtete sie es so ein, dass sie die Geschichte immer genau dann unterbrach, sobald der Morgen graute, doch das Ende noch nicht erzählt war. Der König, gefesselt von Schehersads Erzählkunst, war begierig, den Ausgang der Geschichte zu erfahren, und verschonte ihr Leben bis zur nächsten Nacht. So vergingen 1 000 Nächte, in denen Schehersad knapp 200 Geschichten erzählte.

Erzählen Sie also fesselnde Geschichten von sich, von Ihren Projekten, Ihren Produkten oder Ihrer Dienstleistung und vor allem: Legen Sie Ihre Geschichten so an, dass das Ende offen bleibt und Sie sie zu einem späteren Zeitpunkt weitererzählen können.

Mein Tipp

Sie sollten sich immer um aktuelle Informationen bemühen. Halten Sie Augen und Ohren offen, lesen Sie die Wirtschaftsnachrichten aufmerksam, sammeln Sie Informationen über Ihre Kontaktpersonen und deren Unternehmen. Via Internet lassen sich viele Informationen heute ganz problemlos recherchieren. Wenn Sie zum Beispiel von dem geplanten Umzug eines Ihrer Auftraggeber hören, dann können Sie Ihrem Ansprechpartner einen Umzugskarton mit passenden Utensilien zukommen lassen. Oder Sie haben erfahren, dass ein Kunde demnächst eine große Präsentation halten wird, dann schenken Sie ihm eine »Presenter-Maus«, damit die Veranstaltung besser gelingt.

Kapitel 3

Wie Sie Kontakte pflegen, die Sie (noch) nicht haben

> Wer mit bescheidenen Mitteln die richtigen Dinge tut,
> wird mehr erreichen als einer, der mit aller Kraft
> an den falschen Aufgaben arbeitet.
>
> *Selbsterkenntnis*

Im vorigen Kapitel haben Sie erfahren, wie Sie auf kreative Art und Weise Kontakte zu Menschen pflegen können, die Sie bereits kennen. Eine noch viel ambitioniertere Fragestellung aber ist: Wie pflege ich Kontakte, die ich noch nicht habe?

Auf den kommenden Seiten geht es zunächst um Fragen der Strategie: Wen wollen Sie kennen lernen? Wer kann Ihr Netzwerk bereichern? Und vor allem: Wie können Sie diesen Jemand kennen lernen? Ich werde Ihnen zeigen, wie Sie sich klare Ziele setzen und warum Sie gut recherchieren müssen. Und dass Mut belohnt wird und Sie manchmal mit einfachen Mitteln die erstaunlichste Wirkung erzielen können.

Die Basis: strategisches Denken

Der Begriff Strategie kommt aus dem Griechischen und bezeichnete ursprünglich nichts anderes als die Kunst der Heeresführung (stratos = Heer; agein = führen).

Es sei gleich vorneweg gesagt: Es gibt keine einheitliche, allumfassende Definition für »Strategie«. Nach meiner persönlichen Definition ist eine Strategie nichts anderes als der Weg, den ich einschlage, um meine Ziele zu erreichen. Demnach setzt sich eine Strategie aus allen Maßnahmen zusammen, die ich plane und ergreife.

Strategisch zu denken bedeutet also, dass Sie Ihren Erfolg nicht dem

Zufall überlassen. Auch Networking, wie ich es verstehe, braucht strategisches Denken, auch wenn Sie – nach dem Serendipity-Prinzip – dabei manchmal auf Menschen und Möglichkeiten stoßen, die Sie gar nicht gesucht haben!

Bei der Entwicklung einer Networking-Strategie müssen Sie sich mit folgenden Fragen befassen: Wen möchten Sie kennen lernen? Warum möchten Sie eine bestimmte Person kennen lernen? Was kann diese Person beziehungsweise was kann Ihnen dieser Kontakt an Nutzen bringen?

Wen möchten Sie kennen lernen?

Wenn Sie sich drei Personen auf der ganzen Welt aussuchen dürften, die Sie gerne zu Ihrem Netzwerk zählen würden – wen würden Sie auswählen? Einflussreiche Politiker, Topmanager, bekannte Schauspieler oder Musiker? Spannend wäre es sicher, mit Friedrich Merz zu Abend zu essen und sich sein Steuermodell persönlich auf einem Bierdeckel erklären zu lassen oder mit Peter Maffay über die achtziger Jahre zu philosophieren – aber: Was könnten diese Menschen wirklich für Sie tun? Und was könnten Sie für diese Menschen tun? Denn das ist ja der Grundgedanke des Networkings – der Austausch von Informationen und der beiderseitige Nutzen einer Beziehung.

Wenn Sie sich also interessante Menschen für Ihr Netzwerk wünschen, bedenken Sie eines: Erfolgreiches Networking ist am erfolgversprechendsten auf der gleichen beziehungsweise auf einer vergleichbaren Ebene. Ein Topmanager beispielsweise ist kein geeigneter Ansprechpartner für einen Hochschulabsolventen. Er wird keine passende Stelle in seinem Team haben, er kann ihn bestenfalls an einen Manager ein paar Ebenen tiefer verweisen.

Überlegen Sie also zunächst, zu wem Sie Kontakt herstellen, wen Sie kennen lernen möchten und wer tatsächlich in Ihr Netzwerk passt. Erwägen Sie, welche Menschen aus welchen Bereichen Ihr Netzwerk bereichern könnten. Wen möchten Sie konkret ansprechen? Wo müssen Sie recherchieren? Wer könnte jemanden kennen, der ...? Wo sind Ihre

Kunden? Wo findet das Verbandsleben Ihrer Stadt statt? Gibt es einen örtlichen Fußballverein, Handball- oder Eishockeyclub? Suchen Sie Wirtschaftsvereine, Branchenverbände oder fragen Sie bei der IHK oder Handwerkskammer nach.

Wie können Sie Informationen sammeln?

Wenn eine Personalberatung den Auftrag bekommt, eine gehobene Position zu besetzen, steht an erster Stelle eine umfangreiche Recherche: Welche Firmen gibt es in der gleichen Branche, in welchen Positionen könnten sich geeignete Kandidaten derzeit befinden, welche Kriterien müssen weiterhin erfüllt sein? Eine gute Personalberatung macht sich erst dann auf die Suche, wenn sie weiß, wen sie sucht.

Wenn Sie auf der Suche nach Kontakten sind, sollten auch Sie sich vorab über potenzielle Kandidaten informieren – auch über die derzeitigen Themen und Herausforderungen in den jeweiligen Unternehmen. Wenn Sie zu einem persönlichen Treffen eingeladen werden, dann müssen Sie zuvor das Unternehmen und den Markt genau studieren. Nichts ist peinlicher als Fragen zu stellen, die durch einen einzigen Klick auf die Homepage längst beantwortet wären. Je besser die Vorbereitung, desto schneller sind wir in der Lage, in ein wirklich tiefgehendes Gespräch einzusteigen. Ihr Motto muss lauten: »Vorbereitungszeit verdoppeln und die Tiefe des Gesprächs verbessern.«

Das erfordert ein bisschen Zeit, war aber nie einfacher als heute – dank der Möglichkeiten des »world wide web«. Fast jeder Selbstständige, jede Einrichtung und jede Firma ist dort vertreten. Manchmal können Sie sogar Geschäftsberichte im Internet abrufen. Übergeordnete News-foren liefern Ihnen weitere wichtige Informationen. Zusätzlich gibt es Adress- und Recherchebücher wie die *Euro-Adressen: Handbuch der Behörden, Institutionen und Experten in der Europäischen Union*; Frost & Sullivan, International Business Information; den »Hoppenstedt« mit einer ganzen Reihe von Informationshandbüchern und Loseblattsammlungen zu Unternehmen und Menschen der Wirtschaft; die Übersichten *Wem gehört die Republik* (die Konzerne und ihre Verflechtungen) und *Wer gehört zu wem* (Beteiligungsverhältnisse in Deutschland) sowie das *Who's who*. Einen weiteren guten Überblick über mögliche weitere Informationsquellen bietet das *Taschenbuch Wirtschaftspresse*, herausgegeben von der Talanx AG. Umgekehrt heißt das aber auch, dass es für jemanden, der sich im Vorfeld unzureichend über das Unternehmen informiert hat, kein Pardon mehr gibt.

Das Internet wird mittlerweile von einem großen Teil der Bevölkerung zur Informationsbeschaffung genutzt. Es gibt aber viele Möglichkeiten, wie Sie Ihre Suche besonders professionell und effektiv gestalten können. Die meistgenutzte Suchmaschine ist Google, und obwohl so viele Menschen täglich damit arbeiten, nutzen die meisten nur einen Bruchteil der hervorragenden Funktionen. Hier einige Tipps, wie Sie mit Google schneller, besser und vor allen Dingen mehr Informationen in kürzerer Zeit finden. Weil Google nur Webseiten ausgibt, die alle Wörter einer Anfrage enthalten, sollten Sie mehrere Suchbegriffe eingeben und bei einer zu großen Trefferzahl einfach weitere Wörter im Suchfeld hinzufügen.

Ein Wort kann von einer Suche mit einem Minuszeichen (»-«) ausgeschlossen werden (vor einem Minuszeichen muss allerdings ein Leerzeichen eingefügt werden). So zeigt beispielsweise die Suche nach »Hannibal«, dass das Web mehr Informationen über Hollywood-Filme enthält als über den karthagischen General. Gilt das Interesse dennoch dem antiken Feldherrn, so sollte man die Suche folgendermaßen verfeinern: »Hannibal-Lecter«. Google filtert sodann alle Seiten aus der Ergebnisliste heraus, die den mit einem Minuszeichen markierten Suchbegriff enthalten.

Durch das Hinzufügen von Anführungszeichen kann man nach ganzen Wortgruppen suchen. Das hilft zum Beispiel bei der Suche nach Begriffen, die aus zwei oder mehr Wörtern zusammengesetzt sind. So ist »Windows Viren Scanner« bei der Suche erheblich genauer als lediglich die Wörter: Windows Viren Scanner. Die Suche nach Phrasen in Anführungszeichen ist die einfachste, am wenigsten genutzte und dennoch wirksamste Möglichkeit, die Treffergenauigkeit der Suchmaschine zu erhöhen.

Manche Wörter, denen ein Doppelpunkt folgt, haben für Google eine spezielle Bedeutung. Eines dieser Wörter ist der »site:«-Operator. Dieser Operator beschränkt die Suche nach einem oder mehreren Begriffen auf die genannte Webadresse. Verwenden kann man die »site: Beispieldomain.de«-Syntax, um auf einer bestimmten Domain oder einer bestimmten Website zu suchen. Um beispielsweise Presseinformationen auf der Website von Google zu finden, ist Folgendes einzugeben: »press site:www.google.de«. Um Suchtipps ausschließlich auf der Google-Website zu finden, ist Folgendes einzugeben: »Suchtipps site:www. google.de«. Wenn man alles finden möchte, was CNN zu George W. Bush oder Spiegel Online zu Angela Merkel zu sagen hat, dann sucht man nach »Bush site:cnn.com« oder »Angela Merkel site:spiegel.de«.

Manchmal öffnet man einen Google-Link und landet im Nichts – denn das Internet ändert sich täglich, ebenso Webadressen. Mit einem Trick kann man diese Webseiten dennoch betrachten, sofern Google sie nicht aus dem eigenen Archiv gelöscht hat – das ist der Fall, wenn in der Ergebnisliste neben der Webadresse der Link »Im Archiv« zu sehen ist. Mit einem Klick auf diesen Link zeigt Google die Seite so, wie sie beim letzten Google-Besuch aussah. Die gesuchten Begriffe sind farblich hervorgehoben.

Brandaktuelle Nachrichten findet man mit normalen Standard-Suchmaschinen wie Google nur äußerst schwer, weil es stets ein paar Tage dauert, bis eine neue Webseite durchsuchbar ist. Auf der Seite http://news.google.de kann allerdings ganz gezielt nach aktuellen Informationen gesucht werden. Als weitere spezielle Nachrichtensuchmaschinen für den deutschsprachigen Raum empfehle ich Ihnen außerdem die folgenden:

- http://www.paperball.de
- http://www.paperazzi.de
- http://www.presseportal.de

Weitere Tipps finden Sie unter www.google.de und in dem Buch *Effiziente Marktforschung* von Marius Dannenberg.

Ideen – Argumente – Nutzen

Sie haben nun Ihre Ziele und Ihre Wunschkontakte identifiziert. Sie haben Informationen über die entsprechenden Personen, eventuell auch über die entsprechenden Unternehmen oder Organisationen gesammelt. Und dann?

Jetzt kommt es darauf an, wie Sie die betreffenden Personen ansprechen und überzeugen können. Dazu brauchen Sie nicht nur eine Idee und ein Anliegen, sondern auch gute Argumente: Nutzenargumente. Fragen Sie sich also zunächst: Was möchten Sie erreichen? Aber vor allem auch: Was haben Sie einem potenziellen Netzwerkpartner zu bieten? Manchmal müssen Sie ein wenig querdenken und ein wenig kreativer sein als andere, um Ihren Wunschkunden oder -netzwerker zu überzeugen.

Damit Sie verstehen, was ich meine, hier ein Beispiel: Vor einigen Jahren war ich als »Manager of Instruction« für die weltweit größte Trainingsorganisation tätig. Eine meiner Aufgaben war es, unkonventionelle Strategien zur Gewinnung neuer Kunden zu entwickeln. Bei über 70 000 Trainern und Beratern in Deutschland galt es, sich von der großen Masse abzuheben. Natürlich hatten wir bereits einige potenzielle Kunden ausgemacht, die wir gerne erobern wollten. Unsere Zielsetzung war, noch genau zehn DAX-50-Kunden zu gewinnen, um alle DAX-50-Unternehmen auf unserer Referenzliste verbuchen zu können. Zuerst recherchierten wir die Entscheider aus der entsprechenden Personalabteilung und die Verkaufsleiter. Anrufen und fragen, ob unsere Trainingsleistung gebraucht würde, fanden wir nicht besonders sexy. Wir wollten es unbedingt schaffen, diese Menschen persönlich kennen zu lernen. Aber selbst wenn wir die Möglichkeit gehabt hätten, uns bei einem persönlichen Termin vorzustellen: Unsere Wunschkunden waren auf ganz Deutschland verteilt, wir hätten Tage gebraucht, um sie alle zu besuchen. Ich entwickelte einen ambitionierten Plan: Die Entscheider sollten dazu gebracht werden, auf eigene Kosten zu uns nach Freising zu fliegen, um mit uns ein Gespräch zu führen. Also überlegten wir, welchen Nutzen oder besser gesagt welche Begehrlichkeit wir bieten könnten, damit sich Personalentscheider aus ganz Deutschland zu uns hinbemühten. Was sind Ihre zehn wichtigsten Zielkunden und was tun Sie, damit diese zu Ihnen kommen?

Wir recherchierten und entwickelten eine wunderbare Idee. Gemeinsam mit dem kleinen Fernsehsender »Freising im Bild« (die Sendezeit lag pro Woche bei circa ein bis zwei Stunden und zeigte neben einigen aktuellen Informationen diverse Schautafeln und den Apothekennotdienst) kreierten wir eine Art Business-Talk-Serie mit insgesamt zehn Talkrunden zu jeweils 20 Minuten. Eines meiner ersten Bücher heißt *Von den Besten profitieren*. So lag es nahe, diesen Talk in Anlehnung an unsere Ziele »Von den besten Personalentscheidern Deutschlands profitieren« zu nennen. Sie können sich vorstellen, dass dieser Programmpunkt zwar sehr ungewöhnlich war, aber auch für den Fernsehsender eine ausgesprochen positive Abwechslung gegenüber dem Apothekennotdienst darstellte. Nach telefonischer Vorankündigung versandten wir einen Brief an die Personalentscheider, in dem wir unser Anliegen sinngemäß so formulierten:

»Nach langer und intensiver Recherche unter den Top-Personalentscheidern Deutschlands haben wir Sie als einen der wichtigsten und bedeutendsten Profis identifiziert. Mit dem Fernsehsender ›Freising im Bild‹ führen wir gerade in der aufstrebenden Flughafenregion Freising, die sich nicht zuletzt durch die niedrigsten Arbeitslosenzahlen Deutschlands auszeichnet, eine Business-Talk-Runde unter dem Motto ›Von den besten Personalentscheidern Deutschlands lernen‹ durch. Ziel dieser Sendung ist die Diskussion über die aktuellen Herausforderungen und Chancen in Bezug auf Personalentwicklung und Unternehmenserfolg.

Wir würden Sie gerne zu einer Aufzeichnung nach Freising einladen, damit die Zuschauer von Ihrem Wissen und Ihren Erfahrungen profitieren können. Gleichzeitig haben Sie natürlich die Gelegenheit, sowohl Ihr Unternehmen als auch Ihre Person in dieser aufstrebenden Region der interessierten Zuschauerschaft noch ein wenig näher zu bringen. Gerne werden wir Ihnen in den nächsten Tagen einen ausführlichen Brief mit weiteren Informationen und Anregungen zusenden.«

Die Reaktionen? Neun von zehn der angefragten Entscheider waren sofort bereit, zu einem Interview zu kommen. Ich möchte betonen, dass wir unsere Gesprächspartner selbstverständlich mit allen relevanten

Informationen versorgten und alle Fragen wahrheitsgetreu beantworteten. Wir haben diesen Talk wie angekündigt realisiert und anschließend am Abend ein kleines Gespräch darüber geführt, inwieweit eine mögliche Zusammenarbeit zu beiderseitigem Nutzen sein könnte. Übrigens: Der zehnte Wunschkunde bat – aufgrund der Wichtigkeit des Termins – darum, auch die Personalchefin Europa mitbringen zu dürfen – unglaublich!

Nach Freising sind schließlich also alle eingeladenen Personalentscheider gekommen. Mit sieben von ihnen konnten wir am gleichen Tag auch den ersten Schritt einer zukünftigen Zusammenarbeit beschließen. So einseitig sich das im ersten Augeblick anhören mag: Der Nutzen war für beide Seiten da. Alles, was wir in unserem Brief versprochen hatten, wurde eingehalten, und die Sendungen wurden erfolgreich ausgestrahlt. Unsere Gäste konnten so ihr Unternehmen präsentieren und das eigene Profil schärfen.

Wer könnte für wen interessant sein?

Begnadete Networker knüpfen immer und überall Kontakte. Sie haben das, was ich gerne als »Networking Spirit« beschreibe – sie sind offen, flexibel und filtern aus jedem Gespräch sofort mögliche Verbindungen und Verknüpfungen. Dabei geht es eben nicht nur darum, nur den eigenen Nutzen im Blick zu haben. Erfolgreiche Networker nehmen auch die Verbindungsmöglichkeiten zwischen unterschiedlichen Networking-Partnern wahr. Erfolgreiche Networker agieren nicht nur in eigener Sache, sie fungieren auch als »Connectoren«. Denn aktiv Netzwerke herzustellen, bedeutet, Leute miteinander in Kontakt zu bringen.

Nehmen Sie Ihre Networking-Mind-Map zur Hand und fragen Sie sich ganz gezielt:

- Wer könnte sich für wen interessieren?
- Wer könnte für wen ein Problem lösen?
- Und wer könnte mit wem gewinnbringend zusammenarbeiten?

Nehmen wir einmal an, Sie erfahren, dass Ihr Nachbar seinen Geburtstag groß feiern möchte. Und ein Bekannter aus Ihrem Netzwerk ist Inhaber eines Partyservice...

Noch ein kleines Beispiel: Ein Dachziegelhändler lernt auf einer Veranstaltung einen Steuerberater kennen, sie unterhalten sich gut und nun kommt die Frage der Fragen: »Sagen Sie mal, bauen Sie gerade ein Haus, können Sie eventuell Dachziegel gebrauchen?« Und die Antwort lautet: »Tut mir leid, leider nicht. Brauchen Sie eventuell gerade einen Steuerberater?« Allein die Wahrscheinlichkeitsrechnung gibt uns hier eine klare Antwort: So werden diese Menschen nicht zusammenkommen!

Es kann aber gut sein, dass der Steuerberater für einen Mandanten tätig wird, der gerade ein Haus baut, und dann an den Dachziegelhändler denkt. Oder der Händler hat möglicherweise einen Kunden, der gerade einen Steuerberater sucht. Sie sehen: Darum müssen Sie beim Networking immer auch an den Nutzen der anderen denken.

Zwei zentrale Prinzipien des »Connecting« möchte ich Ihnen noch mit auf den Weg geben.

- Verlangen Sie niemals eine Prämie für das Herstellen einer Verbindung!
- Wenn Sie vermittelt worden sind, bedanken Sie sich immer und stets persönlich bei dem Connector für die Herstellung eines Kontaktes!

So stellen Sie Kontakte her

Über strategisches Denken haben wir nun ausführlich gesprochen. Im Folgenden möchte ich Ihnen zeigen, welche mal naheliegenden, mal ungewöhnlichen Strategien Sie konkret einsetzen können, um an Ihr Ziel zu gelangen. Natürlich können das nur Anregungen sein – denn wie Sie Ihre Kontakte aufbauen, wie Sie Menschen ansprechen, hängt letztlich auch von Ihrer Persönlichkeit ab. Schließlich müssen Sie in Ihrem Anliegen und Ihrer Idee authentisch sein!

Die Clubbing-Strategie

Die traditionellste Networking-Strategie ist zweifellos das Clubbing. Als Mitglied von (Berufs-) Verbänden oder Clubs haben Sie Gelegenheit, andere Mitglieder bei der Clubarbeit und bei Veranstaltungen kennen zu lernen. Das Ganze hat einen gesellschaftlichen Touch, oft einen sozialen, manchmal auch einen Weiterbildungscharakter, aber letztlich ist allen doch gleichermaßen klar, worum es bei Round Table, bei den Lions oder im Bundesverband Junger Unternehmer und ähnlichen Vereinigungen geht: Kontakte zu knüpfen, Empfehlungen zu erhalten und manchmal sogar Kunden zu finden und zu binden.

Das Geheimnis des dauerhaften Erfolges sind die Kontakte, die in Verbänden, Clubs und auf Veranstaltungen entstehen, betont auch Tina Voss, Chefin einer Zeitarbeitsfirma. Ihre Erfolgsgeschichte ist ein Paradebeispiel für effektives Clubbing: Ein potenzieller Kunde lud sie zum Marketingclub ein, den er selbst regelmäßig besuchte. Anlass der Treffen waren meist Vorträge mit anschließenden Diskussionsrunden. Sie ging hin und kam mit vielen anderen Gästen ins Gespräch und lernte dort in den folgenden Monaten viele beruflich interessante Menschen kennen.

Ihr damaliger »Türöffner« wurde letztendlich nie ihr Kunde. Aber eines Tages flatterte dafür ein Infoschreiben vom BJU (Bundesverband Junger Unternehmer) ins Haus, der zu einem Treffen einlud, um den Regionalkreis Hannover neu zu beleben. Der BJU ist ein Verband, der selbstständige Unternehmer bis zum 40. Lebensjahr politisch vertritt und in dem sich die Regionalkreise vor Ort zu vielerlei Anlässen treffen. Tina Voss entschloss sich schon am ersten Abend, in den Verband einzutreten und ihn in Hannover mit aufzubauen. Man organisierte Treffen mit der IHK, lud bekannte Unternehmer ein und traf sich manchmal auch einfach zum Gedankenaustausch zum Mittagessen.

Im Laufe der Zeit suchte Tina Voss einen neuen IT-Netzwerkbetreuer, brauchte anwaltlichen Beistand und interessante Kundengeschenke für Weihnachten. Alles kaufte sie bei den Verbandskollegen, und die orderten bei ihr Personal für Krankheitsausfälle, für den Aufbau einer neuen Abteilung oder für eine Urlaubsvertretung. Der BJU Hannover etablierte sich als Expertenrunde. Zu aktuellen wirtschaftlichen Ereignissen wurden Pressemitteilungen herausgegeben. Die Medien schätzten mehr und mehr das Urteil der BJU-Mitglieder in Fragen der Wirtschaft; Tina Voss wurde häufiger interviewt und dadurch auch als Unternehmerin immer bekannter.

Eines Abends auf einer Veranstaltung unterhielt sie sich angeregt mit einem Stehtisch-Nachbarn, der sich nur namentlich ohne Firmennennung vorgestellt hatte. Bereits wenige Tage später standen sie sich unverhofft wieder gegenüber, denn er war der Geschäftsführer einer Firma, bei der sie eine große Präsentation hielt. Tina Voss bekam den Auftrag, und seit Ende der neunziger Jahre ist dies einer ihrer wichtigsten Kunden.

Nach zwei Jahren als BJU-Regional-Vorstandsvorsitzende wurde sie gefragt, ob sie nicht in den regionalen Wirtschaftsverband »Pro Hannover Region e. V.« eintreten wolle. In monatlichen Frühstückstalks und bei interessanten Abendveranstaltungen lernte sie weitere Unternehmer und Führungskräfte kennen.

Tina Voss hat ihre kleine Zeitarbeitsfirma mithilfe der Clubbing-Strategie zu einem großen Unternehmen mit derzeit rund 400 Beschäftigten weiterentwickelt. Ihr Resümee: »Anfangs erschien es mir als eine enorme Belastung, neben dem Aufbau der Firma abends so oft unterwegs zu sein. Unterm Strich ist es jedoch das Rezept für den Erfolg. Über zwanglose Gespräche und gemeinsame Teilnahme an Vorträgen entstehen wichtige Kontakte, die durch jahrelange Pflege und ein funktionierendes Netzwerk immer weiter vertieft werden. Ich bin dort als Nachfrager von Produkten, als Ratgeber und als Lieferant verankert.«

Neben Business, Hobby und Politik ist soziales Engagement ein Bereich, der eine große Rolle spielt. Viele Clubs, wie etwa die Rotarier oder der »Lions Club«, setzen sich ganz gezielt für karitative Projekte ein. Sie können aber auch über Ihr Engagement in einer rein karitativen Organisation networken – letztlich sollten Sie Clubs auswählen, deren Mitglieder und Anliegen zu Ihnen passen, wo Sie sich wohl fühlen und wo Sie mit Ihrem Engagement authentisch sind.

Durch aktive Arbeit in Verbänden und Clubs können Sie viele interessante Menschen kennen lernen. Und auch wenn namhafte Politiker und bekannte Unternehmerpersönlichkeiten nicht unbedingt auf Ihrer Netzwerkebene anzusiedeln sind, so können solche Begegnungen sie motivieren und inspirieren und an Erfahrung bereichern. Tina Voss zum Beispiel konnte mit dem niedersächsischen Ministerpräsidenten Christian Wulff, dem Keks-Fabrikanten Hermann Bahlsen und dem Taschenhersteller Axel Bree diskutieren und hat mit bekannten Moderatoren wie Jörg Wontorra oder Gerhard Delling eine Preisverleihung für Unternehmer organisiert.

Die Dreier-Brief-Strategie

Mit dem Briefeschreiben ist das so ein Sache – es besteht immer die Gefahr, dass Ihr Brief nach dem Lesen direkt in den Papierkorb wandert, weil sich zum Beispiel bereits ein Mitbewerber eingenistet hat oder weil Ihr Angebot in dem angeschriebenen Unternehmen vermeintlich nicht gebraucht wird. Natürlich ist es empfehlenswert, den Brief hinsichtlich des dargestellten Nutzens und der Inhalte so lange zu optimieren und daran zu feilen, bis er wirklich überzeugend ist. Aber oftmals reicht dies nicht aus. Mein Vorschlag: Lassen Sie interne Strukturen für sich arbeiten!

Nehmen wir an, Sie möchten Ihre Produkte oder Dienstleistungen einem größeren Unternehmen anbieten, das mehrere Entscheidungsstufen oder Hierarchien hat. Nehmen wir weiterhin an, Sie möchten einem Versandhaus für Babybedarf Ihren neuen innovativen Babyautositz verkaufen. Klar: Ihr direkter Ansprechpartner wäre die Einkaufsabteilung. Ein Interesse an Ihrem Produkt haben aber auch der Verkauf und natürlich übergeordnete Stellen wie etwa die Geschäftsleitung. In der Regel wird nur eine dieser drei Abteilungen angeschrieben und angesprochen – in der Hoffnung, dass dies die Richtige, die entscheidende sein möge. Doch selbst wenn Sie die richtige Person kontakten, stellt sich immer noch die Frage: Wird Ihrem Angebot, Ihrem Brief genügend Aufmerksamkeit geschenkt, und ist er der Einstieg in eine Kommunikation?

In unserem Beispiel wären das also die Personen aus der Einkaufsabteilung, der Verkaufsleitung und natürlich auch der Geschäftsführung. Selbstverständlich haben Sie vorher alle Namen und Positionen exakt recherchiert, damit Sie diese auch persönlich ansprechen können. Die Briefe, die Sie rausschicken, sind identisch, bis auf einen einzigen kleinen Teil, den Sie jeweils wie folgt abwandeln:

> Sehr geehrter Herr XY,
>
> da wir nicht ganz sicher sind, ob wir unser Anschreiben an die richtige Stelle in Ihrem Unternehmen adressiert haben, erlauben wir uns, diesen Brief zeitgleich auch noch in der Geschäftsführung an Frau / Herrn … sowie an Ihre Kollegen im Vertrieb, Frau / Herrn … zu senden.

Diesen Verweis an die jeweils beiden anderen Personen bringen Sie in allen drei Briefen an. Es war unglaublich, welche Reaktionen wir bei Testbriefen erlebt haben. Da wurden Briefe, die normalerweise sofort in der Ablage 1 (Papierkorb) landen, plötzlich behalten, weil es ja sein könnte, dass Verkauf oder Geschäftsleitung diesbezüglich anfragen könnten. Was tun, wenn man in der Kantine oder bei dem nächsten Meeting von der Geschäftsführung auf den Brief angesprochen wird und nichts davon zu berichten weiß?

Es entwickelt sich eine interne Dynamik, die zu unterschiedlichen Reaktionen führen kann. Die schlechteste Reaktion wäre: alle drei Briefe wandern schließlich doch in den Papierkorb. Wahrscheinlicher aber ist – ich habe es selbst erlebt! –, dass sich mindestens einer der drei Ansprechpartner bei Ihnen meldet, um einmal nachzufragen, was es denn genau mit Ihrem Angebot auf sich hat. In einigen Fällen fragten sogar alle drei Ansprechpartner parallel nach, um mehr über unser Angebot zu erfahren. Besonders schön ist es, wenn das Ganze an einem Tag passiert und Sie dann gleich einen Präsentationstermin fest machen können.

Die Award-Strategie

Eine andere Möglichkeit, um in Kontakt zu kommen, ist es, einen Preis, eine Auszeichnung zu verleihen. Lassen Sie uns einen solchen Preis aus dreierlei Blickrichtungen betrachten. Da gibt es zum einen die inhaltliche Seite. Hier geht es darum – in der Regel nach subjektiven Kriterien –, einen Preisträger zu finden, der diesen Preis verdient hat. Es ist übrigens spannend, wie häufig Richtlinien für Preisverleihungen verändert werden, damit der Preisträger zur erwählten Zielgruppe passt. Zum Zweiten gibt es die kommerzielle Seite, bei der es klar darum geht, solche Ehrungen und Preise ins Leben zu rufen, die auf die eigenen Produkte oder Dienstleistungen aufmerksam machen. So werden viele Buch- oder Filmpreise nicht allein deshalb verliehen, weil der Film oder das Buch ein wahrlich hervorragendes Werk ist, was natürlich in keiner Weise zu bezweifeln ist. Und die dritte Seite ist die kontaktorientierte Seite. Eine Vielzahl von Preisen wird deshalb verliehen, um mit Menschen Kontakt aufzunehmen, mit denen man sonst nicht oder zumindest nicht so intensiv in Verbindung käme. Eines der besten Führungssymposien verleiht jährlich in Deutschland an Führungskräfte außergewöhnliche Preise, die im Rahmen einer sehr feierlichen Veranstaltung überreicht werden. Selbst wenn der Gedanke für Sie unglaublich klingen mag, so werden doch viele Preisträger nach folgendem Kriterium ausgesucht: Dem sollten wir beim nächsten Mal einen Preis verleihen, damit wir ihn kennen lernen – und über zusätzliche Arten der Kooperation sprechen können.

Unternehmen Erfolg®, bekannt durch die Veranstaltungsreihe »Von den Besten profitieren«, verleiht zum Beispiel den Excellence Award an Menschen oder Unternehmen, die in ihrem Bereich durch herausragende Leistungen und besonderen Unternehmenserfolg auffallen.

Die »Ich brauche einen Rat und Sie sind Experte«-Strategie

Es gibt viele Möglichkeiten, die richtigen Menschen kennen zu lernen. Eine besonders mutige wählte Alisa-Michèle Kox. Die Abiturientin aus Köln wollte die Weichen für ihre berufliche Zukunft richtig stellen. Ihr Ziel: eine Führungsaufgabe in der Wirtschaft. Nur so, war ihre Überzeugung, könnte sie später »mitgestalten und Dinge bewegen«. Doch welche Bücher sollte man als aufstrebende Führungskraft lesen? Welches Studium anfangen? Wie den richtigen Einstieg finden? Alisa-Michèle Kox recherchierte und stieß auf das amerikanische Buch *Wisdom for a Young CEO* von Douglas Barry. Der hatte im Alter von 14 Jahren über 100 US-Manager angeschrieben, um deren Erfolgsgeheimnisse zu erfahren. Gute Idee, dachte Alisa-Michèle Kox – und schrieb ihrerseits über 65 Spitzenmanager der größten und bekanntesten Unternehmen in Deutschland an. Die Adressen und Namen dazu holte sie sich aus dem Internet.

Ergebnis: Über 35 Manager schrieben zurück, die meisten persönlich. Nur wenige ließen ihre Assistenten oder die Pressestelle antworten. Etliche legten zu ihren Antworten weiterführende Bücher, Kopien von lesenswerten Artikeln oder sie schickten kleine Präsente mit – zum Beispiel Porsche-Chef Wendelin Wiedeking, der einen Porsche 911 im Maßstab 1:43 schenkte. Wieder andere Vorstände boten der Kölnerin ein Praktikum an. Werner Seifert, Chef der Deutschen Börse in Frankfurt, wollte die Studentin persönlich kennen lernen und lud sie auf Kosten der Börse nach Frankfurt ein. Auch wenn sich die Antworten zum Teil sehr unterscheiden, in einigen Punkten aber waren sich die Autoren einig: Der Weg nach ganz oben führt in der Regel über ein erstklassiges Studium, Auslands- und Praxiserfahrungen sowie später im Beruf über Ausdauer, überdurchschnittliche Leistungen – und eine Portion Glück. Tchibo-Chef Dieter Ammer beispielsweise antwortete:

»Man muss zur richtigen Zeit am richtigen Ort sein und die richtigen Menschen treffen. Dieses Glück habe ich oft gehabt.«

Das Vorgehen von Alisa-Michèle Kox ist beeindruckend. Wer hat als Abiturient überhaupt Briefkontakt zu den zehn führenden Vorständen Deutschlands? Sie bat per Brief höflich nach einigen Informationen und erhielt zusätzlich zu einer Vielzahl von wirklich hochklassigen Informationen auch noch Erfolgs- und Managementgeheimnisse, ein Jobangebot und eine langfristige Wirkung und Begehrlichkeit für alle zukünftigen Bewerbungsgespräche. Und das alles kostenlos!

Natürlich ist das ein sehr herausragendes Beispiel. Ich erwähne es, um Ihnen die Ur-Idee einer sehr erfolgversprechenden Strategie deutlich zu machen: andere um Rat zu fragen. Dies macht Sie in den Augen des anderen nicht nur sympathisch – es ist einfach schmeichelhaft, als Experte betrachtet zu werden –, sondern es zeigt auch, dass Sie Ihr Anliegen über Ihre Person stellen. Und glauben Sie mir – so haben Sie die Tür zu Ihrem neuen Networking-Partner schon einen Spalt breit geöffnet. Vorausgesetzt natürlich, Sie wirken mit Ihrem Anliegen authentisch!

Die »Big Event«-Strategie

Um Kontakte zu schließen, die man bis dato noch nicht hatte, gehört eine Portion Mut – darüber haben wir bereits gesprochen. Diese Courage können Sie einsetzen, um einen Brief zu schreiben oder ein Telefonat zu führen – Sie können aber auch eine Veranstaltung organisieren, zum Beispiel ein richtiges »Big Event«. Wie mein Abendessen mit Bill Clinton eben.

Dank meiner Englischlehrerin hatte ich bereits einen Tag nach unserem gemeinsamen Biergartenbesuch die Adresse von Bill Clintons Agentur, der Agentur Harry Walker in New York. Sofort nahm ich Kontakt auf. Dass ein Bill Clinton nicht umsonst mit mir zum Essen geht oder ohne Entgeld einen Vortrag hält, war mir klar. Als ich das Angebot erhielt, wurde mir aber doch ein wenig schwindlig: Bill Clinton verlangte für einen Vortrag von 45 Minuten Redezeit mit anschließendem Essen umgerechnet ziemlich exakt 225 000 Euro, pro Minute seiner Rede rechnete er also mit 5 000 Euro. Ganz zu schweigen von den zusätzlichen Kosten – zumal ein ehemaliger Präsident der Vereinigten Staaten unter Reisekosten etwas ganz anderes versteht als ich.

Zudem war schnell klar, dass es keine Veranstaltung allein mit Bill Clinton sein würde, sondern dass ein ganzes Potpourri an Rednern und Attraktionen diesen Tag wirklich zu einem unvergesslichen Ereignis machen sollte – angefangen bei Thomas Koschwitz über Sandra Maischberger bis hin zu damals angesagten Pop-Stars wie den No Angels sowie den Boxbrüdern Klitschko.

Doch wie Kontakt aufnehmen? Wenn ich alle schlicht zu einem Zukunftsforum nach Augsburg eingeladen hätte, hätte ich nicht nur Probleme bekommen, sie überhaupt nach Bayern zu locken, es wäre auch noch richtig teuer geworden! Mit dem Trumpf Bill Clinton in der Hand aber wurde es ein Kinderspiel. Für einen Kuss von ihm kamen die No Angels kostenlos. Auch die Klitschko-Brüder nahmen unentgeltlich teil, weil wir 100 000 D-Mark (also 50 000 Euro) der Kartei der Not (www.karteidernot.de) spendeten, einem Hilfswerk, das unverschuldet in Not geratene Menschen unterstützt. (Böse Zungen behaupten, wir hätten den Klitschkos einen Kuss von den No Angels angeboten.)

Was ich damit sagen will? Manchmal ist es einfacher, ein großes Projekt zu schultern, als eine kleine Veranstaltung durchzuführen. Mein geplantes Abendessen mit Bill Clinton öffnete mir jede Menge Türen und ebnete mir erstaunlich viele Wege, die ich sonst nur mit Mühe hätte beschreiten können. Think Big! Diese Strategie funktioniert natürlich nicht immer – aber es lohnt sich sicher, nicht immer im Kleinklein zu verharren.

Nicht wenige große Unternehmen in Deutschland veranschlagen für Kundenbindungsveranstaltungen satte Budgets – dort werden für eine Halbtagesveranstaltung mit 50 Personen schon mal 300 000 Euro einkalkuliert. Veranstaltungen, die sicherlich nicht schlecht, aber dennoch durchschnittlich sind – eben wie so viele Veranstaltungen. Stellen Sie sich nun einmal vor, wie viel mehr Wirkung, wie viel mehr Kunden und wie viel mehr Begehrlichkeit dieses Unternehmen geweckt hätte, wenn ein bisschen mehr Geld ausgegeben worden und Bill Clinton als Redner gebucht worden wäre. In der Summe sicherlich wirtschaftlicher.

Mein Tipp

Nicht immer steht Berufliches beim Kontakteknüpfen im Vordergrund. Aktives Networking macht besonders viel Spaß, wenn man es mit seinen Hobbys kombinieren kann. In vielen Städten gibt es Bundesliga-Clubs, und in den VIP-Bereichen findet man die interessantesten Gesprächspartner. Oder bei tollen Konzerten in der VIP-Lounge. Wie Sie dort hineinkommen? Zum Beispiel, weil Sie den Inhaber des Catering-Services gut kennen oder als Begleitung eines langjährigen Vereinsmitglieds. Nutzen Sie Ihre Netzwerk-Mind-Map und werden Sie aktiv!

Kapitel 4

Wie Sie die richtigen Leute kennen lernen

> Erfolg haben heißt, die richtigen Leute
> auf der richtigen Party zur richtigen Zeit zu treffen.
>
> *Cyril Northcote Parkinson, britischer Historiker*

Im vorherigen Kapitel habe ich Ihnen gezeigt, mit welcher Intention und welcher Strategie Sie Kontakte pflegen, die Sie gar nicht haben – wohlgemerkt: *noch* nicht haben! Lassen Sie uns nun ein wenig tiefer eindringen in das Geheimnis guter Kontakte und die Fragen beantworten, wo Sie den richtigen und richtig wichtigen Menschen begegnen können und wie Sie Ihnen begegnen sollten.

Sie sind kein Naturtalent in Sachen Kommunikation, das auf jeder Veranstaltung spielend Menschen für sich gewinnt? Macht nichts! Ich möchte Ihnen zeigen, wie Sie mit Spaß Kontakte knüpfen und vertiefen, selbst wenn Sie sich nicht als geborener Unterhalter fühlen. Außerdem möchte ich Ihnen erläutern, wie Sie Networking potenzieren, indem Sie Zugang zu traditionellen und virtuellen Netzwerken finden. Sie werden unter anderem erfahren, wie Sie in Gesprächsgruppen hineinfinden, wie Sie den Elevator Pitch gewinnen und was Sie sagen müssen, damit andere Sie mit »Herzlich willkommen« begrüßen.

Vorneweg: Auch in diesen Fragen brauchen Sie stets die richtige Strategie! Immer wieder bin ich verwundert, mit welch enormem Aufwand versucht wird, Kontakte zu knüpfen. Gleichzeitig ist es deprimierend zu sehen, mit welch geringer Professionalität Gespräche dann oft geführt werden.

Gesellschaftliche Ereignisse – sei es eine Firmenveranstaltung, das Treffen eines Wirtschaftsclubs oder ein Kongress – bilden eine ausgezeichnete Möglichkeit, lose Kontakte für Ihr persönliches Netzwerk zu vertiefen. Diese Erkenntnis ist nicht neu, und doch werden solche Veranstaltungen nur von wenigen zum Networking genutzt. Viele stehen lieber mit den wohlbekannten Kollegen zusammen, kommen erst kurz vor dem offiziellen Teil, halten sich an ihrem Glas fest und verschwinden danach schnell wieder nach Hause. Andere finden überhaupt keinen Weg zu den richtigen Menschen.

Gehen Sie strategisch vor. Fragen Sie sich: Wen will ich kennen lernen? Wo will ich hinein? Welche Veranstaltungen könnten für mich interessant sein? In welchen Club, welches Netzwerk passe ich hinein? Wo kann ich mich gut einbringen? Informieren Sie sich am besten bei Kollegen, Bekannten und Geschäftspartnern über empfehlenswerte Netzwerke in Ihrer Region und über mögliche spannende Veranstaltungen. Vielleicht kann Sie ein Geschäftspartner oder ein Bekannter mit zu einem Vortrag nehmen, Sie in einen Club einführen, Sie auf einer Messe interessanten Leuten vorstellen. Erkundigen Sie sich zum Beispiel bei Wirtschaftskammern und -verbänden vor Ort nach deren Veranstaltungsprogramm und wählen Sie gezielt aus.

Trotz Ihrer Strategie dürfen Sie natürlich nicht vergessen, offen zu bleiben für Kontakte, die sich »by the way« ergeben. Frei nach dem Serendipity-Prinzip können sich – nur vermeintlich zufällig – eine Reihe spannender Kontakte auftun, die Sie in dieser Form gar nicht eingeplant hatten.

Networking auf Veranstaltungen

Ganz klar: Veranstaltungen sind eine perfekte Plattform für Networking, eine Kontaktbörse für private und berufliche Belange. Doch wenn Sie diese Plattform strategisch und professionell nutzen möchten, müssen Sie einige Grundregeln beherrschen.

1. Sie müssen sich gut vorbereiten.
2. Sie müssen die Tools und Grundgesetze erfolgreicher Kommunikation kennen.
3. Sie müssen die Kontakte, die sich auf einer Veranstaltung ergeben haben, konsequent nachbereiten.

Die richtige Vorbereitung

Haben Sie eine Einladung zu einer Veranstaltung erhalten oder anderweitig davon erfahren, sollten Sie zunächst herausfinden, welche Gäste außer Ihnen anwesend sein werden. Das macht Sinn, da Sie nur so entscheiden können, ob sich ein Besuch dieser Veranstaltung überhaupt lohnt. Zum anderen können Sie sich schon einige potenzielle Gesprächspartner gezielt aussuchen. Zu manchen Teilnehmern können Sie vielleicht über Ihr Netzwerk bereits Kontakte vorweisen – dann ist das ein idealer Einstieg ins Gespräch. Wer könnte Sie kennen? Wen kennen Sie bereits? Wen möchten Sie kennen lernen? Diese Fragen sollten Sie im Vorfeld klären.

Informationen können Sie vom Veranstalter erhalten, wenn Sie um eine Teilnehmerliste bitten. Sie werden zumindest einen tieferen Einblick in die angesprochene Zielgruppe erhalten. Der Rest hängt von Ihrem Charme beim Telefonieren ab. In der Regel werden Sie Auskünfte erhalten, weil die meisten Veranstalter stolz auf eine gute Teilnehmerreferenz sind und auch Sie als Teilnehmer gewinnen möchten. Eine weitere Informationsquelle ist das Internet. Bei elektronischen Verteilerlisten sehen Sie oftmals ungewollt die E-Mail-Adressen der angeschriebenen Empfänger in der Empfängerzeile. Bei Veranstaltungen, die beispielsweise über die Plattform Open BC (mehr darüber ab Seite 132) geplant und durchgeführt werden, ist es durchaus üblich und gewünscht, dass Sie in dem entsprechenden Veranstaltungsforum die Namen der Eingeladenen und den Status über Zu- oder Absage einsehen können.

Achten Sie darauf, dass bei vielen Veranstaltungsankündigungen verbindliche Zusagen der Referenten noch gar nicht vorliegen – erkennbar durch das klein gedruckte Wort »angefragt«. Erkundigen Sie sich beim Veranstalter – so spät wie möglich – über die definitiven Referenten und Teilnehmer.

Wie werden Sie wahrgenommen?

Haben Sie sich entschieden, eine Veranstaltung zu besuchen, sollten Sie dort einen guten Eindruck hinterlassen. Dazu gehört Pünktlichkeit ebenso wie ein ansprechendes Äußeres. In Ermangelung anderer Kriterien orientiert sich Ihr Gegenüber zunächst an äußerlichen Eigenschaften wie Kleidung, Sprache, Frisur und Ähnlichem. Je mehr diese Orientierungspunkte den Vorstellungen Ihres Gesprächspartners entsprechen, desto sympathischer wird er Sie finden. Ob dieses Verhalten richtig ist, sei dahingestellt, doch Sie sollten mit diesem Wissen arbeiten.

Ihre Kleidung sollte Ihre Position beziehungsweise Ihr Unternehmen repräsentieren, aber gleichzeitig auf die Veranstaltung abgestimmt sein. Wenn es keine ausgesprochenen Bekleidungsregeln gibt und Sie unsicher sind, dann erfragen Sie diese am besten im Vorfeld. Grundsätzlich gilt bei offiziellen Veranstaltungen, je später der Abend, desto vornehmer die Kleidung. Selbstverständlich sollten Sie Ihre Kleidung mit der Ihrer Begleitung abstimmen. Erscheinen Sie im Zweifelsfall eher zu vornehm als zu leger: Eine Krawatte lässt sich beiseite legen, das Hawaii-Hemd nicht.

Wichtige Abkürzungen auf Einladungen

s. t.	=	sine tempore – das heißt: Pünktlichkeit ist ein Muss
c. t.	=	cum tempore – man kann sich um das akademische Viertel verspäten
black tie	=	Smoking
white tie	=	Frack

Halten Sie sich zu Anfang und Ende der Veranstaltung nahe am Eingang auf. So kommen Sie mit den meisten Menschen in Kontakt. Seien Sie pünktlich – es macht wenig Sinn, wenn Sie zu spät kommen und früher wieder gehen müssen. Nach dem offiziellen Teil sollten Sie bleiben und sich an die Bar gesellen. Die Gespräche dort, im so genannten »inner circle«, sind oft die wichtigsten.

Ihre Visitenkarte sollte Ihr Unternehmen repräsentieren und alle wichtigen Kontaktinformationen enthalten. Es darf sich also nicht nur Ihr Firmenname darauf finden, sondern auch Ihre Leistungen beziehungsweise Ihre Branche. Nehmen Sie genug Visitenkarten mit und haben Sie diese griffbereit.

Als Faustregel gilt: Verbringen Sie zwei Drittel der Zeit mit Unbekannten. Gehen Sie auf Menschen zu, die Sie schon im Vorfeld als interessant erkannt haben. Oder stellen Sie sich einfach zu einer Gruppe. Noch bevor Sie das erste Wort gesprochen haben, können Sie sich durch Blickkontakt in Gruppen »mogeln«. Wenn Sie in der Nähe einer Gruppe stehen, dem Redenden zuhören und ihn anschauen, werden Sie meist automatisch in eine Gruppe aufgenommen. Ich suche mir immer eine Gruppe aus, die aus mindestens drei Personen besteht. Es ist schwer, in intensiv diskutierende Gruppen hineinzukommen, und auch bei Zweiergruppen ist die Gefahr zu groß, dass Sie stören. Besser ist es, nach losen Gruppen Ausschau zu halten, die ein lockeres Gespräch führen.

Manchmal stelle ich mich einfach dazu und sage: »Guten Tag, darf ich mich kurz vorstellen, mein Name ist Hermann Scherer, und ich würde mich gerne, sofern gestattet, zu Ihrer Gruppe dazugesellen.« Der ein oder andere schaut dann möglicherweise ein wenig überrascht, die meisten aber finden diese Art, Anschluss zu suchen, ganz pfiffig und zollen dem eher Respekt.

Der magische Nutzenansatz

Nehmen wir an, Sie stehen (diese Strategie haben Sie ja schließlich verfolgt!) jemandem gegenüber, der Sie interessiert – als Kunde, als Multiplikator, was auch immer. Doch in diesem Moment fällt Ihnen kein passender Gesprächseinstieg ein. Es ist ein bisschen wie damals, während der Schulzeit, wenn man der oder dem Angebeteten begegnete und es einem die Sprache verschlug. Damit es Ihnen nicht so ergeht, sollten Sie sich unbedingt im Vorfeld Gedanken darüber machen, wie Sie im Gedächtnis Ihrer »Zielperson« haften bleiben möchten.

Welcher Satz sorgt für Interesse und Aufmerksamkeit? Welcher Satz bringt Ihren Gesprächspartner dazu, länger zu verweilen? Was ist Ihr magischer Satz? Ein Satz, der eine positive Schlagzeile in der Zeitung oder im Radio sein könnte. Eine Aussage, die auch ein hervorragender

Betreff für Ihr Angebotsschreiben sein kann. Ein Satz, der durch sein – begründetes – Nutzenversprechen nachdenken lässt. Sie stehen mit der Wirkung Ihrer Aussage an einem Wendepunkt. Wird Ihr Gegenüber mit »Interessant, dann bis zum nächsten Mal« oder mit »Das ist ja allerhand, wie machen Sie das?« reagieren?

Der magische Satz

Formulieren Sie bitte einen solchen Satz. Wie lautet dieser?

Ihr magischer Satz: . . . .
. . . .
. . . .

Ihr magischer Satz sollte

- unaufdringlich und
- einprägsam sein,
- Interesse schaffen,
- Neugierde wecken und
- Nutzen aufzeigen.

Der Satz, den ich in meiner Tätigkeit als Begehrlichkeitsberater häufig verwendet habe, lautete: »Wir garantieren Ihnen 20 Prozent mehr Umsatz innerhalb von sechs Monaten – wenn Sie wollen, schriftlich garantiert.« Heute, als motivierender Vortragsredner zu den aktuellen Themen persönlicher Erfolg und Unternehmenserfolg lautet mein Satz: »Als motivierender Business-Experte vermittle ich in meinen Vorträgen neben inhaltlich wertvollen Impulsen auch den Mut und die Begeisterung, sich mit Leidenschaft nachhaltig für den (Unternehmens-) Erfolg einzusetzen. Ich mache Ihre Veranstaltung damit zu einem unvergesslichen Erlebnis.«

Es macht wenig Sinn zu sagen: »Ich habe da einige gute Ideen, wollen wir uns nicht mal zusammensetzen und treffen?« Klar, möglicherweise will sich Ihr Gegenüber mit Ihnen zusammensetzen, aber doch bitte erst, wenn sich die Ideen für ihn als relevant und sinnvoll erweisen.

Doch auch nach der wirkungsvollen Platzierung Ihre magischen Satzes bleibt die Sache spannend. Von unserem Gegenüber erwarten wir idealerweise eine Reaktion, die sinngemäß so lauten kann: »Das ist ja allerhand, wie machen Sie das?« Nun nehmen wir einmal an, dies geschieht. Was liefern Sie dann nach? Sagen Sie einfach: »Gute Frage.«?

Deshalb hier die nächste Herausforderung an Sie, wenn Sie den magischen Satz gestaltet haben: Was machen Sie, um Ihre Behauptung mit Beweisen und Leben zu füllen? Was werden Sie in den nächsten 30 bis 40 Sekunden sagen? Wie wäre es mit einer guten Aussage, einem Miniwerbespot?

Der Miniwerbespot

Ihr magischer Satz: . . . .
. . . .
. . . .

Tipps für die Inhalte Ihres Miniwerbespots:

- Beschreiben Sie wirkungsvoll, was Sie tun.
- Beschreiben Sie auch, wie Sie es tun.
- Sorgen Sie für Beweise und Glaubhaftigkeit.
- Benutzen Sie Beispiele, Referenzen, Metaphern, Wortbilder oder Analogien.
- Zeigen Sie, warum man sich gerade für Sie entscheiden sollte.

Es ist wie beim »Elevator Pitch«: Den haben in den achtziger Jahren junge Vertriebsleiter in den USA entwickelt, die ihre Chefs nur im Aufzug sprechen konnten. Sie mussten innerhalb von Sekunden punkten. Was also macht einen Elevator Pitch und auch Sie bei Ihrem Gesprächspartner erfolgreich? Hier sind zehn Erfolgsgedanken von Joachim Skambraks für die Gestaltung Ihrer eigenen Kurzpräsentation:

1. Nutzen Sie die positiven Auswirkungen der Zielorientierung.
Werden Sie sich über Ihr Ziel klar. Seien Sie zuhörerorientiert, und richten Sie Ihre Gestaltung genau auf die Menschen aus, die Ihrem Eleva-

tor Pitch zuhören. Auch ist es wichtig, dass Sie selber wissen, was Sie mit Ihrer Kurzpräsentation erreichen wollen. Deswegen kann es manchmal notwendig sein, für unterschiedliche Menschen auch verschiedene Elevator Pitches zu entwickeln. Allein das Wissen um Ihre Ziele wird Ihre Wortwahl, Ihre Sprache und Ihre Körpersprache positiv beeinflussen.

2. Beginnen Sie mit einem Interessenkatalysator. Schaffen Sie Interesse mit einem Bild, einem Beispiel, das den anderen anspricht. Die Begeisterung für das faszinierende Golfspiel oder die japanische Rosenzucht wird meist nur wenige interessierte Zuhörer finden. Bei einer klar definierten Zielgruppe sieht das schon ein wenig anders aus.

3. Geben Sie Ihrem Gesprächspartner einen Grund, sich an Sie zu erinnern. Erzählen Sie dem anderen, wie Sie (oder Ihre Idee) sich grundsätzlich von anderen unterscheidet. Woran soll sich Ihr Gesprächspartner erinnern können, wenn Sie ihn in zwei Wochen anrufen?

4. Beschreiben Sie nicht Ihre Idee oder Ihr Produkt! Wenn Naturwissenschaftler ihre technischen Entwicklungen beschreiben, verstehen die anderen oft nur Bahnhof. Überlegen Sie, wie Sie Ihrem Gesprächspartner Ihre Story inhaltlich nahe bringen können, ohne ihn zu verwirren. Dieser Gedanke kann Ihnen helfen: Sogar Ihre Großmutter sollte die Grundzüge Ihres Konzeptes verstehen können. Erzählen Sie, was Ihr Angebot für den Kunden bewirken kann.

5. Schaffen Sie mit Sprache ein Bild im Kopf des Kunden. Sprechen Sie in bildhaften Formulierungen, erzählen Sie Beispiele und Geschichten. Verkürzte und technokratische Sprache verwirrt Ihren Gesprächspartner. Außergewöhnliche Bilder und Beispiele bleiben dagegen hängen. Komplexe Zusammenhänge lassen sich einfacher darstellen.

6. Welches Problem wird durch Ihr Angebot beziehungsweise Ihre Idee gelöst? Welcher spezielle Markt kann damit bedient werden?

7. Was hat der andere davon? Wenn Ihr Gesprächspartner etwas für Sie tun soll, dann will er auch einen Vorteil davon haben. Überlegen Sie vorher, wie Sie Ihren Gesprächspartner erfolgreich machen können.

8. Schließen Sie mit einer Aufforderung. Sagen Sie, was Sie erreichen wollen! Die Erfahrungen im Direktmarketing zeigen, dass Menschen aufgefordert werden wollen, etwas zu tun. Egal, ob Sie einen Termin, einen Job oder Unterstützung anstreben: Sagen Sie es.

9. Übung macht den Meister. Ein Elevator Pitch ist wie ein Theaterstück. Er braucht sorgfältige Vorbereitung und Übung. Kombinieren Sie Sprache, Stimme und Körpersprache zu einer authentischen Darstellung. Mit manchen Kunden verbringe ich viel Zeit, bis ein überzeugender Pitch zusammengestellt und eingeübt ist.

10. Erhöhen Sie den Herzschlag Ihrer Zuhörer! Inszenieren Sie einen Elevator Pitch, der durch seine Inhalte, Bilder und Ausgestaltung so überzeugend und authentisch wirkt, dass er eine klare Antwort auf die Frage ist: Wie kann ich die emotionale Ebene meines Gesprächspartners so ansprechen, dass sich sein Herzschlag erhöht?

Vorsicht: Fast alle Präsentationen und Nutzenargumente tappen in die »QSK-Falle«, das heißt, sie beschränken sich auf die Begriffe Qualität, Service und Kompetenz. Daran ist nichts Schlechtes – es ist nur so vergleichbar! Einen kommunikativen Wettbewerbsvorsprung müssen Sie sich anders verschaffen: Welche Bezeichnungen verdeutlichen Ihre individuellen Stärken wirklich und machen sie einzigartig?

Vom Small Talk zum Big Talk

Manche Menschen haben kein Problem damit, andere in ein Gespräch zu verwickeln und sich von oberflächlichem Geplänkel langsam, aber stetig zu den wirklich wichtigen Themen vorzuarbeiten. Falls Sie nicht zu dieser Spezies der kommunikativen Überflieger gehören – auch kein Problem. Im Folgenden zeige ich Ihnen, wie Sie den Weg vom Small Talk zum Big Talk mit Bravour meistern.

So bauen Sie Gesprächssituationen auf

Auch ich gehöre zu den Menschen, die angestrengt und eher kritisch blicken, wenn sie nachdenken oder in ein Gespräch vertieft sind. Dabei ist es Fakt: Menschen, die lächelnd durch die Welt gehen, wirken auf andere sympathischer, selbstbewusster und haben mehr Erfolg im beruflichen wie privaten Bereich; dies bestätigt die Psychologin und Expertin für Körpersprache Monika Matschnig. Es gibt zweifelsohne einen Zusammenhang zwischen Körpersprache und Psyche. Der Körper hat Einfluss auf unsere Gedanken und unsere Stimmung. Und unsere Gedanken wiederum wirken zurück auf unseren Körper. Eine Minute echtes oder sogar gespieltes Lächeln erzeugt positive neurologische und somit auch hormonelle Reaktionen. Verschiedene Gesichtsausdrücke beeinflussen den Blutstrom ins Gehirn. Ein glückliches Lächeln oder ein lautes Lachen steigert die Blutzufuhr und fördert das Fröhlichsein. Und Fröhlichkeit strahlt Lebendigkeit aus. Monika Matschnig rät, Spannung im Körper aufzubauen. So versprühen Sie nonverbalen Optimismus: Gehen Sie erhobenen Hauptes auf Ihr Gegenüber zu, Brustkorb raus, Schultern zurück. Lächeln Sie und halten Sie Blickkontakt, sofort spüren Sie die positive Reaktion Ihres Gegenübers!

Für viele steckt die größte Hürde im Gesprächseinstieg. Auf der Suche nach einem intelligenten Start lassen sie dann womöglich das ganze Vorhaben fallen. Dabei ist ein banaler Eisbrecher völlig okay. Wichtig ist, dass Sie den Leuten die Möglichkeit geben, problemlos auf Ihr Gesprächsangebot einzusteigen. Sie können eine Frage stellen oder einen Kommentar abgeben. Fangen Sie mit dem Naheliegenden an. Das ist nicht Ihr Beruf oder Ihre Meinung zum politischen Weltgeschehen, sondern die Veranstaltung selbst: »Wie sind Sie auf diese Veranstaltung aufmerksam geworden?«, »Ich habe gehört, der Referent ist ein Experte auf dem Gebiet…« oder »Was für schöne Räumlichkeiten.« Das ist zwar nicht der Hit – aber besser, als stumm in der Ecke zu stehen.

Jeder Mensch, der sich innerhalb eines Umkreises von drei Schritten von Ihnen befindet, ist ein potenzieller Gesprächskandidat. Starten Sie einen Miniworkshop im Aufzug. Auf diese Weise werden Sie geübter darin, fremde Leute anzusprechen. Ein sehr wirkungsvoller Eisbrecher ist, wenn Sie Ihrem Gegenüber sagen, wie schwer es Ihnen zuweilen fällt, auf so einer Veranstaltung mit jemandem in Kontakt zu treten.

Es ist hilfreich, wenn Sie über aktuelle Geschehnisse, kulturelle Themen oder Wirtschaftstrends informiert sind, da sich hier Gesprächsimpulse setzen lassen. Natürlich sollten Sie nicht Zeitschriftenartikel referieren, sondern die Themen durch eigene Erfahrungen und Erlebnisse bereichern. Besonders geschätzt werden Menschen, die über sich selbst lachen können, Wertschätzung ausdrücken und ein ehrlich gemeintes Lob aussprechen.

Wichtig ist, dass Sie sich den Namen Ihres Gegenübers merken und ihn immer mit seinem Namen ansprechen. Wenn Sie eine Visitenkarte erhalten, dann stecken Sie diese nicht gleich ungesehen weg. Um den größten Nutzen aus dem Kontakt zu ziehen, sollten Sie umgehend ein paar Notizen auf einer erhaltenen Visitenkarte machen, um später rekapitulieren zu können, um wen es sich handelt und inwiefern ein weiterer Kontakt interessant sein könnte. Diese Notizen sollten so formuliert sein, dass es keine allzu große Peinlichkeit wäre, wenn diese von einer anderen Person zufällig gelesen werden. Deshalb auch die Empfehlung, die eigenen Karten in die eine und die fremden Karten in die andere Jackentasche zu stecken.

Sie sollten maximal 20 Minuten mit einem Gesprächspartner verbringen. Sonst verpassen Sie womöglich das Gespräch des Abends. Es sei denn, Sie haben es gerade gefunden. Wenn es Zeit wird, ein Gespräch zu beenden, weil Sie noch mit jemand anderem reden möchten, ist es am schönsten, wenn Sie Ihrem Gegenüber ein neues Gespräch vermitteln können.

Ein möglicher Gesprächsaufbau

Gerade persönliche und individuelle Situationen wie ein Gespräch lassen sich kaum schematisieren. Andererseits fällt es manchen Menschen leichter, ihre eigene Persönlichkeit zu entwickeln, wenn sie sich erst einmal mit vorgeschlagenen Vorgehensweisen auseinander setzen. Für diejenigen unter Ihnen, die das als Hilfe empfinden, eine kleine Auflistung, welche Stationen ein Gespräch haben kann:

- Name
- Firma
- Position
- Verantwortung
- einige der aktuellen Herausforderungen
- der Einfluss aktueller geschäftlicher Trends auf die eigene Situation beziehungsweise das Unternehmen
- der Anlass zur Teilnahme an dieser Veranstaltung
- interessante Zielgruppe oder der angestrebte Kundenkreis
- kurze Einführung und 30-Sekunden-Werbespot (siehe oben)
- »Wenn es etwas gibt, was ich für Sie tun kann, rufen Sie bitte an!« – Visitenkarten tauschen

Wie sehr gemeinsame Interessen gefangen nehmen können und gegenseitige Sympathie erzeugen, weiß jeder, der schon einmal ein Gespräch zwischen Motorradfreunden miterlebt hat. Suchen Sie also nach gemeinsamen Interessen wie Hobbys, Urlaubsorten, Tätigkeiten und so weiter.

Aus einem Small Talk kann dann ein Big Talk werden, wenn Sie ein gemeinsames geschäftliches oder berufliches Interesse entdecken: Was gefällt Ihnen am meisten an Ihrem Job? Wo sehen Sie die größten Herausforderungen in Ihrer Position oder Branche? Was würden Sie jemandem raten, der auch in dieser Branche Fuß fassen will? Was wollen Sie noch mit Ihrem Unternehmen erreichen? Wenn Sie auf diesem Kommunikationslevel angekommen sind, dann haben Sie den Big Talk erreicht!

Tipps und Informationen

So wie es Regeln für das Verhalten im Straßenverkehr gibt, so gibt es auch einige Grundsätze, was das Anbahnen und Vertiefen geschäftlicher Kontakte auf Veranstaltungen angeht. Diese Grundregeln sind zwar nicht in einer offiziellen Verordnung festgehalten, sie gehören jedoch zum Ehrenkodex erfolgreicher Geschäftsleute, deshalb sollten Sie sie kennen.

Erweisen Sie Ihrem Gegenüber den Respekt, den Sie auch von ihm erwarten. Denken Sie uneingeschränkt positiv und üben Sie sich in Geduld. Sorgen Sie dafür, dass Sie sich selbst wohl fühlen und dass Ihnen Networking Spaß macht – das wird sich auf Ihren Partner übertragen. Bringen Sie Zeit und Gelassenheit mit. Vermeiden Sie Klüngelei und Kumpelei. Überlegen Sie immer auch genau, ob Sie die Beziehung ausbauen möchten oder ob Ihnen der berufliche Kontakt ausreicht.

Die Anteile von Reden und Zuhören sollten ungefähr jeweils 50 Prozent betragen. Grundsätzlich ist Zuhören edler als Reden. Am Anfang allerdings sollten Sie auch etwas von sich preisgeben, damit Ihr Gegenüber Vertrauen aufbauen kann. Dann stellt sich ein angenehmes Gesprächsklima ein. Erzählen Sie zunächst kurz von sich, bevor Sie Ihrem Gegenüber eine Frage stellen. Gehen Sie also in Vorleistung, zeigen Sie Interesse und bauen Sie Vertrauen auf. Antworten Sie Ihrerseits auf Gesprächsanregungen von anderen. Spielen Sie nicht den Alleinunterhalter: »Texten« Sie Ihren Gesprächspartner nicht zu, und fallen Sie Ihrem Gegenüber nicht ins Wort. Verfallen Sie nicht in eine allzu legere Sprache. Es gibt Leute, die glauben, wenn sich ein Gespräch warmgelaufen hat, wäre ein lockerer und kameradschaftlicher Ton angebracht. Wenn es unter Ihren Freunden üblich ist, dass auch mal ein derberer Ton gewählt wird, ist das okay. In einer Runde mit Kollegen, Bekannten oder gar Fremden sollten Sie dies nicht tun. Man wird vielleicht so höflich sein und Sie nicht darauf ansprechen, Sie merken es aber daran, dass zustimmende Äußerungen, Kopfnicken und

Augenkontakt abnehmen. Erwarten Sie nicht, dass die anderen merken, was Sie brauchen. Kontakte, Infos und Unterstützung sind Holschulden.

Zeigen Sie in jedem Fall Loyalität. Reden Sie über Dritte stets positiv, selbst wenn Sie nur zu zweit sind. Wer in einem Zweiergespräch schlecht über jemanden spricht, von dem vermutet man, dass er es gewohnheitsmäßig auch im Beisein von mehr Menschen tut. Streuen Sie keine Gerüchte oder tragen Sie welche weiter, schon gar keine aus unbekannter Quelle.

Kritisieren Sie keinesfalls den Gastgeber, auch wenn die Organisation noch so schlecht, das Büfett noch so mickrig ist. Herumnörgeln macht niemanden glücklich und fördert schlechte Laune. Kommentieren Sie abfällige Bemerkungen anderer Gäste mit einem kurzen Nicken oder einem Achselzucken, und lenken Sie das Gespräch wieder lässig zurück auf sicheres Terrain.

Erst zu- und dann wieder absagen? Das sollte die Ausnahme sein! Haben Sie sich bei einer Veranstaltung angekündigt, sollten Sie auch kommen. Halten Sie Absprachen in jedem Fall ein, seien Sie verlässlich in Ihren Zusagen und pünktlich bei Terminen.

Im Folgenden möchte ich noch kurz zwei Prinzipien erläutern, die Ihnen in Gesprächssituationen auf Veranstaltungen hilfreich sein können – das Bikini-Prinzip und der Zeigarnik-Effekt.

Beim *Bikini-Prinzip* geht es darum, etwas preiszugeben, aber Wesentliches zu verdecken. Wer sein ganzes Wissen auf einmal auf den Tisch legt, wirtschaftet schlecht mit seinen Argumenten. »Willst du gelten, mach dich selten«, heißt eine alte Businessweisheit. Da ist was Wahres dran: Nur was rar ist, ist wertvoll und steigert damit die Nutzenvermutung.

Den *Zeigarnik-Effekt* sollten Sie kennen und berücksichtigen, wenn Sie mit Ihrer Botschaft bei Ihrem Gesprächspartner ankommen wollen. Der Zeigarnik-Effekt ist eine von der Psychologin Bluma Zeigarnik entdeckte und beschriebene Erscheinung. Die grundlegende Aussage der Psychologin ist, dass unerledigte Handlungen besser in Erinnerung bleiben als erledigte und außerdem verstärkt die Tendenz hinterlassen, sich immer wieder damit auseinander zu setzen. Bluma Zeigarnik stellte fest, dass unser Gehirn wie ein riesiges Schubladensystem funktioniert. Immer, wenn wir eine Sache beginnen und nicht zu Ende führen oder abschließen können, dann bleibt diese Schublade offen und wir stolpern darüber. Je mehr Schubladen wir geöffnet haben, umso weniger können wir uns auf unsere momentane Tätigkeit konzentrieren. Auch in einer Gesprächssituation kann der Verweis auf ein zweites Problem unsere Konzentration enorm ablenken. Dies wird von vielen Gesprächspartnern oftmals unbewusst – vielfach aber auch bewusst – eingesetzt, um uns entweder zu verwirren oder zu lenken.

Manchmal wirkt der Zeigarnik-Effekt aber auch zu unseren Ungunsten. Ich habe schon viele Telefongespräche erlebt, die verlaufen wie dieses: »Guten Tag, Herr Kunde, mein Name ist Max Verkäufer, haben Sie unseren Prospekt über die Leistungen unseres Hauses erhalten?« »Ja, habe ich erhalten.« »Und was sagen Sie dazu?« »Ich habe ihn leider noch nicht gelesen.« »Oh, das ist schade. Wann soll ich dann wieder anrufen?« Bei diesem Gespräch steht die Bedeutung des Prospektes so sehr im Vordergrund, dass sowohl Verkäufer als auch Kunde die unbewusste Annahme haben, ohne Kenntnis des Prospekts könne nicht weitergeredet werden, weil eben noch eine wichtige »Schublade offen ist«. Stattdessen hätte der Verkäufer auch ohne Unterlagen weiter agieren und das Verkaufsgespräch ohne Prospekt führen können, um das Ganze nicht zu vertagen.

Lassen Sie sich also nicht durch »offene Schubladen« ablenken, und nutzen Sie die Nennung noch nicht geklärter Bereiche oder die Andeutung interessanter Gesprächsinhalte, um andere Gesprächspartner neugierig zu machen.

Wie Sie Gespräche nachbereiten

Ebenso wichtig wie die Vorbereitung ist eine professionelle Nachbereitung von Terminen – das gilt für ein Mittagessen ebenso wie für eine große Veranstaltung, nur dass Sie bei letzterer meist ein wenig mehr Zeit investieren müssen. Meine Bitte: Nehmen Sie sich diese Zeit in jedem Fall, und glauben Sie mir: Es lohnt sich!

Sichten Sie möglichst umgehend nach einer Veranstaltung Ihre Visitenkarten, und pflegen Sie insbesondere die Kontakte, bei denen ein Widersehen wahrscheinlich ist und Sinn macht. Am besten legen Sie eine kleine Datenbank an. Neben Name, Adresse und Kontaktmöglichkeiten sollten Sie auch nachvollziehen können, wann Sie mit der Person zu welchem Thema und mit welchem Ergebnis das letzte Mal Kontakt hatten. Darüber hinaus können Sie auch noch persönliche Notizen zum Geburtstag, Hobbys und so weiter aufnehmen. Diese können Ihnen beim nächsten Treffen als Einstiegsthema dienen. Wie Sie Kontakte pflegen, die Sie haben, habe ich Ihnen ja bereits in Kapitel 2 aufgezeigt.

Für ein gelungenes Nachspiel habe ich einen Laptop mit UMTS-Karte. So kann ich meist am gleichen Tag, Abend oder noch in der Nacht besprochene Dinge bestätigen, in die Wege leiten oder Angebote versenden. Meine Kommunikationspartner sind immer wieder verblüfft, wenn sie eine so schnelle Rückmeldung erhalten. Auch bei Teilnehmern meiner Seminare, die mir ihre Visitenkarte überlassen haben, versuche ich häufig, mich am Abend zusätzlich per Mail für ihr Kommen zu bedanken. Für eine wirklich persönliche Überraschung sorgen Digitalfotos, die Sie gleich via Laptop per E-Mail versenden können.

Entscheidend ist eine schnelle Reaktion, damit deutlich wird, wie aktiv Sie seit dem Treffen waren. Wenn sich Ihr Gesprächspartner an Ihre Begegnung nicht mehr erinnern kann, der Urlaub längst vorbei ist, für den Sie eine Hotelempfehlung geben wollten, der Prospekt schon gedruckt ist, für dessen Layout Sie noch eine Idee hatten – dann geht der Schuss nach hinten los. Ihre Hilfe kommt zu spät, und Sie vermitteln einen unprofessionellen und wenig organisierten Eindruck. Es gibt übrigens immer mehr Firmen, die dazu übergehen, »Service Level Agreements« zu schließen, die besagen, dass Anrufe und E-Mails von externen, aber auch internen Kunden innerhalb von 24 Stunden beantwortet werden.

Wir haben uns früher immer einen besonderen Sport daraus gemacht, die ersten Arbeitsschritte besonders schnell zu gehen. Anstatt nach einem Treffen mit Kooperationspartnern abends nach Hause zu fahren, fuhren wir noch einmal ins Büro, sorgten für die Umsetzung vieler der besprochenen Punkte und leiteten sofort einige Aktionen in die Wege. Während unsere Partner am nächsten Tag erst damit anfingen, sich einen Überblick zu verschaffen, was sie zur Erfüllung ihres Parts zu leisten hatten, fanden sie in ihrem E-Mail-Postfach nicht nur ein Dankeschön, sondern gleichzeitig auch diverse erste Schritte und Erfolgsmeldungen unsererseits.

Je nach Situation können Sie Folgendes tun:

- erste Nutzenaussagen oder eine Zusammenfassung des Gesprächs
- Kurzinformation oder Dankeschön per E-Mail
- Zwischenbilanz der ersten Bemühungen und Erfolge

Sie wollen, dass Ihr Gesprächspartner sich Ihre Telefonnummer merkt? Kein Problem: Vanity-Telefonnummern schaffen das! Als Vanity-Nummer bezeichnet man die Notation einer Telefonnummer, bei der diese mit Hilfe von Buchstaben anstelle einzelner Ziffern attraktiver gestaltet wird und dadurch einfacher zu merken ist. Wörtlich bedeutet Vanity Eitelkeit. In Amerika ist die Nutzung von Vanity-Nummern schon seit Jahrzehnten üblich und wird dort vor allem in der Werbung eingesetzt. Ein Buchstabe in einer Vanity-Nummer entspricht dabei jeweils der entsprechenden Ziffer auf der Taste. Die Nummer 0700-36867467 kann also auf der Tastatur auch als 0700-fotoshop eingegeben werden.

Als Zahnarzt können Sie zum Beispiel unter der Telefonnummer 0700-Zahnarzt erreichbar sein – sofern Sie sich diese Nummer haben rechtzeitig reservieren lassen. Praktisch ist vor allem: Sie haben diese Nummer, wenn Sie es wollen, ein Leben lang, und es kostet nur wenige Euro im Monat.

Einen so genannten Vanity-Rechner, der die Zahlen in Buchstaben oder Buchstaben in Zahlen umwandelt, finden Sie unter www.0700 info.de. Weitere Informationen und eine Übersicht über freie beziehungsweise vergebene Nummern gibt es bei der Bundesnetzagentur unter www.Bundesnetzagentur.de.

Mein Tipp

Sie können bei Veranstaltungen durch Ihre kommunikativen Fähigkeiten auf sich aufmerksam machen, aber auch dadurch, dass Sie Dinge bei sich tragen, die andere dringend brauchen.

Ich trage immer ein »Small-Talk-Kit« bei mir, das mir in vielen Situationen bereits gute Dienste erwiesen hat. Zu meiner Grundausstattung gehören Visitenkarten und ein großer Notizblock. Bei Abendveranstaltungen habe ich gerne Streichhölzer für die Raucher und Zigarren mit Cutter dabei. Äußerst hilfreich sind Kleinigkeiten wie Papiertaschentücher oder Kopfschmerztabletten. Es ist erstaunlich, wie dankbar Ihnen Menschen sind, denen Sie ein Taschentuch reichen können, wenn sie niesen müssen, oder ein Aspirin, wenn sie von berstenden Kopfschmerzen berichten. Ich bin immer wieder ganz verwundert, wie viele Kopfschmerztabletten ich im Jahr weitergebe – doch die Investition lohnt sich!

Bestehende Netzwerke nutzen

Veranstaltungen sind eine gute Gelegenheit, mit Menschen in Kontakt zu kommen. Doch als »Outsider« ist das Knüpfen von Kontakten oft schwierig – »Insider« bleiben eben gerne unter sich. Besser ist es darum, wenn Sie sich mit der Mitgliedschaft in einer Vereinigung, einer Organisation, einem Netzwerk den Boden bereiten. So gehören Sie dazu, erhalten Einladungen zu Veranstaltungen und haben das passende Entree für Ihren Big Talk. Networking bedeutet eben auch, zu den richtigen Kreisen zu gehören.

Da Sie – schon aus Zeitgründen – nicht überall Mitglied werden können und wollen, sollten Sie sich vorab genau informieren, in welchem Club, Verein, Verband oder Ähnlichem Sie sich engagieren wollen. Die Recherche nach dem richtigen Club habe ich Ihnen (fast) abgenommen. Im Anhang finden einen Link, unter dem Sie im Internet eine Auswahl von über 100 Clubs und Verbindungen mit Informationen, Kurzbeschreibungen und Internetadressen bekommen.

Klar: Bei der Vielzahl an Angeboten fällt es schwer, die richtigen herauszuschälen. Darum sollten Sie sich zunächst einen Überblick verschaffen. Damit Sie eine Idee davon bekommen, was in den bestehenden Netzwerken passiert, ob sie zu Ihnen passen und welches Verhalten dort üblich ist, finden Sie auch einige Beispiele, die gleichzeitig die Bandbreite der Vereinigungen aufzeigen sollen.

Grundsätzlich gilt es zwei Kategorien von Netzwerken zu unterscheiden, zum einen traditionelle Netzwerke wie etwa Berufsverbände, Business-Clubs, Studenten- und Schülerverbindungen oder politische Vereinigungen. Seit einigen Jahren gibt es – zweitens – auch erfolgreiche virtuelle Netzwerke, wie etwa den Hamburger Open Business Club, der auf seiner Internetplattform Geschäftsleute aus ganz Europa verbindet.

Traditionelle Netzwerke

Der derzeit mächtigste Mann der Welt, der amtierende amerikanische Präsident George W. Bush gehört einem traditionellen Netzwerk an, der »Bruderschaft des Todes« – dem geheimen Orden der »Skull and Bones«, einer Studentenverbindung, deren Mitglieder fast ausnahmslos der amerikanischen Elite entstammen. Bevorzugt Kinder traditionsreicher Ostküstenfamilien, Sprosse der texanischen Öloligarchien und Kids mit neureichem, aufstrebendem Background werden jedes Jahr im April auserwählt, um den elitären Fortbestand zu sichern. So liest sich das Mitgliederverzeichnis der »Skull and Bones« wie ein Who's who der amerikanischen Oberklasse: Die Familien Bush, Phelps, Rockefeller, Taft und Whitney sind gleich mit mehreren Angehörigen in die Annalen eingegangen. Bonesmen finden sich in sämtlichen Bereichen der amerikanischen Gesellschaft. Und wer von ihnen Probleme dabei hat, einen Job nach dem Abschluss zu finden, der kann auf dieses Karrierenetzwerk vertrauen.

In Deutschland geht es zwar weniger geheimnisvoll und elitär zu, aber auch hier gibt es sie natürlich – die Netzwerke und Zirkel der Erfolgreichen mit zum Teil jahrhundertealter Tradition. Goethe und Mozart waren Freimaurer; Gustav Stresemann und Ferdinand Porsche engagierten sich aktiv in einer Burschenschaft; Edmund Stoiber gehört einer katholischen Studentenverbindung an; Richard von Weizsäcker und Dieter Hundt sind Rotarier. Apropos Rotary: Sechs Rotarier sitzen im Vorstand von Siemens, vier sind es bei der BASF. Post-Chef Klaus Zumwinkel pflegt nicht nur intensive Kontakte zu seinen ehemaligen Kollegen der Unternehmensberatung McKinsey – mit Jürgen Schrempp, Hubert Burda und anderen Topmanagern verbindet ihn außerdem die Leidenschaft fürs Bergwandern. Und so kraxelt die exklusive Herrenrunde der »Similauner« allsommerlich gemeinsam durch die Alpen.

Doch nicht nur auf dem Level von Topmanagern gibt es interessante Netzwerke. Rund 22 Millionen Bundesbürger sind in der Freizeit ehrenamtlich in Verbänden, Initiativen oder sozialen Projekten aktiv. In jedem Ort gibt es eine große Anzahl von Vereinen, Interessengemeinschaften und Clubs. Sicherlich ist Ihnen schon aufgefallen, dass gerade die Menschen mit Vereinsfunktionen betraut sind, die beruflich mehr als ausgelastet sind. Diese Menschen wissen, dass sie in diesen Ämtern Informationen, Fakten und Daten erhalten, die sie sonst gar nicht oder nicht in ausreichender Menge bekommen würden – Vorabinformationen, die sie vielleicht für ihr Geschäft benötigen –, und Freunde mit entsprechenden Verbindungen gewinnen werden, die geschäftlich nutzbringend sein können.

Klaus Franck studierte Jura und ließ sich anschließend in Freiburg als Rechtsanwalt nieder. Da er noch keinen Mandanten hatte, beschäftigte er sich zunächst mit der Infrastruktur seines Stadtteils und stellte fest, dass dieser zwar über ein großes Gewerbegebiet verfügte, dass aber noch kein Gewerbeverein existierte. Er sprach die Selbstständigen an seinem Ort sukzessive an und weckte ihr Interesse, einen solchen zu gründen. Er entwickelte eine entsprechende Satzung und wurde prompt zum Vorsitzenden des Gewerbevereins gewählt. Es ist klar, dass sich viele der Selbstständigen heute in juristischen Fragen von Klaus Franck beraten lassen.

Vom Berufsverband bis zum Businessclub – eine kurze Übersicht

Die Bandbreite traditioneller Netzwerke ist naturgemäß größer als die virtueller Zusammenschlüsse. Im Folgenden gebe ich Ihnen einen Überblick über verschiedene Kategorien von traditionellen Netzwerken. Die vollständige kommentierte Linkliste finden Sie im Internet unter www.campus.de/isbn/3593377667.

Berufsverbände Für viele Netzwerkinteressierte ist die erste Anlaufstelle der eigene Berufsverband. Ob das der Bundesverband Deutscher Volks- und Betriebswirte e. V. oder der Bundesverband der freien Berufe oder der Bundesverband der deutschen Industrie e. V. ist, hängt in erster Linie davon ab, ob Sie als Angestellter, als Freiberufler oder als Gewerbetreibender arbeiten und welcher Berufssparte Sie angehören. Je nach Berufsbild können Sie freiwillig Mitglied im Berufsverband werden oder aber verpflichtet werden, wie dies in den Industrie- und Handelskammern, Ärztekammern oder Handwerkskammern üblich ist. Verbände und Kammern vertreten im Gegensatz zu Vereinen und Clubs die politischen wie gesellschaftlichen Interessen ihrer Mitglieder in der Öffentlichkeit. Sie nehmen Einfluss auf das politische Tagesgeschäft und sind Partner an »runden Tischen«, in Ausschüssen und Gremien. Die Verbände entwickeln Berufsbilder, stellen Gütekriterien auf und haben sich mittlerweile zu großen Dienstleistungsunternehmen mit eigenen Fortbildungs- und Schulungsangeboten, Beratungscentern und gut besuchten Tagungen weiterentwickelt. Dazu gesellen sich diverse Verbände, die sich weniger an klassischen Berufsbildern orientieren, wie zum Beispiel der Bundesverband Junger Unternehmer e. V. oder die Arbeitsgemeinschaft Selbstständiger Unternehmer e. V., kurz ASU.

Existenzgründernetzwerke Mittlerweile gibt es circa 460 Existenzgründernetzwerke, die meist lokal organisiert sind. Neben der Bereitstellung einer Kontaktbörse geht es um den gemeinsamen Erfahrungsaustausch. Weiterhin werden oft branchenübergreifende Schulungen zu Themen wie beispielsweise Finanzmanagement und Marketing / Öffentlichkeitsarbeit angeboten.

Nationale Gesprächskreise und elitäre Zirkel In Gesprächskreisen wird von den Besten der Nation aus Wirtschaft, Wissenschaft, Politik und Medien über Themen von politischer und gesamtgesellschaftlicher Bedeutung diskutiert. Manche Gesprächskreise haben einen festen Teilnehmerstamm, zu anderen wird geladen. Finanziert und organisiert wird das Ganze meist von großen Unternehmensstiftungen. Zu den bekanntesten Gesprächskreisen gehören etwa der »Bergedorfer Gesprächskreis« unter der Führung von Richard von Weizsäcker, die »Baden-Badener Unternehmensgespräche«, zu denen sich seit 50 Jahren deutsche Topmanager treffen, die »Sinclair-Haus-Gespräche«, das »World Economic Forum« oder die »Similauner«.

In Deutschland gibt es vergleichsweise wenige dieser elitären Einrichtungen. Dies liegt sicher in unserer föderalen Struktur begründet, in der es ja auch keine zentralen Eliteschmieden gibt – wie etwa in Frankreich die École Normale Supérieure oder in England die Universitäten Oxford und Cambridge.

Alumni-Clubs, Studentenverbindungen, Wissenschaft An den elitären Universitäten in anderen Ländern gibt es schon lange die Kultur der Alumniverbindungen. Zum einen versuchen die Hochschulen dadurch Kontakt zu ehemaligen Studenten zu halten – viele werden nicht unerheblich durch finanzielle Spenden unterstützt –, zum anderen gelingt es den Ehemaligen so, Kontakt zu den damaligen Kommilitonen zu halten. Auch in Deutschland wird zunehmend der Nutzen solcher Alumniverbindungen erkannt.

Tradition haben bei uns jedoch mehr die zahlreichen Studentenverbindungen. Die Vielfalt reicht von schlagenden Burschenschaften über christliche Gemeinschaften bis hin zu Sportverbindungen. Auch wenn auf den ersten Blick der Freizeitwert im Zentrum zu stehen scheint, so werden über die Verbindungen häufig auch Jobs an Absolventen vermittelt. Eine durchzechte Nacht kann eben auch verbinden.

Frauennetzwerke Mittlerweile sehr zahlreich sind spezielle Frauennetzwerke. Gemeinsames Ziel ist es, sich gegenseitig im beruflichen Fortkommen zu unterstützen. Dabei gibt es Gruppen, die überwiegend lokal agieren, aber auch nationale und internationale Gruppen, die zum Teil auch politische Interessen vertreten. Die überwiegende Zahl der Netzwerke ist im Bereich von Selbstständigen und Führungskräften im Wirtschaftsleben anzusiedeln, es gibt aber auch Gruppen im wissenschaftlichen Bereich.

Business-Clubs und Industrie-Clubs Die Bandbreite der Clubs ist ebenso groß, wie deren Zielsetzungen unterschiedlich. Es gibt traditionelle Clubs wie den »Club zu Bremen« oder den »Hamburger Business-Club«, aber auch junge Clubs wie BNI oder CAPup!. Die Zielsetzungen reichen von einem guten Gesprächsaustausch über die Vernetzung bis hin zur gemeinsamen Werbeplattform für Produkte und Dienstleistungen.

Als ich mich mit diesem Buch beschäftigte, nahm ich Kontakt zu Business Network International auf, der größten Organisation für professionelles Empfehlungsmarketing. Seit neun Jahren ist BNI in Europa aktiv, allein in Großbritannien existieren über 500 Chapter. In Deutschland begann die Organisation ihre Arbeit erst Ende 2003, verzeichnet seither aber auch hierzulande gute Zuwächse. Obwohl das Unternehmen ursprünglich aus dem angelsächsischen Raum stammt, was in den klaren Strukturen und der positiven, serviceorientierten Mentalität weiterhin spürbar ist, hat man es doch mit einer internationalen Organisation zu tun, die auf lokaler Ebene tätig ist. Die Ergebnisse bestätigen ebenfalls, dass der Import einer Idee noch nichts mit Kulturimperialismus zu tun hat. Die deutschen Chapter generieren für ihre Mitglieder im Schnitt ebenso viele Geschäfte wie die englischen, schwedischen oder australischen. BNI richtet sich vor allem an kleine und mittelständische Unternehmen. Dienstleister, Handwerker und Berater bilden eine meist illustre Runde, in der allein schon wegen der gesunden Durchmischung kein Standesdünkel aufkommt.

Service-Clubs Diese sind häufig regional sehr gut organisiert und bieten mit regelmäßigen Veranstaltungen, Vorträgen und Diskussionen die Plattform für einen regen Netzwerkaustausch. Halten Sie sich an die oberste Regel dieser Netzwerkform, und seien Sie immer präsent.

Bei manchen Clubs ist es entscheidend, dass Sie relativ konstant an Veranstaltungen teilnehmen und Ihr Name häufig auf den Gästelisten zu finden ist. Denken Sie auch über Ihr Engagement in Ausschüssen und Gremien nach. Wo können Sie sich mit Ihrem Wissen, mit Ihrem Können einbringen, dem Netzwerk wichtigen Nutzen bieten? Viele dieser Clubs schließen geschäftliche Zwecke ausdrücklich aus. Und Sie werden sicherlich auch ein klares »Nein« auf die Frage nach geschäftlichen Aktivitäten und Vernetzungen erhalten. Dennoch liegt es wohl in der Natur des Menschen, dass man insbesondere mit denen auch geschäftlich den einen oder anderen Tipp austauscht, zu denen man durch regelmäßige Treffen Vertrauen aufgebaut hat.

Politische Vereinigungen Politische Clubs möchte ich an dieser Stelle nicht unerwähnt lassen, da ihnen eine wichtige Rolle zugeordnet wird. Eine Übersicht der über 90 beim Bundeswahlleiter zugelassenen Parteien in Deutschland erhalten Sie unter www.bundeswahlleiter.de.

Natürlich gibt es noch weitere Clubs und Veranstaltungen, die sich in der Liste im Internet finden, jedoch nicht in eine der oberen Kategorien passen. Ein Networking-Feld, das Sie nicht unterschätzen sollten, ist das Golfen. Wenn Sie lieber das Netzwerk am 19. Loch nutzen wollen, dann ist das ein Klischee, das ausnahmsweise stimmt. Dagegen ist das Vorurteil vom Alte-Männer-Sport längst überholt: 40 Prozent der 428 000 aktiven Golfer in Deutschland sind Frauen. Begünstigt hat diese Entwicklung die Vereinigung clubfreier Golfspieler (VcG), die sich vor zehn Jahren im Deutschen Golf-Verband (DGV) gegründet hat und den mittlerweile 14 200 Mitgliedern die teuren Aufnahme- und Jahresgebühren der 670 deutschen Clubs erspart.

Fakt ist: Anfänger müssen sich die »Platzreife« erspielen, bevor sie aufs Grün dürfen. Die meisten Golfclubs kassieren eine Aufnahmegebühr zwischen einigen 100 und mehreren 1 000 Euro. Manche Adressen verlangen Referenzen. Die Jahresbeiträge liegen zwischen 600 und 1 500 Euro. Die VcG dagegen verlangt keine Aufnahmegebühr, der Jahresbeitrag ist mit 220 Euro niedrig. Dafür müssen die Clubfreien aber stets die so genannte »Green Fee«, eine Tagesgebühr für Gäste, zahlen. Sie liegt zwischen 20 und 90 Euro. Weitere Infos gibt es unter www.golf.de oder www.vcg.de.

Zugangsvoraussetzungen

Haben Sie Interesse, einem Club beizutreten? Aus der kommentierten Linkliste im Internet können Sie ersehen, ob das problemlos möglich ist oder welche Voraussetzungen Sie erfüllen müssen. In vielen Fällen gibt es ganz klare Kriterien für eine Mitgliedschaft, so müssen Sie beispielsweise einer bestimmten Berufsgruppe angehören, um dem jeweiligen Berufsverband beitreten zu können, oder ein bestimmtes Fach studieren, um in die passende Studentenverbindung aufgenommen zu werden. Bei manchen Clubs ist neben einem vielversprechenden Lebenslauf auch ein bestimmtes Alter ein Aufnahmekriterium. Als Mann können Sie natürlich so gut wie keinem der vor allem in jüngerer Zeit gegründeten Frauenclubs beitreten. Interessanterweise zeichnet sich gerade in vielen Business-Clubs ein neuer Trend ab. Während bei einigen alteingesessenen Clubs Frauen beziehungsweise Ehefrauen im besten Fall den Kaffee beim Jahresmeeting kochen dürfen, öffnen sich andere Männerclubs – zwar langsam und zaghaft – immer mehr den Frauen. Bei diversen Business-Clubs kann es sein, dass Sie als Selbstständiger oder als Angestellter beziehungsweise Führungskraft in gehobener Position tätig sein müssen, um mit dabei zu sein. Der Begriff »Führungskraft« ist natürlich unterschiedlich auslegbar, daher grenzt mancher Club die Bezeichnung »Vorstand« noch deutlicher mit der Definition »Vorstandsvorsitzender einer börsennotierten Aktiengesellschaft« ein.

Bei den elitären Zirkeln beziehungsweise den Service-Clubs ist eine Aufnahme mit einer mehr oder minder großen Hürde versehen. So ist eine Teilnahme oft nur auf Einladung oder Empfehlung eines oder mehrerer Mitglieder möglich. Bei manchen Clubs sind die Anforderungen nicht deutlich festgelegt, was den Mitgliedern mehr Entscheidungsspielraum lässt. Es ist allerdings auch viel charmanter und freundlicher, manche Ablehnung mit der gar so strengen Satzung zu begründen. So kann der Abgelehnte sein Gesicht wahren, und der Club hat eine höfliche Alternative gefunden, um zu sagen, dass jemand nicht hineinpasst.

Wie Sie in exklusive Netzwerke hineinkommen

Grundsätzlich gibt es zwei Möglichkeiten, Mitglied eines exklusiven Netzwerkes zu werden:

- Entweder Sie werden aktiv und bewerben sich oder
- Sie werden zur Mitgliedschaft gebeten.

Letzteres ist natürlich sehr angenehm, dafür müssen Sie jedoch attraktiv für den jeweiligen Club sein. Netzwerkattraktiv sind in der Regel die Menschen, die kein Netzwerk mehr brauchen, jedoch eine Bereicherung für den Club oder die Vereinigung sind. Eine Bereicherung sind Sie unter anderem, wenn Sie beispielsweise

- Aufnahmekriterien erfüllen,
- gute Kontakte zum Club haben,
- gute Ideen entwickeln,
- einen hohen PR-Wert oder eine eindrucksvolle Presse-mappe präsentieren,
- Veröffentlichungen von Fachartikeln oder Büchern vorweisen können,
- gute Kontakte für den Club herstellen können,
- Ideen und Verbesserungsvorschläge einbringen,
- die Fähigkeit haben, Probleme zu lösen und pragmatisch zu arbeiten,
- die Bereitschaft mitbringen, sich zu engagieren und ein Amt zu übernehmen oder
- ein hohes soziales Engagement entwickeln.

Es ist oftmals schwer, gerade in Gründungsphasen neuer Clubs, die ersten Amts- und Würdenämter zu besetzen. Da kann ein bereitwillig spontanes »Ja« die logische Schlussfolgerung der Aufnahme mit sich ziehen. Diese Situation lag zum Beispiel bei der Gründung des Rotary Clubs München-Flughafen vor. Für das erste Jahr, ein Jahr, das noch durch viele Fragezeichen und Unsicherheiten geprägt war, gab es keine freiwilligen Kandidaten für die Präsidentschaft und weitere Ämter. Dies lag natürlich auch daran, dass man sich nicht so recht vorstellen konnte, was für Aufgaben und Tätigkeiten in einem Amt lagen. So wurde ich gebeten, die Gründungspräsidentschaft zu übernehmen, und hatte die Ehre, die Geschicke des Clubs im ersten Jahr zu leiten.

Schauen wir uns die beiden Möglichkeiten, Mitglied eines exklusiven Netzwerks zu werden, einmal an: Bei den meisten dieser Vereinigungen gibt es gar keine direkte Möglichkeit, sich zu bewerben – weder eine Person, die für die Prüfung von »Bewerbungen« zuständig ist, noch ein Verfahren, irgendeine spezielle Kontaktadresse oder Formalkriterien, wie eine Bewerbung ablaufen muss. Bitte verwechseln Sie das nicht mit einem Aufnahmeverfahren. Natürlich haben fast alle Clubs und Vereine ein gewisses Verfahren zur Aufnahme von neuen Mitgliedern. Aber auf den ersten Schritt, auf das Bewerben, sind viele gar nicht vorbereitet beziehungsweise wollen es auch gar nicht sein. Es ist aber auf jeden Fall einen Versuch wert. Dennoch bleibt in vielen Fällen doch nur Letzteres, nämlich zur Mitgliedschaft gebeten zu werden. Und diesen Weg sollten Sie auch zuerst versuchen.

Deshalb einige Strategien, wie sich zumindest die Möglichkeit eines solchen »Gebetenwerdens« für Sie leichter ergeben kann. Schauen wir vorab noch einmal auf die so genannten Aufnahmekriterien, die immer so streng und so unglaublich scheinen, dass man von vornherein den noch nicht gefassten Mut verliert. Jede Vereinigung hat Aufnahmekriterien, die natürlich eingehalten werden müssen. Auf der anderen Seite ist aber auch bekannt, dass die Aufnahmekriterien ein gewollter Vorwand sind, wenn ein Club jemanden nicht eintreten lassen will. Gleichzeitig scheinen diese Kriterien umgehbar oder zumindest auslegbar, wenn der Club eine einzelne Person gern aufnehmen möchte. Ein klassisches Beispiel dafür sind die Berufsstände. Es gibt eine Vielzahl von Clubs und Vereinigungen, bei denen nur eine Person pro Berufsstand im Club mit dabei sein darf. Dennoch kann es vorkommen, dass es zwei attraktive Interessenten gibt – beide beispielsweise in einer Führungsposition in einem Hotel tätig, der eine als Hoteldirektor und der andere verantwortlich für das Marketing eines Hotels. Laut strenger Branchenauslegung kann nun tatsächlich nur einer der beiden Mitglied werden. Doch so etwas lässt sich durchaus kreativ umgehen: Der Hoteldirektor wird beispielsweise der Branche »Hotel« zugeordnet und der Marketingdirektor der Branche »Marketing« zugeschlagen, damit hat er einen anderen Berufsstand.

Ähnliches habe ich bei BNI erlebt: Dort waren zwei Finanzdienstleister anwesend, obwohl nur einer laut Berufsständerecht hätte vertreten sein dürfen – so war eben einer Finanzdienstleister für Vermögensaufbau, während der andere als Experte für Finanzierung in diesem Club Mitglied war. Solche Regelungen werden also sehr wohl befolgt, aber sie können auch ganz bewusst nach Wunsch und Vorlieben des einzelnen Clubs ausgelegt werden. Hinzu kommt die Tatsache, dass viele Clubs zwar einen hohen Mitgliederbestand haben, jedoch oft überaltert sind – der Nachwuchs fehlt also. Dies ist oft der Fall, weil viele Präsenzregelungen in der Vergangenheit sehr streng gehandhabt wurden und es für viele erfolgreiche, engagierte Menschen zeitlich gar nicht möglich war, die regelmäßigen Clubbesuche einzuhalten. Deshalb gehen immer mehr Clubs dazu über, die strengen Limitierungen ein wenig aufzuweichen. Auch Clubs und Vereinigungen brauchen Nachwuchs, und eine zu strenge Handhabung der Aufnahmekriterien führt zwangsläufig zum eigenen Todesurteil. Die Balance zwischen der Vorliebe vieler Clubmitglieder, gemeinsam alt zu werden, und den Vorgaben der Organisationen, neue Mitglieder zu finden, ist wie so oft das goldene Mittelmaß.

Das Besondere an vielen Vereinigungen und das, was ich an meinem Rotary Club unter anderem sehr schätze, ist die Möglichkeit, nationale und internationale Kontakte zu knüpfen. Sind Sie einmal aufgenommen, haben Sie weltweit die Gelegenheit, in allen Clubs als Gast und Freund herzlich willkommen zu sein und zu den Meetings eingeladen zu werden. So finden Sie mittlerweile so gut wie überall auf der Welt Anschluss. In einem umfangreichen und ausführlichen Mitgliederverzeichnis sehen Sie alle Mitglieder oder zumindest die Clubs mit weiteren Informationen und Treffpunkten aufgeführt. So haben Sie die Möglichkeit, deutschland- und weltweit Kontakte zu knüpfen. Wenn Sie also einen Entscheider aus einem bestimmten Unternehmen oder einer bestimmten Region kennen lernen wollen, dann können Sie mit einem Blick in das große alphabetische Mitgliederverzeichnis mit hoher Wahrscheinlichkeit schnell fündig werden und diesen Club besuchen.

So kommen Sie oft schneller zu einem einzigartigen Kontakt als gedacht. Ich nutze dies häufig auf Geschäftsreisen. Statt mittags oder abends allein im Hotel zu sitzen, suche ich das rotarische Treffen und verbinde den Aufenthalt mit einem gemeinsamen Mittag- oder Abendessen. Insbesondere im Ausland ist der freundschaftliche Umgang mit Clubbesuchern noch reizvoller, da Sie wirklich an fast jedem Ort der Welt sehr schnell und einfach »Freunde« treffen können.

Und nun die vier Strategien, mit denen Sie es erreichen, aufgefordert zu werden, einer solchen Vereinigung beizutreten:

- über Bekannte, die Mitglieder sind
- über Unterstützung bei Benefizveranstaltungen
- soziales Engagement
- Club-Talk

Über Bekannte, die Clubmitglieder sind Ein einfacher Weg kann sein, dass Sie einfach einmal in Ihrem Freundes- und Bekanntenkreis nachfragen, insbesondere in Ihrer Region, wer denn dabei ist, und die Leute gezielt darauf ansprechen, was sich hinter der Vereinigung genau verbirgt. Es ist durchaus möglich, dass der eine oder andere Bekannte sagt: »Ich nehme dich einfach einmal mit« oder Kontakt herstellt.

Über Unterstützung bei Benefizveranstaltungen Die meisten dieser elitären Clubs und Vereine engagieren sich intensiv im sozialen Bereich. Dies zeigt sich an einer Vielzahl von initiierten Aktionen, sei es durch klassische Spenden, gemeinsames Mitanpacken bei verschiedenen Projekten und vor allem durch zahlreiche Benefizveranstaltungen. Diese Veranstaltungen werden insbesondere deshalb organisiert, um einen Gewinn zu erzielen, der einem guten Zweck zugeführt wird, aber natürlich auch, um Networking zu betreiben. Oftmals ist jedoch eine solche Veranstaltungen weniger daran ausgerichtet, wie viel Menschen kommen werden, sondern eher daran, wie viel Geld man für einen der wohltätigen Zwecke bräuchte. Denn oftmals stecken ja sehr ehrgeizige und millionenschwere Projekte dahinter. So ist es zum Beispiel durch die Unterstützung von Rotary gelungen, die Polio weltweit so gut wie auszurotten. Dazu war allerdings auch ein Spendenvolumen von über 500 Millionen US-Dollar nötig. Wenn also die Veranstaltungen dazu dienen, einen gewissen Geldbetrag zu erlösen, dann ist es wichtig, genügend Eintrittskarten zu verkaufen, durch die ja letztendlich der Reinerlös realisiert wird. Wenn Sie also ein Plakat mit der Ankündigung einer Benefizveranstaltung sehen, dann können Sie sich zum Beispiel beherzt entscheiden, mitsamt Ihrer Familie, Ihren Freunden und Bekannten den größten Ausflug Ihres Lebens zu unternehmen; kaufen Sie für alle Eintrittskarten schon im Vorfeld, damit kommen Sie ins Gespräch. Oder Sie führen ein Gespräch mit dem jeweiligen Club und sorgen für weitere Besucher, die ebenfalls einige Karten kaufen, und sind so ein begehrlicher Partner, zumindest in der Aktivierung von Veranstaltungsteilnehmern und im Verkauf von Tickets.

Soziales Engagement Wenn Sie für einen sozialen Zweck etwas Geld übrig haben (die Bandbreite ist natürlich sehr variabel, aber sagen wir mal ab 500 Euro), dann können Sie etwas tun, was viele Clubs und Vereine so gar nicht gewohnt sind. In der Regel werden die meisten Vereinigungen nur gebeten, etwas zu spenden. Und so ist es üblich, dass die Präsidenten der Vereinigungen – manchmal wöchentlich – die eingegangenen Spendenbitten und -briefe vorlesen. Es kommt relativ selten vor – um genau zu sein: Ich kann mich an kein einziges Mal erinnern –, dass ein Verein nicht darum gebeten wird, eine Spende zu leisten, sondern darum, eine Spende anzunehmen.

Der hier aufgeführte Brief stellt einen Vorschlag dar, wie zum Beispiel ein Kachelofenbauer so etwas formulieren könnte.

Sehr geehrter Herr Präsident XY,

mit großem Interesse verfolge ich schon seit längerer Zeit das Engagement und die Aktivitäten Ihres Clubs. Gerade im Bezug auf das Sozialprojekt (bitte den jeweiligen Projektnamen einsetzen – jeder Club

---

hat verschiedene Projekte) scheint mir Ihr entschiedenes und konsequentes Handeln eine signifikante Unterstützung zu sein.

Als Unternehmer ist es mir, neben all unseren unternehmerischen Aktivitäten und der Sicherstellung eines herausragenden Kundennutzens, ein großes Anliegen, für das Wohl der Gemeinde oder derer zu sorgen, die unsere Hilfe brauchen.

So veranstalten wir jedes Jahr in unserer Kachelofenausstellung unseren Tag der offenen Tür, verbunden mit einer Sommerfeier, zu der wir unsere Kunden, Interessenten und die Bürger der Stadt einladen. Dazu bieten wir eine gute Bewirtung günstig an. Die bei diesen Veranstaltungen erwirtschafteten Geldbeträge und die Spenden aus unserer Weihnachtsfeier verwenden wir gerne, um soziale Projekte oder Einrichtungen zu fördern. Bei unserer letzten Veranstaltung erzielten wir einen Erlös von über 1 300 Euro.

Gerne möchten wir diese Gelder einem sinnvollen und guten Zweck zur Verfügung stellen und haben dabei insbesondere an Ihr Engagement gedacht.

Unsere Ideen und Vorgehensweise würde ich Ihnen, verbunden mit einigen Bildern, die das Ganze veranschaulichen, gerne einmal zeigen und dabei auch einen Scheck in der angekündigten Höhe überreichen. Gerne lade ich Sie und Ihre Clubmitglieder zu einer gemütlichen Stunde in unsere Ausstellung ein. Dort erhalten Sie mit stilvollen Getränken und einer kleinen Degustation einen Eindruck unseres sozialen Engagements. Dies kann selbstverständlich auch im Rahmen Ihrer Meetings geschehen. Und sollte der eine oder andere von Ihnen Kaminbesitzer sein, so können wir den Abend durch einen Vortrag über das »einfache Anfeuern eines Kamins« abrunden.

Möglicherweise können wir zukünftig den Erlös durch eine gemeinschaftliche Vorgehensweise noch weiter erhöhen und damit noch mehr Menschen helfen.

Mit freundlichen Grüßen

Da mein Grundsatz »Geben vor Nehmen« lautet, empfehle ich gerne, diesen ersten Schritt zu gehen. Bitte schreiben Sie so einen Brief aber nur, wenn er auch so gemeint ist und Sie voll und ganz hinter der Sache sowie dem guten Zweck stehen. Ist dies nicht der Fall, wäre eine Präsentation wohl wenig authentisch. Durch solche Spenden ist es oft nicht möglich, sich eine Mitgliedschaft zu »erkaufen«. Dies ist durch die meisten Satzungen abgesichert. Aber es kann ein guter Einstieg sein. So lernt man Sie kennen, und das ist schließlich die Grundvoraussetzung für alles weitere.

Club-Talk Ein weitere Möglichkeit ist der Club-Talk. Da sich diese Form der Vorträge auch für andere Zwecke eignet, sind die Einzelheiten im Kapitel 5, »Wie Sie sich Profil geben und als Experte bekannt werden«, im Unterkapitel »Machen Sie von sich reden« beschrieben.

Charakteristika traditioneller Netzwerke

Wollen Sie ein traditionelles Netzwerk für sich nutzen, müssen Sie aktives Mitglied werden – in manchen Vereinigungen und Clubs erwartet man, dass Sie die Treffen und Veranstaltungen regelmäßig besuchen, präsent sind, aber auch bestimmte Aufgaben übernehmen. Das erfordert Zeit und auch Geld, um die Treffen, Essen und Veranstaltungen finanzieren zu können. Aber häufig sind die Ausgaben nicht so hoch, wie oft gefürchtet wird. Demgegenüber stehen als Gewinn viele sehr persönliche und intensive Kontakte.

Virtuelle Netzwerke

Sie sind das virtuelle Pendant zu den klassischen Netzwerken – Plattformen wie LinkedIn, Ryze oder der Open Business Club (Open BC). Diese neuen Formen der Netzwerke funktionieren ähnlich wie virtuelle Partnerbörsen, nur dass sich die Angebote ausschließlich an Geschäftsleute richten. Und das augenscheinlich mit Erfolg. Klar – der Bedarf ist da: Immer mehr Menschen sind in Projekten und als Freelancer beschäftigt, arbeiten für einen begrenzten Zeitraum mit anderen Menschen zusammen und suchen sich anschließend eine neue Arbeitsgruppe. Kontakte sind heute überlebenswichtig – und die Internetplattformen bieten dafür schnelle Hilfe an.

Zwei unterschiedliche Möglichkeiten des Networkings offeriert das Internet Interessierten – zum einen »offene Netzwerke« à la Open BC, die die ungehinderte Kommunikation aller Clubmitglieder favorisieren, zum anderen sichere, geschlossene Systeme wie zum Beispiel www.linkedin.com oder www.orkut.com, bei denen jeder Erstkontakt zunächst von den jeweiligen Verbindungspersonen abgesegnet werden muss.

Eine Übersicht über virtuelle Netzwerke finden Sie in der kommentierten Linkliste im Internet unter www.campus.de/isbn/3593377667.

Wie Online-Networking funktioniert

Sämtliche Möglichkeiten der Kontaktpflege im Onlinezeitalter basieren auf der Technologie der »Social Software«. Darunter werden IT-Lösungen zusammengefasst, die beim Knüpfen sozialer Netze Unterstützung leisten, den Austausch innerhalb dieser Netze unterstützen und Daten über den Austausch auswerten.

Der bekannteste und derzeit erfolgreichste deutsche Club ist der Hamburger Open Business Club (Open BC). Er hat zum hohen Stellenwert von Online-Networking beigetragen. An den Start ging die Plattform unter der Internetadresse www.openbc.com im Oktober 2003, etwa 800 000 Mitglieder umfasst das Netzwerk derzeit.

Neben der Kontaktaufnahme zu Menschen auf der ganzen Welt, die ähnliche Interessen haben oder mit ihrem Know-how weiterhelfen können, stehen folgende zentrale Inhalte des Networkings im Vordergrund:

- Informationsbeschaffung (zum Beispiel fachliche Fragen bei beruflichen Aufgabenstellungen, Erfahrungsaustausch, Fachdiskussionen, Qualifizierungsmöglichkeiten, Praxistipps zu Fachliteratur, Link-Empfehlungen und so weiter)

- Partnersuche für geschäftliche Projekte
- Selbstdarstellung und Kompetenznachweis
- direkte Auftragsakquisition und -vergabe
- Personalauswahl und Auswahl geeigneter Dienstleister

Ein zentraler Punkt bei der Pflege von Geschäftsbeziehungen ist der entsprechende fachliche Austausch in Hunderten von Foren – von Corporate Governance über Existenzgründung und Outsourcing bis hin zu Vertrieb und Verkauf. Bei Open BC sind oft mehrere 100 Teilnehmer zur gleichen Zeit online und treten in Kontakt miteinander. Der regionale Fokus liegt dabei schwerpunktmäßig auf Deutschland, Österreich und der Schweiz. Insgesamt kommunizieren jedoch Mitglieder aus mehr als 160 Ländern in ihrer Muttersprache miteinander. Neben Deutsch bietet der Internetauftritt von Open BC Versionen in Englisch, Spanisch, Französisch, Portugiesisch, Niederländisch, Schwedisch, Finnisch, Ungarisch, Polnisch, Russisch, Türkisch, Koreanisch und Chinesisch.

Zugangsvoraussetzungen

Hinsichtlich ihrer Zugangsmöglichkeit variieren die unterschiedlichen Business-Clubs im Internet deutlich. Manche Online-Netzwerke stellen ein geschlossenes System dar, das von strengen Regeln und strikten Zugangsbeschränkungen bestimmt wird. Andere Plattformen wie der Open Business Club orientieren sich – wie schon der Name sagt – hingegen an der Philosophie offener Netzwerke. In den Standardeinstellungen gibt es bei Open BC keinerlei Kommunikationsbeschränkungen. So kann sich innerhalb des Systems eine kommunikative Dynamik entwickeln. Es entstanden und entstehen etliche Diskussionsforen und Clubs innerhalb der Plattform. Aber auch hier sind Schutzmechanismen eingebaut, die das Mitglied beispielsweise vor aufdringlichen Marketingofferten schützen. Open BC hat dafür eigens ein wirksames Beschwerdemanagement eingebaut: »Werden uns solche Fälle gemeldet, fliegen die entsprechenden Nutzer sofort raus.«

Wer einer Networking-Plattform wie dem Open BC beitritt, sollte prinzipiell eine gewisse Offenheit mitbringen. Ansonsten funktionieren solche Clubs einfach nicht. Geschäftsleute der alten Schule dürften sich erfahrungsgemäß schwerer damit tun, ihr Beziehungsgeflecht mehr oder weniger offen zu legen – und sei es nur gegenüber den eigenen Geschäftspartnern. »Es stellt sich die Frage, ob Wissen zu teilen – und Kontakte sind ja Wissen – eher einen Verlust oder einen Gewinn darstellt«, meint Thomas Burg, Leiter des Zentrums für Neue Medien an der Universität Krems in einem Beitrag von Mario Sixtus in der Zeitschrift *brand eins*. »Heute tendieren viele Menschen dazu, darin eine Chance zu sehen. Es findet gerade ein Paradigmenwechsel statt, der auf dieser breiten Ebene vor zehn Jahren noch undenkbar gewesen wäre.« Der französische Internetunternehmer Loïc Le Meur stimmt dem zu: »Früher wollten die Geschäftsleute alles geheim halten. Das Adressbuch war angeblich das Stammkapital, und ähnlichen Quatsch hatten sie im Kopf. Es geht um eine Gegenbewegung dazu: Offenheit, Transparenz, Klarheit. Es geht darum, die Open-Source-Idee auf die Geschäftswelt auszudehnen.« Und dieses Prinzip scheint tatsächlich zu funktionieren. Beim Open Business Club geben sich Führungskräfte großer Unternehmen und Geschäftsführer von Familienbetrieben ebenso ein regelmäßiges Stelldichein wie selbstständige Berater, Architekten, Rechtsanwälte, Journalisten und Grafiker.

Was müssen Sie konkret tun, um Teil des virtuellen Businessnetzwerkes zu werden? Der Einstieg ist denkbar einfach. Um die Basisfunktionen in Anspruch nehmen zu können, muss der zukünftige Online-Networker lediglich auf die Seite www.openbc.com gehen und sich dort kostenlos registrieren lassen. Dazu gibt er seine Angaben zur Person und seine geschäftlichen Kenndaten an, wie Branche, Position, Kontaktdaten, beruflicher Werdegang, Interessen und Angebote. Die Karrierestationen werden vernetzt, und so kann der User analog zu einem Alumni-Club beispielsweise ehemalige Kollegen finden. Bereits durch diese einfache Vernetzung entsteht ein gewaltiger und doch individueller Bekanntenkreis, auf den das Mitglied Zugriff hat.

Bereits mit der kostenlosen Standardmitgliedschaft kann der Nutzer über seine Kontaktseite Kontakte einladen und verwalten, Termine organisieren und private Nachrichten empfangen. Darüber hinaus hat er Zugang zur Lektüre der verschiedenen Foren, ohne sich allerdings direkt an den Diskussionen beteiligen zu können. Dieses Angebot bleibt den Premiummitgliedern vorbehalten.

Tipps für erfolgreiches Online-Networking

Die virtuelle Kontaktaufnahme folgt – gegenüber der klassischen Beziehungspflege – eigenen Regeln. Wer die Vorteile von Online-Networking effektiv für sich nutzen will, sollte unbedingt einige Tipps beachten:

Zeigen Sie Profil! Je mehr Sie über sich schreiben, desto leichter können andere Mitglieder Sie finden. Vergleichen Sie Ihre Profilseite mit denen anderer Mitglieder. Je mehr Sie in das Netzwerk einbringen, desto mehr profitieren Sie auch davon.

Pflegen Sie Ihre Kontakte! Nur wenn Sie die Plattform regelmäßig aufsuchen und sich aktiv mit den neu gewonnenen Kontakten beschäftigen, wird Ihr virtuelles Networking von Erfolg gekrönt sein.

Verzetteln Sie sich nicht! Stellen Sie sich eine persönliche Liste mit den wichtigsten Kontakten und Themen zusammen. Wenn Sie ein überschaubares Netzwerk gut pflegen, können Sie diese Personen auch jederzeit ansprechen. Dadurch können Sie wiederum auf deren Kontakte zugreifen und auf kürzestem Wege eine Vielzahl potenzieller Ansprechpartner erreichen, ohne Tausende von Adressen selbst verwalten zu müssen.

Charakteristika virtueller Netzwerke

Wollen Sie Online-Networking betreiben, dann sollten Sie sich zunächst darüber klar werden, ob Sie ein offenes oder ein geschlossenes System bevorzugen. Ein geschlossenes System bietet Ihnen mehr Sicherheit (keine Anfragenüberhäufung, kein Infomüll), ein offenes mehr Möglichkeiten.

Mitglied eines virtuellen Netzwerkes zu sein, ist in jedem Fall weniger zeitaufwändig als ein Engagement beispielsweise in einem Service-Club wie Rotary. Beides lässt sich aber auch schlecht miteinander vergleichen. Die Mitgliedschaft in einem Online-Netzwerk stellt ganz sicher eine sinnvolle Ergänzung zum herkömmlichen Networking dar, wie auch die zahlreichen positiven Meinungen auf der Referenzseite von Open BC zeigen. Sie ermöglicht auch eine direktere und schnellere Kontaktaufnahme sowie den unkomplizierteren Ausbau von Geschäftsbeziehungen im Vergleich zu »realen« Netzwerken. Aber hier gilt wie in traditionellen Netzwerken auch: Ohne Offenheit und persönliches Engagement wird sich kein effektives Netzwerk knüpfen lassen.

Ein erfolgreiches berufliches Netzwerk ausschließlich online aufzubauen, ist nach meiner Einschätzung kaum möglich. In der Regel stehen reale Geschäftsbeziehungen am Anfang jeden professionellen Netzwerkes. Und je länger man im Berufsleben steht, desto mehr Kontakte hat man geknüpft. Hier zeigt sich jedoch der klare Nutzen des Networking via Internet. Benötigten Netzwerker bisher ein gutes Gedächtnis für Namen und Gesichter sowie ein dickes Adressbuch, machen Business-Clubs im Internet die Kontaktpflege viel einfacher, kostengünstiger und zeitsparender. Mit wenigen Klicks lassen sich ehemalige Kollegen und Geschäftspartner online aktivieren sowie ein Netzwerk mit Hunderten von neuen Ansprechpartnern aufbauen. Aber auch Berufsanfänger können hier wertvolle Tipps erhalten, die ihnen die weitere Karriere und den Aufbau realer Beziehungen deutlich erleichtern.

Dass sich diese Form des Netzwerkens bewährt, belegt eine aktuelle Studie. Danach liegen europäische Internet-Networking-Angebote bei ihren Nutzern auf Platz drei der wichtigsten Kommunikationsformen und -orte. 63,7 Prozent der europäischen Nutzer des Open Business Clubs stufen Kontaktpflege im Internet als »wichtig« und »sehr wichtig« ein. Zum Vergleich: Die Offline-Kontaktpflege mit Freunden, Bekannten und Geschäftspartnern erreicht mit 86,6 Prozent einen höheren Wert, Veranstaltungen oder Verbände liegen mit 62 Prozent aber bereits darunter. Da Kommunikation immer noch die wichtigste Anwendung des Internets ist, können sich Networking-Plattformen, neben E-Mail und Messaging, auf hohem Niveau etablieren.

Mein Tipp

Sie möchten Mitglied bei Open BC werden? Dann denken Sie gleich über eine Premiummitgliedschaft nach, denn sie eröffnet Ihnen besonders viele Features und Suchfunktionen, die sich für Ihr Networking rechnen. Mehr Infos dazu unter www.openbc.com.

Kapitel 5

Wie Sie sich Profil geben und als Experte bekannt werden

> Ein Experte ist nicht völlig zu ersetzen. Nur 70 bis 80 Prozent
> seines Wissens können im Computer untergebracht werden.
> Seine Intuition aber kann der Computer nicht ersetzen.
>
> *Andreas Lenz, Unternehmensberater*

Sie haben auf den vorangegangenen Seiten erfahren, wo Sie mit den richtigen Menschen ins Gespräch kommen und wie essenziell es für Ihren Erfolg sein kann, interessante Veranstaltungen zu besuchen und Mitglied der richtigen Netzwerke zu sein. Aber stellen Sie sich doch einmal vor: Wie viel besser und wie viel effektiver wäre es für Sie, wenn die richtigen Menschen direkt auf Sie zukommen, von sich aus mit Ihnen in Kontakt treten würden?!

Wie Sie das erreichen können? Ganz einfach: Indem Sie sich als Experten positionieren, sich ein eindeutiges Profil geben und andere so auf sich aufmerksam machen. In diesem Kapitel werde ich Ihnen zeigen, dass auch ein Rechtsanwalt zum Kochexperten werden kann, wie Sie aus sich eine starke »Marke« machen und wie beziehungsweise wo Sie die passenden Bühnen für sich finden.

Expertentum – wichtig und einfach zugleich

In den vergangenen 100 Jahren nahm man an, dass es Fachwissen geben müsse und einen davon deutlich unterschiedenen Platz, an dem bloß die Arbeit getan werde. Heute sei klar, dass in einer schnelllebigen, modernen Welt jeder ein Experte sein muss, meint Ex-McKinsey-Partner und Managementvordenker Tom Peters. Und er hat Recht. Wer heute Erfolg haben will, der muss Expertenstatus aufbauen, ein

Thema zu seinem Thema machen. Warum? Weil heute jeder Mensch Zugang zu einer Fülle von Informationen hat. Weil jeder sich Wissen blitzschnell im Internet suchen kann. Darum müssen wir unsere Nische finden und unsere Kompetenz deutlich kommunizieren – ganz einfach, um uns von der großen Masse abzuheben.

Tatsache ist: So wie ein Unternehmen mit starken Marken höhere Umsätze erzielen kann, so sind Menschen mit starkem Namen gefragter als andere. Experten werden um Rat gefragt, Experten werden von Journalisten interviewt, Experten hört man zu, Experten lädt man ein. Schön und gut – werden Sie jetzt sagen. Aber ich bin doch kein Experte. Gerade ich? Ohne Doktortitel? Ohne Lehrstuhl? Niemals! Doch. Auch Sie können zum Experten werden. Lesen Sie den folgenden Satz bitte zweimal laut vor: *Experte ist, wer Expertenstatus aufgebaut hat.*

Es gibt keine objektiven Kriterien, die Sie zum Experten machen oder eben nicht. Experten sind die, die von anderen Menschen dafür gehalten werden. Eine gewagte Theorie? Vielleicht. Zweifelsohne ist es wichtig, dass Sie sich auf einem Gebiet spezialisieren, dass Sie Wissen und Erfahrungen sammeln. Doch selbst ein Nobelpreisträger wird immer wieder vor neuen Fragestellungen, Herausforderungen und unbeantworteten Fragen stehen. Lassen Sie uns recht pragmatisch die These aufstellen, dass wir wohl nie 100 Prozent eines Fachgebietes kennen oder erobern können. Die, die wir heute als Experten bezeichnen, haben auf einem definierten Gebiet ein Teilwissen, von dem wir nicht einmal sagen können, ob es in Relation zu den 100 Prozent Wissen überhaupt groß ist, da wir nicht überblicken können, was diese 100 Prozent überhaupt beinhalten.

Ein Medizinstudent beispielsweise, der zum Arzt oder Facharzt wird, oder ein Betriebswirtschaftsstudent, der nun Diplomkaufmann wird – sind das Experten? Nicht wirklich. Und sie behaupten es auch in der Regel nicht von sich. Aber sie haben die Grundvoraussetzungen, um Experten zu werden. Es gibt jede Menge Hochschulprofessoren, die auf ihrem Gebiet ein unvorstellbares Wissen angehäuft haben – aber kaum einer kennt sie. Das Wichtigste, das Allerwichtigste ist, dass andere Sie als Experten anerkennen. Soll ich Ihnen ein paar Menschen nennen, die das geschafft haben?

Dr. Hans-Wilhelm Müller-Wohlfahrt zum Beispiel ist nach eigenen Angaben »weltweit einer der führenden Sportmediziner«. Laut seiner Internetseite hat er »einen der wichtigsten Aktivposten für die Gesundheit neu entdeckt: das Bindegewebe«. Ist Dr. Müller-Wohlfahrt wirklich ein so herausragender Mediziner? Ich weiß es nicht. Wer kann das überhaupt beurteilen? Seine Patienten? Wären Sie als Patient dazu in der Lage? Seine Kollegen? Würden Kollegen gerne sagen, dass gerade ein anderer einer der Besten ist?

Oder Alfred Biolek. Der Rechtsanwalt hat es geschafft, dass sich Paul Bocuse und Eckhardt Witzigmann gemeinschaftlich die Haare raufen. Immerhin verkauft er von jedem einzelnen seiner mittlerweile knapp 20 Kochbücher mehr als Bocuse und Witzigmann zusammen. Warum kaufen so viele Menschen die Bücher von Alfred Biolek, der niemals den Beruf des Kochs gelernt hat?

Oder Lisa. Eine Mitarbeiterin, die es immer wieder schafft, einfallsreiche und wirkungsvolle PowerPoint-Präsentationen zu gestalten und weit über die Abteilung hinaus für ihre Präsentationskompetenz bekannt ist. Ist Lisa wirklich so gut? Können die – in der Regel laienhaften – Kollegen dies überhaupt beurteilen? Die Beispiele zeigen, dass es vor allem darauf ankommt, von anderen als Experte wahrgenommen zu werden.

Beim Halbfinale einer Fußballweltmeisterschaft stürzte ein gefoulter deutscher Nationalspieler und krümmte sich mit schmerzverzerrtem Gesicht auf dem Spielfeldrasen. Der Gesichtsausdruck verbreitete Hoffnungslosigkeit und bewirkte bei den Passivspielern vor dem Fernseher trübe Gedanken. »Was nützen all die Fußballmillionen, wenn der Spieler in Zukunft ein Leben mit zerstörter Kniescheibe im Rollstuhl führt?«, dachte mancher. Und während der ambitionierte Zuschauer noch mit offenem Mund vor der Mattscheibe verharrte, erklang der Kommentar des Moderators: »Und nun eilt Dr. Müller-Wohlfahrt zu dem anscheinend schwer verletzten Spieler aufs Feld.« Man konnte gar nicht so schnell schauen, wie die wenigen Handgriffe von dem Arzt dafür sorgten, dass sich die Gesichtszüge des Verletzten lockerten, er aufstand und weiterspielte. »Danke, Deutschland, danke, Dr. Müller-Wohlfahrt!«, kommentierte der Moderator. Was für eine Werbung!

Mein Fazit: Experten sind diejenigen, die dafür gehalten werden. Und das geht nun einmal nicht sehr wissenschaftlich vor sich.

Die Beispiele sollen mindestens dreierlei bewirken: Ihnen einen Einblick in die Gesetzmäßigkeiten von Expertentum geben, Ihnen vor allem den Mut vermitteln, sich nicht nur immer mehr und immer zielstrebiger zu einem Experten zu entwickeln, sondern gleichzeitig auch nach außen hin einen solchen Expertenstatus aufzubauen.

Die richtige Strategie zum Expertenstatus

Stellen Sie sich vor, Sie hätten Christiaan Barnard, den mittlerweile verstorbenen südafrikanischen Herzchirurgen, der als Erster eine Herztransplantation durchführte, vor seiner ersten Herzverpflanzung die Frage gestellt: »Sagen Sie, Herr Barnard, sind Sie ein Experte auf dem Gebiet der Herztransplantation?« Wie sollte er Experte sein, es war seine erste. Aber irgendwann hatte er behauptet, dass er es kann. Und irgendwann ist immer das erste Mal. Die Frage ist nur wann.

Vorsicht: Es geht nicht darum, vorschnell, übereifrig oder in einer gefährlichen Selbstüberschätzung Behauptungen aufzustellen, die nicht haltbar sind. Klar! Aber es geht um den Mut, den Schritt aus der Masse heraus zu wagen. Mit dem Wissen, dass wir nicht perfekt sind. Und mit der Einstellung: lieber mit 98,5 Prozent starten, als 1,5 Jahre zu spät zu sein.

Begründetes Selbstvertrauen

Viele Menschen haben zu wenig Selbstvertrauen, das zu tun, was sie gerne möchten, sie lernen und üben und bilden sich stets weiter. Das ist gut so. Doch bitte denken Sie daran: Unsere Lebenszeit auf diesem Planeten ist endlich. Bauen Sie also ein begründetes Selbstvertrauen auf, sorgen Sie für angemessene, relevante, aber nicht übertriebene Voraussetzungen, und entscheiden Sie sich dann dafür, sich eine Aufgabe jetzt zuzutrauen. Möglicherweise sagen Sie sich: »Ich nehme die Aufgabe an, auch wenn sie heute noch eine Nummer zu groß scheint. Menschen wachsen mit ihren Herausforderungen.« Das ist übrigens ein gravierender Unterschied zwischen Frauen und Männern. Während Frauen selbstkritischer und, sagen wir einmal, in der Selbsteinschätzung pessimistisch realistisch sind, verfügen Männer oftmals über Mut zur Lücke, sind optimistisch realistisch in der Selbsteinschätzung. Wenn also ein Vorgesetzter die Frage stellt: »Trauen Sie sich diese Aufgabe zu?«, dann ist die männliche Antwort tendenziell eher: »Na, das kriegen wir schon hin!«, während die weibliche leider häufig in die Richtung tendiert: »Glauben Sie wirklich, dass ich das kann?«. Viele männliche Kollegen bekommen dann den Job, und die Damen wundern sich darüber, zumal sie die Aufgabe wahrscheinlich sogar besser gelöst hätten.

Bekanntheitsgrad hebt Nutzenvermutung

Experten sind bekannt – Bekanntheiten sind Experten. Ja, die Wechselwirkung ist nachgewiesen. Je größer der Bekanntheitsgrad, desto höher liegt die Vermutung des Nutzens, auch wenn dies keine wirkliche Logik darstellt. Viele Studien im Lebensmittelhandel haben schon vor Jahren verblüfft: Kunden, die beispielsweise vor einem Sektregal standen, wurden befragt, welchen Sekt sie gut finden. Nach Beantwortung der Frage wurde nun die Zusatzfrage gestellt, welche Sorten sie schon einmal selbst probiert hätten. Ergebnis: Einige der Sektsorten, die die Befragten als gut eingestuft hatten, hatten sie selbst noch nie getrunken. Je bekannter jemand ist, desto höher wird seine Qualität eingeschätzt – diejenigen mit Negativimage einmal ausgenommen.

»Wer kennt wen?« ist also eine ganz entscheidende Frage. Sorgen Sie für einen angemessenen Bekanntheitsgrad. Setzen Sie alles daran, für andere interessant zu sein, aber versuchen Sie niemals, sich interessant zu machen. Machen Sie Ihre Leistungen auch als Angestellter sichtbar. Leiten Sie interessante Informationen weiter, stellen Sie sich vor – insbesondere bei Schnittstellen und auch dann, wenn es der Vorgesetzte versäumt hat. Ihre Bekanntheit entscheidet über die wirtschaftliche Verwertbarkeit Ihrer Positionierung.

Manchmal ist es gar nicht der eigene Bekanntheitsgrad, der über die Nutzenvermutung entscheidet, sondern die Prominenz Ihrer Kunden. Positive Referenzen und wohlklingende Namen bewirken nicht selten ein positives »Vorurteil«. Auch das sollten Sie wissen und für sich nutzen.

Machen Sie sich zur Marke!

»Quadratisch. Praktisch. Gut.« Ritter Sport hat es damit zu einer gestützten Markenbekanntheit von 98 Prozent gebracht. Längst hat sich das, was wir bei Marken und Produkten als »Brand« bezeichnen, aber auch auf Geschäfte (»Store Brand«), auf Mitarbeiter (»Employee Brand«) und auf Menschen (»Personality Brand«) ausgeweitet.

Fakt ist: Es gibt viele Logos auf dieser Welt, aber nur wenige Marken. Eine Marke gestaltet sich nach der Formel: Logo + Assoziation = Marke. Bei einem Produkt wie Ritter Sport ist das Logo der Markenschriftzug und das Drumherum. Bei Geschäften ist das Logo in der Regel ein Schriftzug und das Erscheinungsbild des Hauses. Nun raten Sie mal, was das Logo bei Menschen oder Mitarbeitern ist. Genau, das sind Sie selbst! Als Logo allein aber sind Sie noch nicht besonders wertvoll, es sei denn, Sie gehören zu diesen unwiderstehlich gut aussehenden Personen, an denen man sich gar nicht satt sehen kann. Dann ist jedoch ein Einsatz in der Modelbranche anzuraten. Nein, das Logo sind Sie, doch welche Assoziation geben Sie sich, und wie bauen Sie diese auch in begründeter Weise auf? Welches Profil geben Sie sich? Bilanzieren Sie die eigene Ausrichtung, überprüfen Sie Ihr Geschäftsmodell. Die konkrete Frage lautet: Was denken Menschen, die Sie sehen? »Ach, das ist doch der …«

Welche Assoziationen wollen Sie wecken? Sind Sie der, der immer die lustigen Bilder verschickt? Die, die unternehmenskritische Fragen stellt? Der, der immer schnell antwortet? Die, die immer auf dem Laufenden ist? Was ist Ihr Leistungsspektrum? Was ist Ihr Leistungsprofil?

Geben Sie sich einen Untertitel

Menschen denken in Untertiteln. Privat gibt es den Pünktlichen, den Lustigen, den Ruhigen. Im Job den Analytiker, den Macher, den Beschleuniger. Prägen Sie eine Stärke so aus, dass sie schließlich zu Ihrem Namen gehört. Machen Sie sich und Ihre Leistungen zum Markenzeichen. Bauen Sie zum Beispiel ein Image auf: »Auf die/den kann man sich verlassen«, »Wenn er das sagt, dann tut er's auch«, »Die Kunden mögen sie/ihn einfach« oder »Wenn es einer schafft, dann er/sie«. Es ist nicht so wichtig, diesen Untertitel überall zu kommunizieren, sondern viel entscheidender, ihn zu leben. Er sollte zudem einfach sein. Aussagen, die zu kompliziert sind, werden meistens nicht richtig wahrgenommen. Das erleben wir nach wie vor mit der englischen Sprache. Douglas, die hervorragende Parfümeriekette in Deutschland, hatte, bevor sie den heutigen Slogan »Douglas macht das Leben schöner« wählte, früher immer den Zusatz »come in and find out«. Man mag es ja kaum glauben, aber dennoch hat eine Studie ergeben, dass viele diesen Titel mit den Worten »Komm rein und finde nicht wieder heraus« falsch übersetzt haben. Bleiben Sie also einfach und verständlich. Es ist wie mit den eigenen Kindern: Sie müssen nicht schön, aber sie müssen die eigenen sein.

Wann immer Sie sich einen Untertitel, einen so genannten Claim, geben, der für Ihre Produkte, Dienstleistungen oder Ihre Person steht, dann sollten Sie beachten, dass es sich dabei um ein Bedürfnis und nicht um ein Verfahren handelt. Die Erklärung ist so logisch wie simpel: Kunden kaufen keine Produkte, sondern Ergebnisse. Kunden kaufen keine Verfahren, sondern Lösungen. Kunden haben keine Ahnung von Verfahren, sondern von ihren eigenen Bedürfnissen. Was bedeutet das?

Nehmen wir an, Sie sind Händler für Ölöfen. Dann erfüllen Sie das Bedürfnis nach Wärme über eine Ölheizung. Unterstellen wir weiterhin, dass Sie sich den Claim, den Untertitel, geben: »Experte für Ölheizungen«. Dann mögen und können Sie sicherlich langfristig, gut und erfolgreich agieren. Sollte sich aus diversen Gründen Öl einmal als weniger schick erweisen, zum Beispiel weil es zu teuer ist, weil die Ressource Öl knapp wird oder weil die Umweltaspekte für einen anderen

Energieträger sprechen, dann kann es sein, dass Sie mit Ihrer Dienstleistung nicht mehr so gut dastehen. Würden Sie dagegen als Untertitel den Slogan »Experte für Wärme« tragen, dann spielt es keine Rolle, ob Ihre Kunden heute Heizöl, morgen Gas, übermorgen Holzpellets oder sonstige alternative Energie nachfragen. Sie wären in jedem Fall der richtige Ansprechpartner. Viele Finanzdienstleister bezeichnen sich zum Beispiel als »Fonds specialists«. Dabei ist es für die Kunden oftmals gar nicht so entscheidend, womit sie letztlich ihr Vermögen machen, Hauptsache, sie machen es. Würde hier die Bezeichnung lauten »Spezialist für Vermögensaufbau« oder ähnlich formuliert, wäre das Bedürfnis sicherlich getroffen. Als Trainer würde ich mich statt auf das Verfahren und die heute moderne Erscheinung des Neurolinguistischen Programmierens (NLP) lieber auf das Bedürfnis – zum Beispiel Erfolg – konzentrieren. Nachdem die Bausparkassen in Deutschland gemerkt hatten, dass es junge Leute »voll uncool« finden, in einen Bausparvertrag einzubezahlen, wurde der Schwenk von dem Verfahren Bausparen vollzogen in das Bedürfnis Vermögensaufbau und Wohlstand – und damit gaben sie sogar dem Vorurteil »Spießer« eine neue Bedeutung. Cool!

Selbst im Unternehmen und im Kollegenkreis gibt es (meist unbewusst) Untertitel, die wir längst verteilt haben. Und auch hier geben sich viele einen positiven Untertitel bezüglich eines Verfahrens, zum Beispiel: der, der gut mit Excel umgehen kann. Dabei wäre es viel besser, nicht über das Verfahren, sondern über die Lösung zu sprechen: »der, der immer schnelle Ergebnisse bringt«. Ich habe einen Bekannten, der gerne als »der Beschleuniger« bezeichnet wird. Wann immer Prozesse, Projekte oder gar ganze Abteilungen und Bereiche ins Stocken geraten, wird er gerufen, um die Dinge zügig abzuschließen. In einer der letzten Hauszeitungen stand sogar unter seinem Bild die Unterschrift »XY hat das Projekt beschleunigt«.

Ein anderes Beispiel ist Walter Adam. Er hat seiner Agentur Adam (www.adam-agentur.de) den Untertitel gegeben: »Wir sind die fürs Schwierige«. Damit bringt er deutlich zum Ausdruck, dass er genau die Leistungen, bei denen viele andere Dienstleister scheitern, schnell, professionell und fehlerfrei durchführt. Das wäre auch ein schöner Claim für eine Person, die sagt: »Wann immer es kritisch ist, wann immer es schwierig wird, ich bin da.« Florian, ein echter IT-Freak, hat hinter seinen Schreibtisch den Satz an die Wand gepinnt: »Wann immer es schwierig wird, sprechen Sie mich an.« Damit ist er längst als Tüftler und komplexer Problemlöser in seinem Unternehmen bekannt geworden. Es muss manchmal gar nicht die Hauszeitung sein, um das zu kommunizieren. Obwohl ein kleiner Bericht in dieser mit guter Bildunterschrift eines der schönsten Dinge ist, die Sie erreichen können. Apropos Bildunterschriften: Die werden besonders häufig gelesen. Achten Sie also darauf, dass, wenn es einmal so weit ist, nicht nur Ihr Name unter Ihrem Bild steht.

Werden Sie Erster!

Niemand nimmt Ihnen ab, dass Sie ein Experte auf vielen Gebieten sind. Denn wer zu viel kann, wirkt unglaubwürdig. Je enger Sie spezialisiert sind, desto schneller erfolgt der Durchbruch. Sie müssen kein Star sein, um besonders herauszuragen. Sie müssen nur der Erste auf Ihrem Gebiet sein.

- Wer war der Erste, der 100 Meter unter 10 Sekunden lief?
- Wer überquerte als erster Mensch den Atlantik?
- Wer erkletterte als Erster den Mount Everest?
- Wer betrat als erster Mensch den Mond?

In der Regel kennen die Menschen die Antworten auf diese Fragen. Nun die zweite Runde:

- Wer war der Zweite, der 100 Meter unter 10 Sekunden lief?
- Wer überquerte als zweiter Mensch den Atlantik?
- Wer erkletterte als Zweiter den Mount Everest?
- Wer betrat als zweiter Mensch den Mond?

Keine Ahnung? Ich auch nicht. Coca-Cola war und ist Erster; Pepsi gibt seit 25 Jahren 30 Prozent mehr für Werbung aus als Coca-Cola und bleibt doch Zweiter. Noch schlimmer: In regelmäßigen Blindtests schneidet Pepsi-Cola immer wieder und eindeutig besser als Coca-Cola ab, aber gekauft wird dann doch die Coke. Es macht also Sinn, der Erste zu sein. Der Erste kann sich aussuchen, was er will. Die anderen müssen nehmen, was übrig bleibt. Oder mit den Worten des schottischen Stahlmagnaten Andrew Carnegie: »Der Erste bekommt die Perle, der Zweite nur die Muschel.«

Nun drängt sich die Frage auf: »Was tun, wenn es auf meinem Gebiet bereits einen Ersten gibt?« Dann gibt es mehrere Möglichkeiten: Sie können eine »neue Kategorie« wählen, eine »andere Region« oder eine »neue Kommunikation«.

Die Wikinger beispielsweise waren lange vor Kolumbus in Amerika. Trotzdem wird Kolumbus als Entdecker Amerikas gefeiert. Schließlich hatte er es ja auch als Erster kommuniziert und sich in der Öffentlichkeit als Experte präsentiert. Also, seien sie Erster oder kommunizieren Sie es als Erster.

Schreiben Sie ein Buch

Wann glauben Sie jemandem, dass er sich mit einem Thema richtig auskennt? Wenn er dazu einen Volkshochschulkurs besucht hat? Wahrscheinlich nicht. Aber ganz sicher, wenn er ein Buch dazu geschrieben hat. Ja, ich will Ihnen Mut machen, ein Buch zu schreiben – zumindest ein kleines.

Menschen, die ein Buch geschrieben haben, wird mehr Autorität und mehr Kompetenz zugesprochen. Der Professor, der seine Thesen veröffentlicht; der Versicherungsmann, der Versicherungstipps zusammenstellt; der IT-Mitarbeiter, der die wichtigsten Tipps und Vorgehensweisen für ein Unternehmen in einem Handbuch zusammenfasst. Sie alle bauen Expertenstatus auf. Ebenso die Hausfrau, die die besten Kochrezepte in einer Zeitungskolumne präsentiert; der Rechtsanwalt, der für andere Rechtsanwälte über sein spezifisches Themengebiet schreibt oder für mögliche Kunden eine Fibel mit den wichtigsten Daten und Fakten formuliert.

Nur keine Hemmungen – es ist einfacher, als Sie denken. Stellen Sie sich vor, jemand würde Ihnen ständig Fragen über Ihr Fachgebiet stellen und Sie zwei Tage lang mit einem Diktiergerät in der Hand begleiten. Damit hätten Sie schon eine Vielzahl an Informationen gesammelt.

Mein Tipp

Finden Sie Ihr Thema – und gestalten Sie Ihr Buch nach dem Bikini-Prinzip: viel herzeigen, entscheidende Punkte aber verbergen. Wenn Sie all Ihr Wissen schriftlich niederlegen, wer braucht Sie dann noch? Geben Sie wichtige Informationen, reißen Sie wichtige Themen an, aber ohne Ihren ganzen Erfahrungsschatz preiszugeben.

Mögliche Ansatzpunkte für Ihr Buch können sein:

- essenzielle Informationen – als Ratgeber verpackt
- Horrorstorys aus der Branche – damit können Sie Problembewusstsein schaffen
- Trends Ihrer Branche – so können Sie Innovationen darstellen

Bauen Sie Checklisten ein, die zum Beispiel helfen, gute von schlechten Dienstleistern sowie gute von schlechten Produkten zu unterscheiden. Sorgen Sie dafür, dass bei den Checklisten die Übereinstimmung so gewählt ist, dass sie zu Ihren Gunsten entscheidet. Lassen Sie Referenzen, Kundenstimmen und Bewertungen einfließen. Ein Beispiel: Ein Immobilienmakler stellt fest, dass er bei Hausbesichtigungen immer wieder die gleichen Fragen beantworten muss: Wie ist das mit dem Notar? Wie läuft das mit der Teilungserklärung? Wann erkenne ich, ob ein Haus ein gutes Haus ist? Wie lässt sich eine Bausubstanz überprüfen? Auf welche Haken muss ich bei Verträgen schauen? All diese und viele weitere Fragen fasst der Immobilienmakler in einer Broschüre – circa 50 Seiten dick, ungefähr halb so groß wie ein Buch – zusammen und versieht sie mit einer Schutzgebühr von 5 Euro. Der Erfolg ist umwerfend: Zum einen ist das Heftchen sehr begehrt, da es wichtige Fragen der möglichen Kunden beantwortet. Zum anderen werden die Fragen aber nicht so tiefgehend geklärt, dass die Hilfe des Immobilienmaklers entbehrlich ist. Und vor allem: Der Makler unterscheidet sich nun ganz deutlich von allen anderen seiner Zunft, die keine Broschüre anbieten.

Selbstbewusst wie er ist, baut er in diese Fibel auch eine kleine Checkliste ein mit der Überschrift »So finden Sie den richtigen Makler«. Die Checkliste war dabei so angelegt, dass er mit seinen Dienstleistungen im Vergleich zu allen anderen am besten abschneidet. Da die Broschüre mit einer Schutzgebühr versehen ist, wird sie nach Wohnungs- oder Hauskauf nicht weggeworfen. Sie wissen ja: Menschen, die Häuser bauen oder Wohnungen kaufen, kennen wiederum Menschen, die Wohnungen bauen oder Häuser kaufen – insbesondere im Neubaugebiet. So wird die Fibel nach erfolgreicher Nutzung gerne an andere Interessenten weiterverschenkt. Dadurch ergibt sich ein klassisches Empfehlungsmarketing. Die Krönung ist schließlich die Vorstellung der Broschüre in der regionalen Tageszeitung, für die der Immobilienmakler die Fragen am Lesertelefon beantwortet. So kann er sich und sein Unternehmen in der Zeitung darstellen, bringt seine Broschüre unter die Leute und erhält Anrufe von vielen kaufinteressierten Menschen, die er nicht nur mit seiner Fibel, sondern auch mit seinen Dienstleistungen versorgen kann.

Ich kenne einen Key-Account-Berater, der ein Buch über erfolgreiches Verkaufen in der Investitionsgüterindustrie geschrieben hat. Und was hat das bewirkt?

- Er erhielt im Markt eine hohe Reputation als Experte.
- Seine Kollegen erkannten ihn als einen der systematischsten Verkäufer an.
- Seine Vorgesetzten wurden auf ihn aufmerksam.
- Auch die Marktwettbewerber wurden auf ihn aufmerksam und engagierten Headhunter, um ihn abzuwerben.
- Bei seinen Kunden galt er als geschätzter, wertvoller Partner.
- Durch das Schreiben des Buches hat er viele Zusammenhänge, die von ihm schon immer unbewusst genutzt wurden, nun noch einmal für sich systematisiert und in Prinzipien eingeteilt. Dadurch konnte er seine Verkaufsstrategie und seinen Verkaufserfolg noch weiter verbessern.
- Er hat mit den Bucheinnahmen auch noch Geld verdient.

Wenn Sie vor dem Schreiben zurückschrecken beziehungsweise keine Zeit haben, selbst in die Tasten zu greifen, dann beauftragen Sie doch einen Ghostwriter. In unserer Linkliste im Internet finden Sie dazu einige gute Kontakte ebenso wie gute Adressen, wenn Sie Ihr Buch, Ihre Broschüre günstig in kleiner Auflage drucken möchten.

Vielleicht finden Sie aber auch einen Verlag, der sich für Ihre Idee interessiert. Die meisten Autoren glauben, dass es allein auf die Qualität des Buches ankommt. Das ist – wie schon so häufig an anderer Stelle erwähnt – auch in diesem Bereich nicht ausreichend. Es ist nicht einmal die Eintrittskarte in einen Verlag – kein Wunder angesichts von über 1 000 Buchneuerscheinungen pro Woche. Deshalb benötigt der Verlag zur Einschätzung Ihrer Buchidee und deren Chancen auf dem Markt einige Informationen. Diese sollten Sie sehr sorgfältig zusammenstellen, mit so vielen Angaben, wie es Ihnen zu dem Zeitpunkt möglich ist. Hier einige Hinweise und mögliche Fragen, deren Beantwortung sich lohnt.

Ihr Anschreiben an einen Verlag

Nennen Sie auf jeden Fall:

Ihre Adressdaten Autor(en); Buchtitel; Untertitel; Adresse. Darf die Adresse bei Anfragen an den Verlag, die das Buch betreffen, weitergegeben werden? Darf die Telefonnummer weitergeben werden? Wenn ja, an welche Interessentengruppen (Leser, Journalisten und so weiter?

Angaben zu Ihrer Person Beschreiben Sie auf einem separaten Blatt kurz Ihren beruflichen beziehungsweise wissenschaftlichen Werdegang (Geburtsdatum; Studium; Abschlüsse; bisherige und jetzige berufliche Tätigkeit[en]; Zusatzqualifikationen; Kontakte zu Institutionen). Formulieren Sie einen kurzen Text, in dem alle Stationen Ihres beruflichen Werdegangs genannt sind, die im Zusammenhang mit Ihrem Buch wichtig sind. Dieser Text bildet die Grundlage für die Autoreninformation im Buch selbst sowie in allen Werbemitteln. Listen Sie auch Ihre bisherigen Veröffentlichungen auf.

Exposé zum Buch Beschreiben Sie kurz den Inhalt Ihres geplanten Buches (maximal 30 Zeilen). Sofern möglich, fügen Sie eine Grobgliederung und ein Probekapitel bei. Es ist für den Verlag besonders wichtig zu erfahren, welche speziellen Akzente Sie in Ihrer Darstellung setzen wollen. Verfassen Sie zusätzlich einen Kurztext von maximal acht Zeilen mit der Kernaussage Ihres Buches. Dieser Text wird benötigt, da oft auf knappstem Raum, zum Beispiel in Katalogen oder Sammelanzeigen, etwas über Ihr Buch ausgesagt werden muss.

Der Charakter des Buches Was für ein Buch wollen Sie schreiben? Eine praxisorientierte Darstellung, einen Ratgeber, ein Arbeitsbuch, sonstiges?

Zielgruppe(n) Beschreiben Sie den Leserkreis, an den sich Ihr Buch wendet.

Werbeaussagen für das Buch Formulieren Sie Schlagzeilen, die Ihr Buch in der Werbung mit wenigen Worten charakterisieren können. Nennen Sie das wichtigste Kaufmotiv beziehungsweise Verkaufsargument. Wie würden Sie Ihr Buch in einem kurzen Text für Buchhändler ankündigen? Welchen Text würden Sie sich auf der Rückseite des Buchumschlags vorstellen, um potenzielle Käufer über den Inhalt zu informieren?

Kundennutzen Versetzen Sie sich in die Situation eines möglichen Käufers. Worin liegt der spezielle Nutzen Ihres geplanten Buches für den Leser? Warum soll ein Käufer Ihr Buch anderen Büchern vorziehen?

Angaben zum geplanten Buch Wie viele Seiten mit wie vielen Anschlägen pro Zeile und Zeilen pro Seite planen Sie? Können Sie die ungefähre Anzahl und Art der Abbildungen (Tabellen, Grafiken, Strichzeichnungen, Fotos) nennen? Wissen Sie schon, in welcher Form Sie die Abbildungen liefern werden? Als Datenbestand (in welchem Dateiformat?), als Druckvorlage oder sonstige Vorlage (zum Beispiel Foto, Abbildung aus einem Buch)?

Angaben zum Terminplan Bis wann können Sie Ihr Manuskript im Verlag einreichen? Dabei sollten Sie beachten, dass die Verlage zur internen Kapazitätsplanung eine möglichst realistische Terminangabe benötigen.

Andere Bücher zu Ihrem Thema Gibt es bereits andere Bücher zu dem von Ihnen behandelten Thema? Nennen Sie deren Autor, Titel, Verlag, Umfang, Ausstattung (Taschenbuch oder gebundene Ausgabe, Anzahl der Abbildungen, Fotos und Ähnliches), Erscheinungsjahr, Preis. Wo liegen die Unterschiede zu Ihrem Buch? Gibt es Überschneidungen? Wie können Sie Ihr Buch inhaltlich und konzeptionell von diesen abgrenzen?

Angaben zu Multiplikatoren, Verbindungen und Kontakten Welche Personen und Institutionen könnten zur Verbreitung Ihres Buches beitragen und in welcher Form? Wie sieht Ihr persönliches Netzwerk aus? Können Sie gegebenenfalls Angaben zur Anzahl von Seminarteilnehmern, Kunden, Partnern und so weiter machen? Wie kann dieses zur Verbreitung Ihres Buches beitragen?

Angaben zu Rezensionsmöglichkeiten Nennen Sie besonders geeignete Rezensionsmedien und Rezensenten, Persönlichkeiten, die in der Öffentlichkeit oder in Fachkreisen bekannt sind und für eine Rezension oder ein Vorausurteil in Frage kommen. Geben Sie an, zu welchen dieser Personen Sie direkten und regelmäßigen Kontakt haben und ob Sie diese für eine Rezension gewinnen können.

Angaben zu Vortragsaktivitäten Halten Sie in Verbindung mit Ihrer beruflichen Tätigkeit Vorträge oder Seminare? Stehen Sie dem Verlag für PR-Aktivitäten zur Verfügung? Planen Sie eigene PR- und Marketingaktivitäten? Wenn ja, welche?

Angaben zu Pressekontakten Über welche persönlichen Kontakte zu den Redaktionen oder Fachmedien, die für Ihre Publikation besonders relevant sind, verfügen Sie? Nennen Sie dazu die vollständige, aktuelle Adresse mit entsprechendem Ansprechpartner. Führen Sie auch die Berufs- oder Standesorganisationen, Vereine und Verbände auf, die Ihr Buch ihren Mitgliedern empfehlen können.

Verkaufsaktivitäten Ein Punkt, der von den Autoren meist maßlos unterschätzt und von den Verlagen oftmals nicht ganz so deutlich angesprochen wird, ist der Verkauf. Viele Autoren glauben, dass sich der Markt nun sofort um dieses wunderbare Buch reißen muss und träumen von astronomischen Auflagenzahlen – bei den zahllosen Neuerscheinungen auf dem Buchmarkt ein ehrgeiziger Wunsch. Also ist ein ganz entscheidender Punkt der Verkauf oder die Frage: Was werden Sie alles tun, um den Verkauf des Buches zu steigern? Und auch da kann ein Autor ein enormes Engagement entwickeln, dass dem Verlag mitgeteilt und mit ihm abgestimmt werden muss.

Werden Sie zum Problemlöser!

Was tun Sie, wenn andere Ihnen von einem Problem erzählen? Sie rufen innerlich »Hilfe!« und betonen schnell, dass Sie in diesem Punkt überhaupt nicht weiterhelfen können? Oder bieten Sie Ihre Hilfe an, sei es, indem Sie einen Experten vermitteln oder sich gar selbst als Experte der Problemlösung annehmen? Letzteres wäre das Idealszenario. Sie lösen erfolgreich ein Problem, und – schwupps – haben Sie das nächste Problem auf dem Tisch und immer so weiter, bis Sie genau auf diesem Gebiet zum absoluten Experten avancieren, an dem niemand mehr vorbei kommt.

Sie mögen keine Probleme? Lösen Sie sich von dieser Einstellung – sonst haben Sie nämlich bald ein Problem, und zwar ein großes. Wer Expertenstatus aufbauen möchte, der muss anderen Nutzen bieten – als Problemlöser, als Facilitator. Wenn also jemand mit seinen Fragen zu Ihnen kommt, dann sollten Sie nicht nur ein offenes Ohr haben, Sie sollten auch aktive Problemforschung betreiben.

Stellen Sie sich vor, Sie gingen zu einem Arzt. Kaum haben Sie die Tür zum Behandlungszimmer geschlossen, verpasst er Ihnen eine Spritze in den Allerwertesten mit den Worten: »Das ist gut für Sie! Ich weiß das, ich bin Arzt.« Es würde mich wundern, wenn Sie sich bedankten und glücklich nach Hause gingen. Was gefehlt hat, war natürlich die Diagnose, die so typische Frage: »Wo tut es denn weh?« oder »Wo fehlt es denn?« Nur, wenn Sie wissen, woran es konkret fehlt – und nur dann! –

sind Sie in der Lage, die richtigen Lösungen zu präsentieren. Diese Analyse wird in Netzwerken häufig nicht oder nicht ausreichend durchgeführt. Achten Sie also darauf, erst dann Vorschläge zu unterbereiten, wenn Sie sicher sind, dass diese auch passen.

Wenn Sie sich in dem Bereich der Problemanalyse noch schlauer machen und insbesondere daran arbeiten wollen, Fragen zu entwickeln, die ein hohes Problembewusstsein und damit eine Zustimmungsneigung nach sich ziehen, dann empfehle ich Ihnen mein Buch *30 Minuten für eine gezielte Fragetechnik*. Oftmals stecken ja hinter Symptomen, die besprochen werden, Ursachen, die gar nicht genannt wurden. In guten Gesprächen ist es entscheidend, solche tiefgehenden Fragen zu stellen. Ich bezeichne diese Fragen gerne als Unternehmerfragen. Und je mehr Informationen Sie erhalten, desto mehr Nutzen können Sie stiften.

Es kommt (noch) niemand mit seinen Problemen zu Ihnen? Macht nichts. Dann müssen Sie eben selbst aktiv werden. Ein schönes Beispiel für Problemlösungskompetenz ist die Firma Cartondruck AG, die sich ursprünglich mit dem Bedrucken von Papier für Kartonagen beschäftigte. Deren klassische Zielsetzung war das Bedrucken, Falten und Kleben von Papier, insbesondere als Zulieferer für die Parfumindustrie. Schnell waren die Vergleichbarkeit am Markt und der damit verbundene Preisdruck zu spüren, da es einige Dienstleister gab, die auch Papier bedruckten und sich einen Teil des Kuchens über einen niedrigeren Preis sichern wollten. So hat sich Cartondruck die Frage gestellt, welche Sorgen oder Nöte Hersteller von Parfums und Luxuskosmetika haben.

Und was lässt einen Hersteller nachts nicht schlafen? Der Bereich Verpackung, Zusatzverpackungen und Logistik! Zusätzlich wurde ein so genannter Self-selling-Carton erträumt, der sich und das Produkt quasi selbst verkauft, da die Verkäuferinnen und Verkäufer immer weniger Zeit haben. Die Firma Cartondruck untersuchte daraufhin weitere Nöte einer Parfümerie. Klassisches Problem ist die dünne Personaldecke und die daraus resultierenden Zeitprobleme insbesondere beim Einpacken von Geschenken. So kristallisierte sich schnell heraus, dass eine Parfümerie eine Schachtel benötigt, die in zwei Sekunden fix und fertig ist, zur Verschönerung bedarf es einer »Fix-und-fertig-

Schleife«. Das Einpacken kann so auch von Mitarbeitern ohne besondere ästhetische Fähigkeiten übernommen werden. Obendrein lässt sich alles auf engstem Raum lagern. Aufgrund dieser immer intensiveren Suche nach dem Kundenproblem und dem Problem der Kunden konnte sich die Cartondruck AG zum Weltmarktführer entwickeln. Sie verlangt heute aufgrund des hohen Problemlösungsansatzes Preise, die eine weitaus höhere Marge ermöglichen.

Oder kennen Sie das Schlüsseldienstprinzip? Es ist wie das Ei des Kolumbus. Oftmals haben wir in Gesprächen fantastische Ideen und kaum sind diese ausgesprochen, reagiert unser Gegenüber mit Aussagen wie: »Na, da wären wir ja auch selbst drauf gekommen« oder »Gar nicht schlecht, die Idee, gibt es noch bessere?«. Gerade, wenn Ihre (Dienst-) Leistungen nicht immer zum Anfassen sind, greift dieses Prinzip – das auch gerne das »Prinzip der kurzen Freude« genannt wird –, denn es besagt Folgendes: Der Wert einer Dienstleistung sinkt mit dem Zeitpunkt ihrer Erbringung.

Das klingt für Sie unvorstellbar? Hier ein ganz alltägliches Beispiel: Stellen Sie sich vor, Sie kommen abends nach Hause und merken, dass Sie beim Verlassen des Hauses einfach die Tür hinter sich zugezogen haben, der Schlüssel ist im Haus. Es gibt keine Möglichkeit für Sie, hineinzukommen. Also rufen Sie den Schlüsseldienst an. Dieser kündigt sein Kommen und eine damit verbundene Rechnung in Höhe von 180 Euro an. Was bleibt Ihnen übrig? Sie stimmen zu. Nun trifft der Schlüsseldienst ein, öffnet mit einem Dietrich innerhalb von einer halben Minute die Tür und kassiert 180 Euro. Sie stehen fassungslos daneben und beziffern den Stundenlohn Ihres »Retters« auf 21 600 Euro. Das sind Situationen, in denen es – aus Sicht des Schlüsseldienstes – wichtig ist, den Wert der Leistung vorher festzulegen. Denn wenn Sie erst in der Wohnung sind, ist der Wert der Dienstleistung für Sie bereits viel geringer.

Ein Mitarbeiter eines Pharmazieunternehmens hatte einmal eine wirklich herausragende Idee, als es um einen neuen Produktnamen für eine Markteinführung ging. Hätte er seine Idee einfach so erzählt – sie wäre wahrscheinlich schlicht umgesetzt worden. Er stellte jedoch – die unschlagbare Idee im Hinterkopf – die Frage: »Angenommen, ich finde eine Idee, die uns wirklich zur Marktführerschaft bringt, was ist Ihnen diese Idee wert?« Die Antwort fiel vielversprechend aus, und unser Ideenlieferant ist mittlerweile mehrfacher Millionär.

Denken Sie also bitte bei allen Lösungsvorschlägen daran, die entscheidenden Werte vorher klar zu kommunizieren, die Wertschätzung des Gegenübers zu erfragen und aufzuzeigen. Dies kann beispielsweise durch folgende Fragen geschehen:

- Was ist Ihnen eine Lösung des Problems wert?
- Wie wichtig ist Ihnen eine Idee?
- Welche Bedeutung messen Sie dieser Situation bei?

Machen Sie von sich reden

Liebe Leserin, lieber Leser, eins ist klar: Sie müssen gute Arbeit leisten, damit Sie mit Networking reich an Erfolgen werden. Und Sie müssen dafür Sorge tragen, dass Ihre Leistung und Sie selbst sichtbar werden. Wie Sie sich ein Profil geben und sich als Experte positionieren, habe ich Ihnen nun erklärt. Doch es nützt wenig, gut zu sein, wenn niemand das weiß. Und ebenso wenig ist es hilfreich, besser zu sein, wenn andere sich einträglicher verkaufen. Das hat nichts mit großspurigem Auftreten zu tun. Es geht nicht darum, dass Sie alles tun müssen, um sich in den üblichen Abteilungsmeetings oder bei Kundengesprächen hervorzuheben.

Es geht vielmehr darum, neue und andere Aktionsplätze zu finden. In einem Team mit lauter ehrgeizigen Kollegen versucht jeder, den Vorgesetzten zu beeindrucken. Potenzielle Kunden werden in einer wettbewerbsintensiven Branche am Telefon stets mit großen Versprechen umworben. Immer noch besser sein zu wollen, erfordert viel Energie.

Eine kreativere Leistung jedoch ist es, zu überlegen, wo es jenseits der typischen Schauplätze gelingen kann, mit Kunden oder wichtigen Mitarbeitern in Kontakt zu kommen. Diese Schauplätze nenne ich »Bühnen«. Wenn Sie diese Bühnen erst einmal für sich entdeckt haben, wird es Ihnen sicher viel leichter fallen, sich ins rechte (Rampen-) Licht zu setzen.

Anlässe, Gelegenheiten, Bühnen

Eine Möglichkeit, Menschen kennen zu lernen und sich sowie seine Kompetenzen darzustellen, sind Medienberichte, Interviews, aber vor allem Veranstaltungen und Vorträge. Diese Veranstaltungen und Gelegenheiten gehören zu dem, was ich als »Bühnen« bezeichne. Das muss nicht heißen, dass Sie selbst auf diesen Podien stehen und etwas tun. Sie können auch am Bühnenrand die Chance nutzen, sich zu präsentieren. Dies nenne ich »Bühnen besuchen«. Sie können sich aber auch Ihre eigene »Bühne bauen«, auf der Sie dann im Rampenlicht stehen. Dies ist gewinnbringend, aber auch mühevoller. Der Königsweg, den ich Ihnen präsentieren möchte, heißt, bestehende »Bühnen zu erobern«.

Wie Sie Bühnen besuchen

Wie wichtig es ist, die richtigen Veranstaltungen zu besuchen, darauf habe ich schon in Kapitel 4, »Wie Sie die richtigen Leute kennen lernen«, hingewiesen. In dem Sinne, dass es darum geht, die eigene Kompetenz darzustellen, sich als Experte zu positionieren, verstehe ich diese Veranstaltungen und gesellschaftlichen Anlässe als Bühnen. Besuchen Sie diese Podien nur – dann stehen andere im Rampenlicht. Trotzdem können Sie die Gelegenheiten nutzen – weil oftmals diejenigen, die umringt von Dutzenden von Interessierten überfordert im Mittelpunkt stehen, gar nicht mehr auf jeden Einzelnen eingehen oder alle Wünsche erfüllen können.

Lassen Sie uns im Folgenden ein bisschen näher auf Bühnenbesuche eingehen und dabei zwischen Veranstaltungen unter Gleichgesinnten, Veranstaltungen von Wettbewerbern und Veranstaltungen von komplementären Zielgruppen unterscheiden.

Veranstaltung unter Gleichgesinnten

Zu dieser Gattung zählen beispielsweise Veranstaltungen Ihres Unternehmens, bei denen Sie einfach als Mitarbeiter auftreten. Dies ist sehr sinnvoll, um sich »sehen zu lassen«, weitere Kontakte zu knüpfen und auf dem Laufenden zu bleiben.

Bitte gehören Sie, was die Zeit des Zu-Bett-Gehens angeht, nicht zu den Anständigen und Braven. Ich habe früher immer geglaubt, ein besonders gutes Vorbild abzugeben, indem ich frühzeitig nach Hause gehe. Ich dachte, dass es einen besseren Eindruck macht, wenn ich nicht nachts an der Bar stehe, sondern am nächsten Morgen pünktlich, ausgeschlafen und fit im Büro erscheine. Am nächsten Tag habe ich mich dann immer gewundert, wie viele neue Informationen es gab und warum so viele Projekte plötzlich schon aufgeteilt, besprochen und erste Schritte vereinbart waren. Klar, während ich im Bett die Schäfchen zählte, wurden an der Bar beim Bier Interna ausgetauscht, gemeinsame Projekte besprochen und Aufgaben verteilt. Auch wenn die »Bar-Gespräche« nicht jedes Mal so weit gehen, so bietet sich Ihnen auf Firmenveranstaltungen eine gute Gelegenheit, sich auch mit Leuten aus anderen Abteilungen und in höher gestellten Positionen zu unterhalten. Auf diese Weise können Sie interessante Informationen sammeln über die aktuellen Themen in der Firma, die Ihnen in der Zusammenarbeit hilfreich sein können.

Oder Sie gehen als Rechtsanwalt auf einen Kongress für Rechtsanwälte. Dann haben Sie ebenfalls die Möglichkeit, sich »upzudaten«, Neues zu lernen, sich auszutauschen und Kooperationen zu schmieden. Gehen Sie aber nicht immer auf Veranstaltungen von Ihresgleichen! Zumindest dann nicht, wenn Sie andere Ziele anstreben.

Entscheiden Sie bei der Auswahl Ihrer Aktivitäten nach folgenden Kriterien:

- Ist mir die inhaltliche Kompetenz der Veranstaltung wichtig?
- Ist mir die inhaltliche Kompetenz der Tagungsteilnehmer wichtig?
- Sind mir die Kontakte zu den Initiatoren, Akteuren oder Teilnehmern wichtig?

Wenn Sie als Rechtsanwalt nach Kunden suchen, dann werden Sie auf einem Fachkongress zwar kaum fündig, doch Sie können andere Anwälte mit anderen Spezialgebieten finden, mit denen Sie kooperieren können.

Veranstaltung von Wettbewerbern

Nicht ungefährlich, dafür aber mehrfach lohnend können Veranstaltungen Ihrer Wettbewerber sein. In vielen Branchen ist es üblich, dass Wettbewerber zu ausgewählten Veranstaltungen eingeladen werden. Meist wird damit versucht, Souveränität auszudrücken, über deren hohen Preis sich viele nicht im Klaren sind. Und selbst wenn sie nicht eingeladen sind, können sich Wettbewerber inkognito auf die Einladungsliste setzen lassen. Für einen befreundeten Berater ist es immer wieder ein Vergnügen, sich mit seiner zweiten Identität als Händler auf die Gästelisten diverser Institute setzen zu lassen und deren Vorstellungen und Präsentationen zu genießen. Ich werde nie vergessen, wie ich als 18-Jähriger zu einer Veranstaltung in einer BMW-Niederlassung eingeladen worden war. Noch bevor der Inhaber des Autohauses, umringt von Interessenten und Mitarbeitern, auf der Bühne seine Grußworte ausgesprochen hatte, war es dem ebenfalls eingeladenen Besitzer der Ford-Niederlassung tatsächlich gelungen, in aller Ruhe und Gemütlichkeit bereits drei seiner Autos zu verkaufen. Ich saß daneben und staunte.

Veranstaltung komplementärer Zielgruppen

Als ich vor vielen Jahren mein erstes Seminar zur Persönlichkeitsentwicklung gab, bauten wir das Seminar über zwölf Abende in zwölf Wochen auf, damit ein langfristiger und nachhaltiger Erfolg sichergestellt werden konnte. Damals war es üblich, dass man nach dem dritten Abend die Teilnehmeradressen »rundgehen« ließ. Von diesem Tag an fehlten immer einige Teilnehmer. Ich habe das natürlich stets sehr selbstkritisch gewertet, insbesondere, da diese Teilnehmer oft schon als Wiederholer in dem Seminar waren. Bis ich realisierte, dass diese speziellen Teilnehmer meine Seminare gar nicht zwei- oder dreimal besuchen wollten, sondern schon nach den ersten Abenden ihre Ziele erreicht hatten. Es ging ihnen dabei weniger um Trainings-, sondern vielmehr um Adress- und Kontaktziele. Einige Branchen waren so von den Teilnehmern und den Möglichkeiten, die diese boten, begeistert, dass sie nach den ersten Abenden und den ersten Gemeinsamkeiten das Gefühl des Vertrauten nutzten und mit diesem »neuen Adresspool« sowie dem »positiven Vorurteil« die Teilnehmer direkt für ihre Dienstleistungen akquirierten. Eine äußerst ertragreiche Strategie, wie mir später bestätigt wurde.

Auch einen Messebesuch kann man kurz und dennoch sehr effektiv gestalten: Sie gehen zum Informationsstand, besorgen sich dort das Ausstellerverzeichnis und versorgen von Ihrem Büro aus in aller Ruhe potenzielle Partner, Kunden oder Kontaktpersonen mit Informationen, Angeboten beziehungsweise Kooperationsvorschlägen.

Viele spannende Veranstaltungen verlangen als einzige Zutrittsvoraussetzung eine Eintrittsgebühr. Wann und wo solche Veranstaltungen stattfinden, ist sicherlich leicht im Internet zu recherchieren (insbesondere mit unseren Tipps in dem Abschnitt über Suchmaschinen). Die Anmeldeformulare gibt es meist als PDF-Datei zum Herunterladen. Manche empfehlen, sich im Zweifelsfall unter dem Deckmantel einer anderen Branche anzumelden. Ich persönlich halte es mit der Ehrlichkeit und würde so etwas nie tun. Da ich jedoch noch einige weitere Unternehmen besitze, komme ich auch nie in die Verlegenheit, einmal nicht die richtige Branche zu haben, ohne die Unwahrheit zu sagen. Ich halte es mit dem Grundsatz: Sage stets die Wahrheit, aber nicht alle Wahrheiten, die du kennst.

Bei Veranstaltungen, die nicht mit Geld zu bezahlen sind, nutzen oftmals Anrufe der Assistentin oder des Assistenten, um sich auf die Gästeliste setzen zu lassen beziehungsweise die Strategie eines Freundes, der sich mit dem Presseausweis der Fachjournalisten zu fast jedem Event Zutritt verschafft. Und zu den kostenpflichtigen auch noch mit freiem oder zumindest vergünstigtem Eintritt dazu. Einen solchen Presseausweis, zum Beispiel vom Deutschen Fachjournalisten-Verband e. V., erhalten Sie natürlich nur, wenn Sie tatsächlich journalistisch tätig sind. Wobei Sie – je nach Definition – schon dann einen Tätigkeitsnachweis erbracht haben, wenn Sie für die Hauszeitschrift Ihres Unternehmens einen Artikel geschrieben haben – was Sie sowieso unbedingt tun sollten!

Doch Sie sollten nicht zu viel Zeit am Bühnenrand verbringen. Da viele

Menschen ungern im Mittelpunkt stehen, ist es manchmal schwieriger und aufwändiger, einen Platz am Rand zu ergattern als auf der Bühne selbst.

Wie Sie Bühnen bauen

Warum sich bemühen, einzelne als Zuhörer zu gewinnen, wenn Sie das ganze Publikum für sich haben können? Doch viele Menschen werden schon bei der Vorstellung, auf einer Bühne zu stehen, nervös. Denken Sie daran: Das mit den Bühnen ist nicht wörtlich gemeint. Es können große Vorträge, aber auch kleinere Veranstaltungen, Workshops oder Talkrunden sein. Sie sollen lediglich Ihr Wissen weitergeben. Zu den Bühnen gehören nicht nur Vorstellungen, Präsentationen und Vorträge, sondern auch Artikel, Presseberichte und Bücher. In vielen Lokalblättern stoßen Sie auf offene Ohren, wenn Sie einmal andere Themen zu bieten haben als die Tagesordnungspunkte der ortsansässigen Vereine. Eine Bekannte von mir beispielsweise wollte spezielle Mutter-Kind-Kurse anbieten. Sie trat mit der Presse vor Ort in Kontakt, wurde zum Konzept interviewt und bekam kostenlos einen halbseitigen Artikel mit Bild. Neben vielen Anmeldungen erhielt sie auch einige beunruhigte Anrufe von Mitbewerbern. Wenn es so weit ist, können Sie sich darüber richtig freuen!

Als Redner wollte ich unbedingt einmal bei dem damaligen Marktführer im Bereich Weiterbildung gelistet sein. Es war ein ungeschriebenes Gesetz, dass man es geschafft hatte, wenn man dort einmal »auftreten«, also ein Seminar geben oder einen Vortrag halten durfte – ganz unabhängig von den vielen Folgeaufträgen, die nicht nur durch die Veranstaltung selbst, sondern ebenfalls durch die aktive Vermarktung im Vorfeld hervorgingen. Und tatsächlich war es eines Tages so weit. Nach einem persönlichen Gespräch konnte ich meine Daten, Seminarinformationen und Fotos für den nächsten Katalog bereitstellen. Wunderbar.

Es herrschte schon freudige Stimmung in unserem Büro, als ich kurz vor Druckschluss erfuhr, dass man sich kurzfristig für einen anderen

Referenten entschieden hatte. Der PR-Berater Hans-Jochen Fröhlich (www.froehlich-pr.de) brachte mich in meinem Ärger auf einen ganz neuen Gedanken: selbst eine entsprechende Organisation zu gründen und verschiedene Referenten zu verpflichten: »Wenn die dich nicht nehmen, dann mach es doch selbst.« Zugegeben, unter normalen Umständen hätte ich ihn für verrückt erklärt, aber in der adrenalingetränkten Stimmung entschloss ich mich, es auszuprobieren und: Das Ergebnis machte richtig Spaß! Nur zwei Jahre später hatten wir mit »Unternehmen Erfolg« die Marktführerschaft übernommen und durch gute Kooperationen mit Verlagen unsere eigenen Bühnen gebaut.

Es gibt viele gute Gründe, eigene Bühnen zu bauen. So können Sie dies zum Beispiel direkt im Umfeld Ihrer Kunden tun, den Zeitpunkt und vor allem auch den Ort selbst bestimmen. Sie nehmen Ihr Glück selbst in die Hand, sind für den Erfolg (freilich auch für etwaige Misserfolge) selbst verantwortlich und geraten nicht in irgendwelche Abhängigkeiten.

Ein Weinhändler kann Weinproben, Weinseminare und Weinfahrten veranstalten, ein IT-Spezialist führt Kundenveranstaltungen durch, auf einer Firmenveranstaltung werden Innovationen gezeigt. Es gibt viele Möglichkeiten, Ihnen als Experte eine Bühne zu bauen. Gute PR-Arbeit ist dabei wichtig, also sollten Sie einen guten Draht zu den für Sie relevanten Medien aufbauen und sich regelmäßig darüber Gedanken machen, welche Themen für die Presse, den regionalen Radiosender oder die Fachzeitschrift interessant sein könnten. Spannend kann nicht nur ein neuer Auftrag, sondern auch eine besondere Arbeitstechnik sein – oder Ihre Tipps, die Sie in Form eines kleinen Ratgebers veröffentlicht haben.

Die sicher anspruchsvollste Art des Bühnenbaus ist die Organisation einer Veranstaltung. So können Sie in Sachen Networking Sog statt – wie in der Kaltakquise – Druck erzeugen. Wenn Sie das noch nie gemacht haben – mein Tipp: Fangen Sie zunächst klein an! Laden Sie ausgewählte Menschen zu einem Vortrag, einem Seminar ein. Sammeln Sie zunächst Erfahrungen im kleinen Rahmen, bevor Sie sich an große Projekte wagen.

Doch ob kleines oder großes Event: Die Dramaturgie der Veranstaltung und der gesamte Ablauf sollten darauf ausgerichtet sein, Kontakte zu knüpfen und zu vertiefen sowie Ihre Kompetenz darzustellen. Deutlich werden muss auch das Prinzip »Networking als Lebensphilosophie«. Oftmals ist es hilfreich, eine Veranstaltung durch zusätzliche Themen oder Redner zu bereichern, um eine größere Anzahl von Teilnehmern anzusprechen. Dann können besondere Attraktionen, Vorführungen oder Veranstaltungsorte sinnvoll sein. Gerne werden begehrte Redner gebucht. Adressen über entsprechende Redneragenturen finden Sie in unserer Linkliste im Internet.

Event-Profis berauschen sich übrigens nicht an möglichst hohen Teilnehmerzahlen, sondern überlegen sorgfältig, wie viele neue Interessenten sie mit ihrer Servicemannschaft überhaupt kontakten und persönlich betreuen können. Erfolg verspricht beispielsweise, 70 interessante Multiplikatoren einzuladen und diese wertvollen Kontakte mit einem Team von zehn Repräsentanten des eigenen Unternehmens in kleinen Gruppen von sieben Personen individuell zu betreuen. Dies bringt im Ergebnis sehr viel mehr als eine Veranstaltung mit vielleicht 200 Teilnehmern, bei denen die interessanten 70 Multiplikatoren in der großen Menge untergehen.

Event-Profis ist klar, dass sie mit jedem neuen Interessenten ein so ausführliches Kontaktgespräch führen, dass sich daraus anschließend ein konkreter Ansatzpunkt für die weitere Kommunikation ergeben kann. Der gesamte Zeitablauf des Events wird auf die Durchführung dieser Kontaktgespräche hin optimiert.

Natürlich sollten Sie die Kontakte, die Sie knüpfen und vertiefen konnten, systematisch nachbereiten. Sie sollten sich aber auch um die bemühen, die zwar eingeladen waren, aber nicht kommen konnten. Bei den Nachfassaktionen sollten Sie unterscheiden zwischen

- Kunden,
- Interessenten und
- Journalisten.

Kunden und Interessenten, die erschienen sind, erhalten zum Beispiel ein Dankschreiben. Oder Sie senden ihnen umgehend während der Veranstaltung versprochene Unterlagen zu. Bei einem Nachfasstelefonat können Sie Termine vereinbaren und die Kontakte weiter vertiefen. Viele Hinweise dazu haben Sie ja bereits in Kapitel 2, »Wie Sie Kontakte pflegen, die Sie bereits haben«, und Kapitel 3, »Wie Sie Kontakte pflegen, die Sie (noch) nicht haben«, erhalten. Kunden und Interessenten, die nicht erschienen sind, sollten Sie mit Informationen über Vortragsinhalte versorgen und anschließend telefonisch oder schriftlich Kontakt aufnehmen.

Journalisten, die erschienen sind, erhalten beispielsweise einen Dankeschönbrief für ihren Besuch sowie eine Pressemappe mit Zusammenfassung, Nachbericht, Stimmen der Gäste und Fotos. Journalisten, die nicht erschienen sind, senden Sie ein Anschreiben, das Verständnis zeigt, mit dem Tenor: »Vielleicht sehen wir uns das nächste Mal bei unserer Veranstaltung XX. Damit Sie sich ein Bild über unsere Veranstaltung machen können, erhalten Sie beiliegend …« Auch sie erhalten die gesamte Pressemappe mit Pressetexten und Fotos.

Im Event-Abschlussbericht werden alle Erfahrungen zusammengefasst. Eine Nachbesprechung erleichtert die letztendliche Beurteilung, die Erfahrungen können für Folgeveranstaltungen genutzt werden. Ein Rückmeldebogen mit Adresse und Newsletter-Bestellmöglichkeit sowie Anmeldemöglichkeit für die nächste Veranstaltung sind selbstverständlich.

Im Abschlussbericht sollten folgende Kriterien abgehandelt werden:

- Anzahl der Gäste
- Erfolgskennzahlen
- Auswertung der Interessenten nach Herkunft, Wirtschaftszweig, beruflicher Stellung
- Interessenschwerpunkte der Gäste
- Resonanz auf Besucherwerbung
- Presseresonanz
- Kostennachkalkulation
- Kritik und Anregungen zu Gestaltung, Wirkung, Organisation und Personaleinsatz des Events
- Empfehlungen für Folgeveranstaltungen – zum Beispiel ein Abendessen

Apropos Abendessen: Zeit, auf mein großes Projekt, den Besuch von Bill Clinton, zurückzukommen. Wir hatten mit dieser Veranstaltung im Vorfeld durchaus Probleme. Vom Zeitpunkt der Zusage Bill Clintons bis zu dem Zeitpunkt des Events hatten wir insgesamt nur gute sechs Wochen Zeit. In manchen Unternehmen dauert die Entscheidung über das Titelmotiv eines Prospektes länger. Wir dagegen mussten nicht nur einen Prospekt entwerfen, drucken und versenden, sondern eine komplette Veranstaltung organisieren und verkaufen. All dies wäre ohne meinen Freund und Trainerkollegen Jörg Löhr, den ich mittlerweile als Veranstaltungspartner gewinnen konnte, nicht möglich gewesen.

Immerhin hatten wir inzwischen interessante Referenten gewinnen können, darunter Prof. Löhn, Präsident der Steinbeis-Stiftung. Zugesagt hatten auch Sandra Maischberger, Thomas Koschwitz, die No Angels und die Klitschko-Brüder. Die günstigste Karte für diese Veranstaltung, die immerhin einen guten halben Tag lang dauern sollte, kostete 69 D-Mark, also rund 35 Euro. Unser erklärtes Ziel war es, 5 500 Teilnehmer zu gewinnen. Dieses Vorhaben erwies sich jedoch zunächst als schwierig.

Dennoch wollten wir den Preis pro Karte aber nicht rabattieren. Schließlich ist die Chance, dass sich Kunden anmelden, nachdem man verkündet hat, dass die Karte jetzt nur noch 59 oder 49 D-Mark kostet, nicht wirklich größer als vorher. Die Konsequenz: Wenn die Karten nicht günstiger werden konnten, dann mussten sie eben teurer und mit einem Zusatzwert versehen werden. Wir fragten Präsident Clinton, ob er nicht nur einen Vortrag halten wolle, sondern auch bereit wäre, einige Fotos von sich machen zu lassen und dann mit uns gemeinsam zu Abend zu essen. Zu unserer Überraschung stimmte er beidem zu, auch den Fotos – mit der Bedingung, dass maximal 150 Personen in 19 Minuten oder weniger fotografiert werden sollten. Man kann dem 42. Präsidenten der USA schlecht sagen: »Sorry Mr. President, der Film ist gerade voll, können Sie ein bisschen warten?« Das Ganze musste also sehr schnell gehen. Wir orderten drei Fotografen.

Unsere neue Strategie war, für die Veranstaltung plus Abendessen mit Bill Clinton plus Händeschütteln mit Bill Clinton plus Foto mit Bill Clinton nicht mehr 69 D-Mark, sondern 3 500 D-Mark zu verlangen.

Und siehe da, in dieser Konstellation war die Nachfrage erheblich größer, und die Veranstaltung, zumindest die vorderen Plätze, war innerhalb von zwei Tagen ausverkauft.

Das vorweg: Die Veranstaltung brachte 197 Presseberichte und viele Kontakte, die nicht mit Geld zu bezahlen sind. Sicher kannten nach diesem Event ein paar mehr Menschen meinen Namen als zuvor, darunter auch viele interessante Prominente. Und ich hatte einen neuen Untertitel, mit dem ich seither gut leben kann: »Scherer? Das ist doch der, der Clinton nach Deutschland holte.«

Eines ist Ihnen sicher klar geworden – in das Bühnen bauen müssen Sie Zeit und nicht selten viel Geld investieren. Sie müssen sich mit Fragen herumschlagen, wie zum Beispiel, in welcher Form die Stühle zu stellen sind, wann die Mikrofonprobe beginnen kann oder ab wann die Getränke bereitgestellt werden sollen. Ganz zu schweigen von den größeren und kleineren Unvorhersehbarkeiten, die es immer gibt. Damit verbunden ist auch die Frage nach einem etwaigen wirtschaftlichen Risiko: Wird sich die Veranstaltung unterm Strich tatsächlich für Sie rechnen? Viele Ungeübte sind mit einer solchen Organisation so gefordert und überfordert, dass sie am Tage der Veranstaltung eher mit der eigenen Erschöpfung kämpfen, statt einen guten Vortrag zu halten, geschweige denn die Veranstaltung genießen zu können.

Es gibt gute Gründe, eine Bühne selbst aufzubauen. Sie sollten sich aber gut überlegen, wie viel Sie von der damit verbundenen Arbeit an Spezialisten abgeben können. Es gibt viele Agenturen, die enorme Erfahrung mit der Organisation von Events aller Art haben. Das investierte Geld könnte sich für Sie in zweifacher Hinsicht lohnen: Ihre Veranstaltung wird zu einem wirklich gelungenen Ereignis, und Sie haben Zeit für das Wesentliche – für wirklich wichtige Kontakte.

Wie Sie Bühnen anderer erobern

Während Sie also, wenn Sie eine eigene Bühne bauen, Ihre Zielgruppe zusätzlich erkennen und erobern müssen, kann es natürlich viel einfacher, schöner und wirtschaftlicher sein, darauf zu schauen, wer schon zentraler Ansprechpartner Ihrer Zielgruppe ist. Die Bauinnung bündelt bereits die Bauunternehmer der Region, und im Bundesverband Junger Unternehmer finden Sie viele junge Existenzgründer. An Hochschulen mit Executive-MBA-Studenten erreichen Sie die engagierten Führungskräfte von morgen, und in internationalen Studiengängen dürfen Sie mit sprachbegabten Absolventen rechnen. Eine regionale Bank ist oftmals »Besitzer« von zahllosen Kontakten zu regionalen Unternehmen, und manche Steuerberatungsbüros zählen interessante mittelständische Unternehmen zu ihrem Kundenstamm. Ein Fitness-Studio ist unter anderem Ansprechpartner von figurbewussten, sportbewussten oder abnehmwilligen Personen, während die Teilnehmer am Kochkurs der Volkshochschule eher ein Interesse an Essen und Kochen mitbringen.

Im Gesundheitsbereich könnte es sein, dass Sie ein ergänzendes Angebot für die spezifische Zielgruppe von Reha-Kliniken anzubieten haben, das Sie dort vorstellen dürfen: sei es die Arbeitserleichterung für den gestressten Manager oder das Ernährungsprogramm für Schwergewichtler. Als Angestellter könnte Ihre Zielgruppe in einer anderen Abteilung sitzen, in der Sie gerne arbeiten würden. Dann könnte Ihre Bühne deren Abteilungsmeeting sein. Sehen Sie Ihre Zielgruppe vor allem auf Managementebene, dann gibt es vielleicht eine Chance, sich mit einem kleinen Vortrag (oder zumindest einer interessanten Frage) auf der Quartalsversammlung zu präsentieren.

Sollten Sie noch auf der Suche nach einer Zielgruppe sein, so können folgende Fragen helfen:

- Welche homogenen Teilzielgruppen finde ich bereits in meiner Kundenkartei? Mein Tipp: Bilden Sie Ihr Geschäft nicht um die Kunden, die Sie bereits haben, sondern bauen Sie Ihr Geschäft in einer Weise aus, dass Sie die Kunden anziehen, die Sie gerne haben möchten.
- Welche dieser Teilzielgruppen gehören zu einer Kommunikationsgemeinschaft?
- Welchen dieser Zielgruppen kann ich überzeugenden Nutzen bieten, auch im Verhältnis zu meinen Mitbewerbern?
- Mit welchen dieser Zielgruppen komme ich am besten zurecht?

- Mit welchen Zielgruppen möchte ich am liebsten arbeiten?
- Welche speziellen Problemlösungserfahrungen oder -verfahren habe ich?
- Worauf möchte ich mich aufgrund meiner Interessen und Neigungen am liebsten spezialisieren?
- Welche brennenden Kundenprobleme oder Bedürfnisse wurden bislang nicht optimal gelöst?
- Welche brennenden Probleme konnte ich bisher hervorragend lösen?
- Wo habe ich bereits spezielle Kontakte zu Multiplikatoren gefunden?

Einleuchtend ist, dass ein Zielgruppenbesitzer auch mehrere Zielgruppen anspricht, die durchaus unterschiedlich sein können. So können Sie einen Vortrag auf einem Sekretärinnenkongress aus mehreren Gründen halten: Sie haben wichtige Informationen für Sekretärinnen, weil Sie Lösungen fürs Büro anbieten und damit Experte für Büromanagement sind. Oder Sie organisieren Tagungen und Reisen und haben Informationen sowie Leistungen dazu. Oder Sie sind Anbieter von Kaffeemaschinen und wollen sich durch diese Tür einen Eintritt in diverse Unternehmen verschaffen.

Gleich noch ein Hinweis, wie Sie Ihre Vorträge gestalten sollten. Es wäre wenig sinnvoll, für eine neue Kaffeemaschine einen Vortrag auf dem Sekretärinnenkongress zu halten mit dem Titel »Die neue Kaffeemaschine XLR 7000i ist da«. Wenn Sie tatsächlich nur die Maschine zeigen wollen, dann kann ausreichen, wenn Sie dieses wunderbare Produkt im Vorraum zum Kongress demonstrieren oder Sponsor der Kaffeepause sind. Wollen Sie aber den Versuch wagen – den übrigens viele erfolgreich nutzen –, durch die »kalte Küche« zu gehen, dann könnte Ihr Vortragstitel lauten:

- So punkten Sie beim Chef (nicht nur mit hervorragendem Kaffee)
- Tipps und Tricks zur effektiven Organisation im Büro von A wie Ablage bis Z wie Zubereitung von Kaffee
- Neue Trends in der Versorgung von Büro und Besprechung

Logisch, dass Sie in allen drei Fällen ein wenig mehr erzählen müssen, als nur die Vorteile der XLR 7000i aufzulisten. Die sollte sowieso nicht im Vordergrund stehen. Denn Kunden kaufen ja kein Produkt, sondern die Lösung eines Problems. Darum sollte Ihr Vortrag neben einer Vielzahl anderer Tipps und Tricks je nach Vortragstitel auch den Bedarf dafür schaffen, also die Dramaturgie der Situation ohne Lösung beschreiben, damit der Wunsch nach der Lösung geweckt und die damit verbundene Aktion auch durchgeführt werden.

Nun ist es nicht so, dass Sie künstliche Wünsche erzeugen müssen. Vielfach sind sich die Leute ihres Bedarfs aber gar nicht bewusst. Wie an anderer Stelle schon beschrieben, werden Präsentationen von einer Vielzahl von Zuhörern als langweilig oder einschläfernd beschrieben. Die Tatsache, dass im Durchschnitt nur 16 Prozent ein positives Votum abgeben, könnte den einen oder anderen Präsentationshalter stutzig machen. Vielleicht hat er sich bis dato nicht viele Gedanken über seine Präsentation gemacht und den Fokus auf den Inhalt gelegt. Da am Schluss immer alle brav applaudiert haben, kann die Präsentation ja gar nicht so schlecht gewesen sein. Wenn Sie Ihren Zuhörern nun aber eine ungeschminkte Rückmeldung über diese Zahlen geben, dann werden Sie sicher mehr Resonanz auf Ihr Präsentationstraining erhalten, als wenn Sie dieses, ohne vorher den Bedarf zu wecken, vorgestellt hätten.

Eine Sekretärin können Sie von den Vorzügen einer neuen Kaffeemaschine im Büro sicher eher überzeugen, wenn Sie sie bitten, sich an Situationen zu erinnern, in denen sie zuvorkommend und schnell bedient wurde und das Produkt ihren Vorstellungen entsprach, und an Situationen, in denen das nicht der Fall war. Daran wird oft schon deutlich, wie sehr eine Stimmung und Atmosphäre durch solche Rahmenbedingungen beeinflusst werden kann. Und dass es deshalb sehr wohl einen Unterschied macht, ob man einen wohlschmeckenden Kaffee in kurzer Zeit einschenken kann oder ob der Brühvorgang erst zur Mitte des Meetings abgeschlossen ist.

Wenn Sie auf die Suche nach potenziellen Zielgruppenbesitzern gehen, hier eine kleine Hilfestellung. Fündig werden können Sie etwa bei

- Handels- und Handwerkskammern sowie Berufsverbänden,
- Banken, Sparkassen und Versicherungen,
- Bildungsinitiativen und Seminarveranstaltern,

- Business-Clubs, Service-Clubs, exklusiven Zirkeln und nationalen Gesprächskreisen,
- Gemeinden und Volkshochschulen,
- Golf- und Sportclubs,
- High-Potential-Clubs und Netzwerken,
- Industrie-Clubs und Industriellenvereinigungen,
- Initiativen und politischen Vereinigungen,
- kirchlichen Institutionen und Krankenhäusern,
- Management- und Marketing-Clubs,
- Mitarbeiterveranstaltungen,
- Radiosendern,
- Schulen (Berufsschulen) und Universitäten,
- Strukturvertrieben und Verwaltungen oder
- Verbänden und Vereinen.

Potenzielle Bühnen sind Firmeneröffnungen, Firmenevents, Messen und Hausmessen, Seminare, Tagungen, Sponsoring, so genannte Club-Talks und viele weitere Veranstaltungen.

Viele »Clubs« zeichnen sich durch einen regen Austausch von Informationen aus. So ist es beispielsweise üblich, dass ein neues Mitglied einen Vortrag über sich und seinen privaten wie beruflichen Werdegang hält. So lernt man sich besser kennen und bekommt einen tieferen Einblick in die Hintergründe einer Branche oder Berufsgruppe. Da meist mehrere Berufsgruppen vertreten sind, sind die Facetten dementsprechend reichhaltig. Da sich natürlich nicht an jedem Abend neue Mitglieder vorstellen, gibt es eine Vielzahl von weiteren hoch interessanten Themen, die meist eine dafür verantwortliche Person zusammenstellt. In den oft 20- bis 30-minütigen Vorträgen werden aktuelle Informationen, aber auch grundsätzlich Relevantes vorgestellt. So gibt es Tausende von interessanten Themen wie zum Beispiel:

- Ein Arzt spricht über Gesundheitstourismus nach Ost- und Südeuropa,
- ein Landschaftsarchitekt über die neu eröffnete Bundesgartenschau,

- ein Mitarbeiter einer Bank über Spätfolgen der Euro-Einführung,
- ein Forscher über die neuesten Erkenntnisse der Stammzellenforschung,
- ein Mitglied, das lange im Ausland war, über seine Erfahrungen,
- ein landwirtschaftlicher Unternehmer über die EU-Agrarpolitik,
- ein Inneneinrichtungsexperte über Feng-Shui,
- ein Rechtsanwalt über aktuelle Gesetzesänderungen und deren Konsequenzen.

Diese Redner werden zum Teil aus den Mitgliedern rekrutiert. Verständlicherweise kann und will ein Club nicht alle Vortragsthemen, insbesondere zu manchen aktuellen Themen, durch eigene Mitglieder abdecken und bereichert das Clubleben darum durch Gastvorträge. Haben Sie ein interessantes Thema? Gibt es eine Botschaft, die Ihnen wichtig ist? Bieten Sie eine Besonderheit, die andere in Ihrer Region interessieren könnte?

Als zum Beispiel das erste Hotel nach den Grundsätzen von Feng-Shui direkt bei uns in der Stadtmitte eröffnete, war es sehr spannend, durch einen Vortrag vor Ort einmal hinter die Kulissen schauen zu können. Bieten Sie doch einen ähnlichen Vortrag als Bereicherung für einen Club an.

Bei Club-Talks handelt es sich in der Regel um Vorträge in Clubs, Vereinigungen oder sonstigen Verbänden. Die Besonderheit dabei ist, dass diese Treffen sehr oft unentgeltlich oder für einen guten Zweck durchgeführt werden. Oftmals sind die Talks auch mit einem Essen verbunden, und Vorträge können in Einzelfällen direkt während des Mittag- oder Abendessens gehalten werden. Diese heißen bei einer Abendveranstaltung Dinner-Speech und stellen eine zusätzliche Herausforderung für den Referenten dar, da er nicht nur gegen seine Aufregung, sondern auch noch gegen das Abendessen mit all seinen Nebengeräuschen und manche alkoholbedingte Müdigkeit kämpfen muss. Dennoch ist eine solche Gelegenheit nicht zu unterschätzen, es übt die Stimme, Sie werden in der Regel mit einem Presseartikel belohnt und haben damit schon wieder eine gute Eintrittsmöglichkeit für eine neue Veranstaltung.

Wenn Sie nicht von selbst eingeladen werden, kann ein geschickt formulierter Brief Ihre Eintrittskarte sein. Hier ein Beispiel:

Zeit ist die Währung der Geschäftswelt

Sehr geehrte Damen und Herren,

als Beratungsunternehmen ist es unser Ziel, Unternehmen auf den Weg zur Markführerschaft zu begleiten, zu beraten und die vorhandenen Potenziale zu erkennen, entwickeln und auszuschöpfen. Die Begeisterung ist groß, wenn die Resultate für sich sprechen und der Erfolg sichtbar ist.

Neben unserer Verantwortung für Unternehmen fühlen wir uns ebenso den Menschen verpflichtet, die aus den unterschiedlichsten Gründen oder wegen diverser Schicksalsschläge Ihre Potenziale nicht dementsprechend umsetzen können. Wir engagieren uns deshalb ehrenamtlich für die »Kartei der Not« www.karteidernot.de.

Um dieses Ziel zu erreichen möchten wir gerne auf die Problematik, mit der sich die »Kartei der Not« beschäftigt, aufmerksam machen und dies mit einem besonderen Nutzen für Sie verbinden. Gerne würden wir auf einer Ihrer Veranstaltungen Ihre Zeit und die Ihrer Zuhörer mit einem interessanten Experten-Vortrag im Rahmen eines »Club-Talks« über folgende Themen zusätzlich bereichern.

– Kunden begeistern mit innovativen Strategien
– Spielregeln für die Pole-Position in den Märkten von morgen

Unsere Club-Talks zeichnen sich durch eine lockere und entspannte Atmosphäre aus und dauern etwa 20 bis 25 Minuten. Ein Club-Talk lässt sich immer in eine Ihrer Veranstaltungen integrieren, da es üblich ist, ihn während des Essens oder einer Kaffeepause zu halten. Ihre Zuhörer und Kunden werden über die kurzweilige und informative

---

Aufmachung begeistert sein und genießen eine Veranstaltung der besonderen Art. Sie erleben einen lebendigen Vortrag von einem führenden Experten vollkommen unverbindlich und kostenlos, wir würden lediglich den Grund unseres Vortrags, das Aufmerksammachen über die »Kartei der Not« erwähnen, damit auch denen geholfen werden kann, die es ein wenig nötiger haben als wir selbst.

Mit allen guten Wünschen

Was braucht es zum Vortrag, zur Rede? Ein wenig Mut und ein bisschen Übung. Ich bin froh, dass ich jetzt Gelegenheit habe, mit einem beliebten Vorurteil aufzuräumen, denn: Gute Reden zu halten lässt sich – auch ohne Naturtalent – lernen. In der Regel können Sie schon in zwei Tagen große Fortschritte erzielen, sofern Sie wissen, worüber Sie reden, sonst dauert es etwas länger.

Ein aussagekräftiges Profil Ihrer Person ist hilfreich und sehr wirkungsvoll, wenn Sie sich bei Veranstaltern vorstellen. Ein Beispiel, wie so ein Profil aussehen kann, finden Sie unter www.hermannscherer.de oder direkt unter http://www.hermannscherer.de/files/HermannScherer.pdf. Mit ein wenig Recherche können Sie sich sogar bei Redneragenturen oder Verbänden listen lassen. Das hängt ganz von dem Nutzen und dem Konzept ab, das Sie verfolgen. Eine Auflistung von Redneragenturen und diversen Verbänden finden Sie in der kommentierten Linkliste zu diesem Buch unter www.campus.de/isbn/3593377667.

Tatsache ist: Wenn Sie den Zielgruppen-»Besitzer« gut ausgesucht haben, dann erreichen Sie genau Ihre Zielgruppe, vorausgesetzt, Sie haben das passende Vortragsthema. Sie sparen mit einem Vortrag enorm viel Zeit im Vergleich zu Einzelgesprächen. Die Leute kommen auf Sie zu und nicht umgekehrt. Die in Sie hineingelegte Nutzenvermutung ist höher, und damit steigt Ihr Expertenstatus. Und nicht immer, aber immer öfter können Sie für diese Art von Akquisition auch noch Geld verlangen oder eine Spende – von der ich allerdings bei sozial engagierten Vereinen absehen würde.

Kurzum, Sie können sich voll und ganz auf Ihren Vortrag konzentrieren, andere machen die Werbung, laden die Leute ein und tragen, sofern vorhanden, das unternehmerische Risiko der Veranstaltung.

Mein Tipp

Wissen Sie eigentlich, wie amerikanische Profis »Big Events« konzipieren? Sie lassen einen Top-Redner die Veranstaltung eröffnen. Sie geben ihm Gelegenheit, 30 bis 60 Minuten lang zu sprechen, und bieten den Zuhörern damit höchst interessante und nützliche Informationen. Der erste Teil der Präsentation wird nach dem »Bikini-Prinzip« gestaltet. Der Präsentator wird also zunächst neben wertvollen Informationen vor allen Dingen auch Hinweise auf den zweiten Teil des Abendprogramms geben, um die Zuhörer zu motivieren, während des gesamten Programms zu bleiben.

Nach dem ersten Veranstaltungsteil werden die Gäste beispielsweise zu einem Gala-Dinner geladen. Dieses Dinner wird niemals als Buffet organisiert, weil dann die Teilnehmer Gelegenheit hätten, frei gewählte Grüppchen zu bilden und zu diskutieren. In diesem Fall hätten die Kontakter des Unternehmens keine Möglichkeit, sich unauffällig, lässig und vor allem systematisch an den Gesprächen zu beteiligen. Clevere Veranstalter laden deswegen zu einem (typischerweise dreigängigen) Menü und sorgen dafür, dass die Teilnehmer an Tischen zu sechs bis acht Personen Platz finden. Damit jeder sich dort hinsetzt, wo ein auf ihn vorbereiteter Kontakter wartet, stehen neben jedem Gedeck Platzkarten.

Nach dem Essen führt der Redner durch den zweiten Teil des Abends und gibt nun den Teilnehmern wiederum möglichst wertvolle Informationen. Je mehr die Teilnehmer jetzt profitieren, desto besser behalten sie den Abend in Erinnerung. Und umso größer ist die Chance, dass die während des Abendessens gelegte »Kontaktsaat« aufgeht ...

Ergänzende Unterlagen zu dem Vortrag werden bewusst nicht an diesem Abend ausgehändigt, sondern als sinnvolles Mittel zur Gewinnung von Folgeterminen eingesetzt. So könnte einer der Gastgeber-Repräsentanten dies mit folgender Frage einleiten: »Verehrter Kunde, angenommen ich kann noch einige zusätzliche Informationen des Referenten erhalten, hätten Sie daran Interesse?«

Kapitel 6

Die Königsklasse des Networkings: Kooperationen

> Wer allein arbeitet, addiert –
> wer zusammen arbeitet, multipliziert.
>
> *Orientalische Weisheit*

Sie haben jetzt entdeckt, wie Sie Ihr Netzwerk flechten, Kontakte knüpfen und vertiefen können. Sie wissen inzwischen, wie Sie sich in Ihrem Netzwerk profilieren, wie Sie zum Experten werden, die passenden Netzwerke und Veranstaltungen für sich finden. Und Sie haben erfahren, wie und wann Sie Bühnen besuchen, bauen oder die Bühnen, die andere gebaut haben, erobern können.

Auf den folgenden Seiten nun erreichen wir gemeinsam das Toplevel, die Königsklasse und effektivste Form des Networkings – das Knüpfen von Kooperationen. »Das Ganze ist mehr als die Summe seiner Teile« formulierte schon Archimedes so treffend. Klar, eine Zusammenarbeit sollte für beide Seiten fruchtbar sein – ich aber möchte Ihnen zeigen, wie Sie durch Kooperationen Nutzen *potenzieren* können.

Was Sie vorab wissen sollten

Eine gut funktionierende Kooperation ist das Meisterstück guten Networkings. Die Partner können am Markt mehr bewegen, Kundenpotenziale besser ausschöpfen, Kosten sparen und dabei selbstständig bleiben. Kooperationen sind gerade für Mittelständler eine willkommene Unterstützung von Marketing und Vertrieb, eine gute Möglichkeit, durch das Nutzen von Synergieeffekten noch effizienter zu arbeiten sowie in Hinblick auf die Globalisierung und den steigenden Konkurrenzdruck erfolgreich zu sein und zu bleiben. Nach Partnerschaften im Produktionsbereich sind Vertriebs- und Marketingkooperationen die häufigsten Formen dieser Art der Zusammenarbeit – so das Ergebnis der jüngsten Erhebung »Innovation in der Produktion« des Fraunhofer-Instituts für Systemtechnik und Innovationsforschung in Karlsruhe. 37 Prozent der 1 442 befragten Betriebe der deutschen Investitionsgüterindustrie kooperieren, um Ressourcen in Verkauf und Marketing zu bündeln. Auf diese Weise machen sie Umsätze in Marktsegmenten, deren alleinige Bearbeitung zu aufwändig wäre.

Bevor Sie eine Kooperation starten, sollten Sie vor allem dies bedenken: Setzen Sie sich sehr intensiv mit dem Prozess auseinander, der ins Rollen kommt, sobald Sie sich für eine Zusammenarbeit mit einem oder mehreren anderen Menschen oder Unternehmen entschieden haben. Nehmen Sie Ihre Rolle als Netzwerkinitiator ernst und hinterfragen Sie kritisch, warum Sie kooperieren wollen. Gehen Sie keine Kooperation ein, wenn

- Sie keine Zeit für die Kooperation aufbringen können,
- Sie die Kooperation als Einbahnstraße verstehen,
- Sie nicht »loslassen« können oder wollen,
- Sie kein Vertrauen zum anderen haben oder aufbauen können,
- Sie aus der Position des wesentlich Schwächeren agieren oder
- Sie den schnellen Euro verdienen wollen.

Auch wenn Kooperationsideen oft im legeren Rahmen über Beziehungen entstehen, so sollte doch am Anfang der Zusammenarbeit klar definiert werden, welchen Nutzen sich die Partner davon versprechen. Dabei kann sich durchaus herausstellen, dass der Nutzen nicht zur strategischen Ausrichtung eines Partners passt oder für diesen keinen Gewinn darstellt und deshalb eine Kooperation zu Recht nicht zustande kommt. Gerade in so einer Situation fällt es schwer, einem attraktiven Kooperationspartner zu widerstehen. Aber ein attraktiver Partner mit einem abweichenden Lebensdesign bereitet Ihnen zwar oft eine aufregende Zeit, doch zieht so eine Konstellation meist eine Scheidung nach sich – zumindest dann, wenn Sie Ihre Seele nicht verkaufen wollen. Kommt es zur Kooperation, dann sollten die Ziele so klar formuliert und messbar sein, dass Sie sich damit identifizieren und jederzeit überprüfen können, wie erfolgreich die Kooperation tatsächlich ist.

Sie sollten vor, während und nach der Startphase keinesfalls nur auf Ideen, Impulse, Initiative und Engagement der anderen warten. Das ist möglicherweise der Anfang vom Ende Ihres Netzwerks. Es empfiehlt sich, stets dafür zu sorgen, dass Sie den gesamten Prozess mitüberwachen und mitgestalten können – aber nicht aus einer Haltung des Misstrauens heraus. Kooperationen leben vom gegenseitigen Vertrauen, allerdings nicht vom blinden Vertrauen. Bemühen Sie sich um eine Position, die Ihnen im Zweifelsfall ermöglicht, jederzeit in das Projekt einzugreifen, um einen eventuell gefährdeten Erfolg sicherstellen zu können. Sie wissen ja, ein Misserfolg ist ausgeschlossen!

In einer Gruppe von mehreren Partnern, die sich beispielsweise zu einer Einkaufskooperation zusammenschließen wollen, ist es sehr wahrscheinlich und legitim, dass die Frage nach einem Kooperationsvertrag auftaucht. Oftmals ist es schwer, über anstehende Kooperationen sofort vertragliche Regelungen zu treffen, da viele Variablen und Faktoren noch mehr oder weniger unbekannt sind. Der Wunsch, alles schon am Anfang bis ins kleinste Detail regeln zu wollen, lässt Kooperationen schnell scheitern, da schon die Verträge zu kompliziert sind. Und damit ist niemandem gedient. Deshalb sollten Verträge zunächst am besten die Rahmenbedingungen festlegen:

- Definition der Zusammenarbeit
- Zielgruppe
- Branche
- gemeinsame Ziele
- Vertraulichkeit, Umgang mit Betriebsgeheimnissen
- Abläufe
- Aufgabenverteilung
- Kommunikationsverhalten
- Kostenverteilung
- Haftungsfragen

Das gibt eine gewisse Sicherheit. Entscheidend kann eine Vereinbarung über den Umgang mit Fimeninterna am Anfang der Verhandlungen sein, denn in der Regel müssen die Partner zumindest teilweise Betriebsgeheimnisse offen legen.

Eine der weltweit größten Kooperationen übrigens ist der Zusammenschluss von Airlines mit der Star Alliance. Sie wurde von dem damaligen Vorstandsvorsitzenden der Lufthansa AG, Jürgen Weber, ohne einen einzigen Vertrag ins Leben gerufen. Jürgen Weber wurde aufgrund seiner Initiative vom *Manager Magazin* zum Unternehmer des Jahres gewählt. »Eine Kooperation mit der Konkurrenz? Ist das nicht gefährlich?«, werden Sie vielleicht denken, Das Wort »con« ist lateinisch und bedeutet »mit«, nicht »gegen«. Bevor Sie also gemeinsame Projekte mit der Konkurrenz ablehnen, nehmen Sie sich einige Minuten Zeit, um darüber nachzudenken, was man miteinander statt gegeneinander versuchen und erreichen kann.

Muster traditioneller Organistationskultur	Muster partnerschaftlicher Organisationskultur
abgrenzende Beziehung zu »Externen«	Suche nach gemeinsamen Zielen mit »Externen«
Dependenz	Interdependenz
Grenzen ziehen	Grenzen überschreiten
Compliance (Rollen befolgen)	Empowerment (zur Selbstständigkeit befähigen)
interdisziplinär	multidisziplinär
Ordnung als Orientierung	Toleranz von Ambiguität und Diffusion
Macht durch Informationsbesitz	Macht durch Teilen von Informationen
Nach Hilfe zu fragen bedeutet Schwäche	Nach Hilfe zu fragen bedeutet Stärke (Kooperationskompetenz)

Beachten Sie bitte außerdem, dass Projektergebnisse bei Kooperationen gerne unterschiedlich betrachtet und vor allem differenziert interpretiert werden. Führt ein Projekt zu einem negativen Ergebnis, fällt es manchmal leichter – wenn wir nicht zu selbstkritisch sein wollen und eine Mini-Depression vermeiden möchten –, anderen die Schuld dafür zu geben. So kann der Einzelne behaupten, dass die Schuld verursachenden Faktoren im Bereich des Partners liegen, während möglicherweise die Partner behaupten, dass es sich umgekehrt verhält. Misserfolg hat wenig Liebhaber.

Anders verhält es sich natürlich bei positiven Ereignissen. Da fällt es leicht, zu behaupten, dass man selbst ausschlaggebend für diesen Erfolg war, während sich möglicherweise die Kooperationspartner, die »Externen« – nach dem Motto »Erfolg hat viele Väter« – den Erfolg ebenfalls gerne auf die eigene Fahne schreiben wollen.

In jedem Fall bedarf es einer partnerschaftlichen Organisationskultur, wenn eine Kooperation erfolgreich sein soll. Statt sich von »Externen« abzugrenzen, müssen Sie und Ihre Partner nach gemeinsamen Zielen suchen, Grenzen überschreiten und Informationen teilen.

Im Internet finden Sie auf zahlreichen Webseiten Unterstützung rund um das Thema Kooperationen mit vielen wichtigen Hintergrundinformationen, rechtlichen Hilfestellungen und Anregungen für eine erfolgreiche Zusammenarbeit. Nutzen Sie dieses gebündelte Wissen und informieren Sie sich umfassend, bevor Sie konkret auf potenzielle Kooperationspartner zugehen.

Webseiten zu Fragen rund um das Thema Kooperation

www.netto-forum.de wendet sich an kleine und mittlere Unternehmen und bietet eine Kooperationsmanagementsoftware inklusive eines interaktiven Sets vernetzter Werkzeuge für Strategieentwicklung und Partnersuche.

www.kooperationswissen.de ist Bestandteil des Transferprojekts »Unternehmensverbund des Jahres« des Bundesministeriums für Bildung und Forschung und vermittelt ausführliche Informationen zu vielen Aspekten von Kooperationen.

www.pro-mittelstand.org/imperia/md/content/pdf/br-kooperationen-planen-und-durchfuehren.pdf bietet einen Leitfaden für kleine und mittlere Unternehmen, herausgegeben vom Bundesministerium für Wirtschaft und Arbeit.

www.kooperationsboerse.ihk.de ist eine Plattform der Industrie- und Handelskammern, auf der Unternehmen nach Partnern in der gewünschten Sparte und Region suchen können.

www.ahk.de, die Auslandshandelskammern, vermitteln Kooperationspartner und beraten in verschiedenen Fragen.

Auch innerhalb von Unternehmen lassen sich übrigens hervorragend Kooperationen aufbauen: So können Personal und Marketing voneinander lernen, gemeinsam Kontakte knüpfen und pflegen. Auch die Gewinnung von Bewerbern kann als gemeinsames Projekt zu guten Ergebnissen führen.

Kooperationsideen entwickeln und Partner finden

Um Kooperationspotenziale zu entdecken, empfiehlt es sich, die eigenen Probleme oder die von Kunden geschilderten Schwierigkeiten zu untersuchen. Eine zusätzliche Option ist es, die Probleme neben dem eigentlichen Problem zu suchen. So viele Unternehmen sind erfolgreich geworden, weil sie den Blickwinkel geändert haben. Levi Strauss zum Beispiel war einer der Goldsucher zur Zeit des Goldrauschs am Yukon und landete mit einem Schiff in der Höhe von Kalifornien. Erkennend, dass die Chancen auf einen Goldfund mit jedem Einwanderer kleiner und kleiner wurden, entdeckte er ein anderes Problem und den daraus resultierenden Bedarf: die richtige, superbelastbare Arbeitskleidung für Goldgräber! So machte er aus den kaputten Segeln der Schiffe stabile und lang haltende Hosen, die ersten Jeans!

Der Schraubenhändler Würth kam von seinen ersten Verkaufsgesprächen sehr frustriert nach Hause, weil er keine einzige Schraube verkaufen konnte. Seine potenziellen Kunden waren gar nicht in der Lage, Bestellungen aufzugeben, da sie oftmals nicht feststellen konnten, welche Schrauben gerade ausgegangen und welche noch vorrätig waren, da diese meist zusammengeworfen in einer einzigen Box lagen. So entwickelte Würth zunächst Sortier- und Aufbewahrungssysteme für Schrauben, verkaufte diese und gab damit seinen Kunden erstmals die Möglichkeit eines Überblicks über den Bestand. Das Ziel für später: Schrauben zu verkaufen.

Ein anderer Ansatz für Kooperationen ergibt sich aus der Frage, ob Sie wirklich alles selbst tun müssen oder ob Sie beziehungsweise Ihr Unternehmen sich nicht besser auf die eigene Kernkompetenz konzentrieren sollte. In der Automobilindustrie beispielsweise werden nur noch durchschnittlich 35 Prozent eines Neuwagens vom Hersteller selbst gefertigt. Der Rest kommt von Zulieferern, und der Anteil von Eigenfertigung soll in den nächsten zehn Jahren noch weiter sinken – auf bis zu 23 Prozent. Vor allem die Bereiche Karosserie, Blech, Lackierung, Fahrwerk und Module werden ausgelagert, aber auch in anderen Segmenten nimmt der Einsatz externer Dienstleister zu. Ähnlich macht es Puma. Der Sportartikelanbieter konzentriert sich auf seine Kernkompetenzen: Entwicklung, Design und Marketing. Eine kleine Unternehmenszentrale mit wenig Hierarchiestufen in Herzogenaurach steuert das Geschäft. Die Produktion und beinahe die gesamte weltweite Logistik erledigen Partnerunternehmen. Der Vertrieb ist samt Tochterunternehmen ausgelagert. Durch Einsatz von Informations- und Kommunikationstechnologie werden die Kunden, Produzenten, Vertriebspartner und Lizenznehmer zusammengebunden. So entsteht ein Netzwerk von selbstständigen Sektoren, die von außen als eine Einheit unter eigenem Markennamen erscheinen. Ähnlich machen es natürlich auch Adidas, Nike, Reebok oder Benetton. Die Unternehmen konzentrieren sich auf das, was sie am besten können, und vergeben Dinge, die nicht ihren Kernkompetenzen entsprechen.

Überlegen Sie also: Was machen Sie alles, was möglicherweise gar nicht zu Ihren Top-Kompetenzen gehört, und um wie viel besser wären Sie in Ihrem eigentlichen Gebiet, wenn Sie sich mit noch mehr Zeit und noch mehr Energie darum kümmern könnten?

Auch die Nutzensteigerung für Ihre Kunden kann ein Ausgangspunkt für mögliche Kooperationen sein. Vor kurzem rief mich ein Ofensetzermeister an und berichtete, dass die Preise für Kachelöfen und Kamine immer mehr unter Druck geraten und er mit den Preisen immer weiter nach unten gehen müsse, obwohl er das aufgrund seiner Kalkulation weder könne noch wolle. Er wusste nicht mehr weiter. Mein Vorschlag war, die Preise zu erhöhen. Ein ungewöhnlicher Vorschlag, der erst einmal mit Widerspruch quittiert wurde. Wir fragten uns: Was ist das Problem neben dem Problem? Nach kurzer Recherche stellte sich heraus, dass das Hauptproblem von Kachelofen- oder Kaminbesitzern die Beschaffung von Feuerholz ist. Das stellt immer ein teures und vor allen Dingen aufwändiges, wenig beliebtes Prozedere dar. Die Kosten für Holz können dabei in drei Faktoren untergliedert werden, nämlich

- die Kosten für das Holz selbst,
- die Kosten für die Aufbereitung (Fällen, Zerkleinern) des Holzes und Lagerung,
- die Kosten für den Transport sowie die Lieferung nach Hause.

Unsere Lösung? Der Ofensetzermeister erhöhte seine Preise für Öfen im Schnitt um rund 500 bis 1 000 Euro und verband sein Angebot mit dem Versprechen: »Kaufen Sie bei uns einen Ofen, und Sie erhalten lebenslang Holz gratis dazu.« Wohl gemerkt, bei dem Angebot handelt es sich um das Holz selbst, also die Kosten für das Holz – nicht für das Fällen und den Transport. Er veranstaltet nun jährlich mindestens ein Event, bei dem er mit allen Kamin- und Ofenbesitzern und solchen, die es werden wollen, in den Wald geht. Unter Anleitung eines Försters fällen Kunden und Interessierte mit diversen Helfern, Traktoren und Transportern die dementsprechenden Bäume. Das Holz ist für die Abnehmer gratis. Die Kosten für das Fällen und den Transport werden umgelegt auf die Anzahl der Teilnehmer.

Mit diesem Konzept wendet der Ofensetzermeister die vier Grundregeln der unternehmerischen Wirtschaft bestens an: buy low, sell high, collect early, pay late – günstig einkaufen, hoch verkaufen, das Geld früh kassieren und spät zahlen. Der Ofensetzer zahlt selbst wenig für das Holz, verkauft es zu einem guten Preis, kassiert das Geld für das

Holz schon weit vor der Leistungserbringung und zahlt selbst wesentlich später. Das ist für alle Seiten ein Gewinn. Die Ofenbesitzer haben keine Holzsorgen mehr, der Ofensetzermeister verdient mehr Geld und kann aus dem Preiskampf ausscheiden. Und: Er gewinnt durch die jährlichen Events sogar neue Interessenten. Im Moment plant er, einen eigenen Wald zu kaufen und diesen anteilig im Kombipaket mit dem Ofen zu verkaufen!

Ein anderes Beispiel: In Amerika habe ich eine Art des Briefschreibens kennen gelernt, die unter dem Begriff »Host-Beneficiary-Konzept« firmiert. Stellen Sie sich vor, Sie sind Bäckermeister mit eigenem Geschäft. Sie haben eine Adressdatei von 3 000 Kunden und wollen in einer Werbeaktion jedem von ihnen ein Mailing schicken. Eine mögliche Aktion, aber wenig aufmerksamkeitsstark – zumal die Kunden Sie bereits kennen. Führen Sie diese Werbemaßnahme mehrmals durch, kann sie sogar Langeweile erzeugen. Außerdem gewinnen Sie in der Regel kaum einen neuen Kunden hinzu, da Sie nur die bestehenden Kontakte pflegen. Ganz anderes ist möglich, wenn Sie ein Netzwerk bilden. Wie wäre es, wenn Sie eine Brief-Kooperation, zum Beispiel mit dem Metzgermeister vor Ort, bilden und einen Brief an Ihre Kunden schreiben, der sinngemäß folgenden Inhalt haben könnte:

Sehr geehrte Kunden,

seit vielen Jahren sind wir stolz darauf, Sie immer wieder mit unseren herrlich frischen Bäckereiprodukten verwöhnen zu dürfen. Eine Vielzahl unserer Kunden genießt das Ihnen sicherlich schon bekannte Sonnenblumenbrot unseres Unternehmens. Wussten Sie, dass gerade dieses Brot – natürlich wie viele weitere unseres Sortiments – ganz besonders gut zusammen mit den Wurst- und Schinkenspezialitäten der Metzgerei Schlachtermeister schmecken? Diese Produkte zeichnen sich durch eine hervorragende Qualität und Frische aus.
Damit Sie diese selbst verkosten können, legen wir Ihnen einen Gutschein über 2 Euro für die wunderbaren Wurst- und Schinkenspeziali-

> täten der Firma Schlachtermeister bei, die Sie jederzeit in deren Geschäft in der Bahnhofstraße 17 in Paradiesenhausen einlösen können.
>
> Wir freuen uns, Sie bald wieder in unserem Hause begrüßen zu dürfen.
>
> Mit freundlichen Grüßen

Damit haben Sie Werbung für den Metzgermeister betrieben und für ihn neue Kunden erschlossen – Ihre Kunden, die nun möglicherweise zu diesem Metzger gehen. Das nimmt Ihnen aber keinen Umsatz weg, da es sich ja um ergänzende Produktgruppen handelt. Im Gegenzug schickt natürlich auch die Metzgerei Schlachtermeister einen Brief an Ihre Kunden – mit einem Gutschein für Ihr leckeres Sonnenblumenbrot. Hier ist eine wunderbare Kooperation entstanden! Sie konnten Ihre Kunden mit einem neuen Nutzen kontakten und mussten nicht einmal Adressen tauschen.

Sie finden diese Beispiele interessant, suchen aber noch nach dem richtigen Dreh für Ihre Branche? Haben die zündende Kooperationsidee für Ihr Unternehmen noch nicht entdeckt? Dann können Sie Ihrer Kreativität auf die Sprünge helfen!

Nehmen Sie einfach rund ein Dutzend kleiner weißer Karten oder Zettel und schreiben auf eine Karte Ihre Produkte und Dienstleistungen. Und auf den restlichen Karten notieren Sie jeweils eine andere Branche, ein anderes Produkt oder eine Dienstleistung. Dann mischen Sie die Karten, ziehen zwei aus dem Stapel heraus und versuchen dann (das Ganze können Sie natürlich auch gerne mit einem Mitspieler probieren) möglichst viele kreative, futuristische, nicht immer nur vernünftige Kooperationsformen oder -möglichkeiten zu finden. Keine Frage: Bei manchen Branchen oder Dienstleistungen wird dies schwieriger scheinen als bei anderen, bei einigen vielleicht gar unmöglich. Aber auch in diesem Fall sollten Sie sich ein paar Minuten gönnen, um eine Hand voll verrückter Vorschläge zu formulieren. Sie werden feststellen, dass dieses Verfahren Ihre Kreativität regelrecht ankurbelt.

In einem zweiten Schritt sollten Sie überlegen, wie Sie mit Ihrem Unternehmen Fremddienstleistungen übernehmen, und im dritten Schritt, wie Sie mit branchenaffinen Partnern gemeinsam Erfolge erzielen können.

Anleitung zum kreativen Kartenspiel

Beschriften Sie ein Dutzend Karten mit

- Ihrer eigenen Branche,
- ähnlichen Branchen,
- anderen Branchen,
- eigenen Produkten,
- anderen Produkten,
- eigenen Dienstleistungen,
- anderen Dienstleistungen.

Jetzt haben Sie drei Möglichkeiten:

Die kreative Variante Mischen Sie alle Karten und ziehen Sie zwei aus dem kompletten Spiel. Überlegen Sie, welche (fantastischen) Möglichkeiten einer Kooperation es gibt.

Die halbkreative Variante Sie nehmen eine Karte, auf der Ihre Branche, Ihre Produkte oder Ihre Dienstleistungen stehen. Dann mischen Sie die übrigen Karten, ziehen eine und phantasieren frei, welche Kooperationsmöglichkeiten es gibt.

Die Standardvariante (aber nicht weniger wichtig!) Sie nehmen eine Karte, auf der Ihre Branche, Ihre Produkte oder Ihre Dienstleistungen notiert sind. Dann mischen Sie die Karten mit branchenaffinen Partnern oder existierenden Unternehmen, mit denen Sie schon immer mal etwas machen wollten, ziehen eine und überlegen, welche Kooperationsmöglichkeiten es gibt.

Kooperationsstrategien

Wenn Sie anhand des Kartenspiels Ideen entwickeln, werden Sie feststellen, dass verschiedene Strategien und unterschiedliche Intentionen beim Anbahnen von Kooperationen möglich sind. Diese Strategien will ich im Folgenden mit überzeugenden Beispielen illustrieren.

Strategie A
Ergänzungen, um Schwachstellen auszugleichen

Einen hohen Nutzen können Sie aus Kooperationen ziehen, die mit Experten in dem Bereich geschlossen werden, der für Sie selbst wichtig ist, in welchem Sie aber selbst über keine großen Kompetenzen verfügen. Verabschieden Sie sich von der Vorstellung, alles selbst in die Hand nehmen zu müssen.

Aral und ThyssenKrupp Stahl Auf der Tagung des VDI im Oktober 2004 stellten die beiden Konzerne ihr gemeinsames Projekt vor. Thyssen benötigt für diverse Maschinen Öle mit Energieeinspareffekt. Es gab diese Art von Ölen zwar bereits, jedoch konnten sie die Anforderungen von Thyssen nicht erfüllen. Da sich der Know-how-Transfer vertraglich nicht regeln ließ, war großes Vertrauen notwendig. Aral übernahm die Entwicklung dieses Öls. Die entstandenen Kosten wurden geteilt. *Nutzen:* Thyssen schätzt die Ersparnis für die laufenden Energie- und Instandhaltungskosten auf circa 5 bis 7,5 Millionen Euro pro Jahr, ebenso wurden die anvisierten Umweltschutzaspekte erreicht. Aral entwickelte das innovative Spezialöl »ARAL Degol ESG« (energy saving gear oil), das für 9,80 Euro pro Kilogramm mit einem geschätzten Absatz von 50 Tonnen pro Jahr (allein 15 Tonnen an ThyssenKrupp Stahl) verkauft wird. Damit hat Aral die Technologieführerschaft erreicht.

Unternehmen Erfolg und *Süddeutsche Zeitung* Vor Jahren war ich auf der Suche nach einem Kooperationspartner für meine Idee, eine Vortragsreihe mit den Top-Experten aus dem Bereich Businessbera-

tung anzubieten. Für mich war es wichtig, dass mein Kooperationspartner die Werbung in die Hand nehmen konnte und dabei eine hohe
Reichweite erzielte. So kam ich auf die *Süddeutsche Zeitung*, im Speziellen die Verantwortlichen für die Rubrik »Beruf und Bildung«. Für
die *Süddeutsche Zeitung* wiederum war es ansprechend, eine hochka-
rätig besetzte Veranstaltungsreihe, die ein interessantes Publikum an-
zieht, mit zu veranstalten und so ein gutes Mittel zur Kundenbindung
und -gewinnung in der Hand zu haben. Inzwischen haben wir mehrere
Veranstaltungsreihen durchgeführt (www.unternehmen-erfolg.de/ue-
bersicht.php?reihe=2), bei denen fast alle Vorträge bereits Wochen vor
dem Termin ausverkauft waren.

Autohaus und Sixt Für Autohäuser stellen Probefahrten ein nicht un-
erhebliches organisatorisches Problem dar. Zumeist begleitet der Auto-
verkäufer die Interessenten, was bedeutet, dass die Zeit für eine Probefahrt begrenzt sein muss. Eine noch nicht realisierte Idee, dem Engpass
zu begegnen, wäre, den Verleih der Autos zur Probefahrt in die Hände
von Profis zu geben – den großen Autovermietern. So könnte man einem Interessenten anbieten, sich beispielsweise ein neues Modell über
Sixt auszuleihen. Dort werden dann alle Formalitäten abgewickelt.

McDonald's und Accor Wenn Sie im Jahr 2004 in einem Etap-Hotel,
den Low-Budget Hotels der Accor-Gruppe eingecheckt haben, erhielten Sie einen Coupon mit besonderen Vergünstigungen für McDonald's-Restaurants. So fanden nicht nur die Hotelgäste ihren Weg zum
Fastfood-Anbieter, sondern auch Etap konnte eine Alternative offerie-
ren, da die Kette über keine Restaurants verfügt, also auch kein Mit-
tag- beziehungsweise Abendessen serviert.

Strategie B
Bedürfnisanalyse

Werden Sie flexibler im Denken. Nicht immer geht es potenziellen Kooperationspartnern ausschließlich um den schnöden Mammon. Ana-

lysieren Sie die Bedürfnisse des anderen und bauen darauf Ihre Zusammenarbeit auf.

Campus Verlag, *Focus* und Unternehmen Erfolg Wie bereits erwähnt sind unsere Veranstaltungsreihen mit der *Süddeutschen Zeitung, Frankfurter Rundschau, Saarbrücker Zeitung, Stuttgarter Zeitung* und dem *Focus* ein großer Erfolg. Immer häufiger äußerten die Zuhörer den Wunsch, ein Handout zu den Vorträgen zu bekommen. So realisierten wir, *Focus* und Unternehmen Erfolg, das Handout in Buchform mit dem Titel *Die Erfolgsmacher* im Campus Verlag und fanden dadurch einen Weg, aus dem fünf Parteien als Gewinner hervorgingen. Der Verlag mit zusätzlichen neuen Top-Autoren, das Nachrichtenmagazin *Focus* mit einer weiteren Bucherscheinung und ebenso wie Unternehmen Erfolg als Herausgeber, der Teilnehmer, der nun ein hochwertiges Nachlesewerk nutzen kann und viele Leser, die die Vortragsinhalte auch ohne den Besuch der Veranstaltung in Buchform genießen können. Was gibt es Schöneres, wenn drei kooperieren und fünf gewinnen?

Block Hotels und Snowboarden Zwei Block Hotels in Kanada (www.blockattahoe.com) haben ihre Häuser ganz auf die Bedürfnisse von Snowboardern zugeschnitten. Dort gibt es Räume, die optimal ausgestattet sind zum Aufbewahren des Equipments und zum Trocknen der Sportkleidung. Des Weiteren werden tragbare technische Geräte angeboten. Aber auch im Design sind die Räume auf die Vorlieben der Zielgruppe abgestimmt. Um diese richtig zu erfassen, wurden Unternehmen befragt, die nah am Kunden sind, wie Sportbekleidungshersteller und Insider-Magazine.

Strategie C
Folgebedarf (oder das Problem neben dem Problem)

Interessante Kooperationen können sich ergeben, wenn Sie analysieren, welche zusätzlichen Probleme entstehen, wenn Bedürfnisse erfüllt werden sollen. Wenn Sie zum Beispiel gern eisgekühlte Cola trinken, brauchen Sie nicht nur Cola, sondern auch einen gut funktionierenden Kühlschrank!

Internetzugang und technischer Support Ein angehender Unternehmensgründer für technischen Vor-Ort-Support verfolgt diese Idee: Er möchte sich von einem Internetprovider als Verkäufer von Internetzugängen engagieren lassen und den gewonnenen Kunden gleichzeitig sein Kärtchen mitgeben, falls sie bei der Installation seinen Support wünschen.

Reiseanbieter und Mietwagenverleih Bei manchen Internetreiseanbietern können Sie nicht nur Ihre Reise, sondern gleich den Mietwagen vor Ort dazu buchen (www.opodo.de, www.travel-overland.de und weitere). Aber Vorsicht: Für einen Urlaub auf den Malediven brauchen Sie keinen Mietwagen für 14 Tage! Für besonders planerische Naturen gibt es ja vielleicht bald noch eine Sonnenstuhlvorreservierung.

Fielmann und Hanse Merkur: »Die Nulltarif-Versicherung« Im Jahr 2004 hat Fielmann eine Brillenversicherung in Kooperation mit dem Anbieter Hanse Merkur eingeführt. Die Leistungen entsprechen weitgehend den alten Kassenleistungen. So soll der erwartete Geschäftseinbruch nach Wegfall der Kassenzuschüsse abgefedert werden. Auch hier wird das Folgeproblem abgedeckt: Was tun, wenn meine Fielmann-Brille Schaden nimmt oder sich meine Sehstärke geändert hat? Da Fielmann (noch) der einzige Anbieter einer Brillenversicherung ist, ist dies ein gutes Instrument zur Kundenbindung und -gewinnung. Für die Hanse Merkur ist die groß angelegte Werbekampagne ein ausgezeichnetes Marketing mit einem sehr hohen Verbreitungsgrad.

Strategie D
Kundengewinnung und Zielgruppenansprache

Für fast alle Unternehmen stellt sich die Frage, wie sie neue Kunden gewinnen können. Auch hierzu eignen sich Kooperationen, wobei es natürlich Sinn macht, Partner mit einer für Sie relevanten Zielgruppe zu finden. Für diese Form der Zusammenarbeit gibt es eine Vielzahl von Beispielen mit namhaften Firmen, aber auch im kleineren Stil existieren interessante Möglichkeiten.

Ihr Kooperationspartner sieht einen Nutzen meist darin, dass Sie ihm über den Weg eines Gutscheins oder Präsents für seine Kunden die Möglichkeit geben, seine Produkte oder Dienstleistungen aufzuwerten. Auf diese Weise wird Ihrem Kooperationspartner die Möglichkeit zum »künstlichen Rabatt« gegeben, eine Strategie, die Sie unter E finden werden. Einige der aufgeführten Beispiele könnten Sie also sowohl unter D als auch E einordnen, je nach Sichtweise.

Axel Springer AG und McDonald's Seit Mai 2004 kann man die *Bild Zeitung* auch in den McDonald's-Filialen kaufen. So sollen jüngere Leser gewonnen werden.

HypoVereinsbank und FC Bayern: »Die FC-Bayern-Spar-Karte« Besitzer der FC-Bayern-Spar-Karte erhalten mit jedem zehnten Bundesligaheimtor einen um 0,1 Prozent erhöhten Zinssatz. Falls der FC Bayern zehn Tore im Heimspiel erringt, schreibt die HVB für die laufende Saison 0,1 Prozent Zinsen gut. Wird der FC Bayern Deutscher Meister, gibt es für den darauf folgenden Monat 5 Prozent Zinsaufschlag. Darüber hinaus gibt es eine Verlosung von FC-Bayern-Fanartikel – und das alles unter dem Motto: »Zeigen Sie, dass Sie ein Fan sind!«

AXA und Lufthansa AXA wirbt exklusiv auf den Bechern der Lufthansa; Lufthansa-Kunden, die einen Beratungstermin mit der AXA vereinbaren und wahrnehmen, bekommen 2 000 Meilen im Lufthansa-Bonusprogramm gutgeschrieben. Mittlerweile haben AXA und das Miles-and-more-Programm eine darüber hinaus gehende Kooperation aufgebaut.

Ferrero, Club Med und Air France »Raffaello« wird als »leichtes Vergnügen« beworben, das am Strand genossen werden kann. Im Herbst 2005 war es möglich, mit »Raffaello« einen Urlaub auf einem Kreuzfahrtschiff von Club Med zu gewinnen, und hingeflogen wurden die glücklichen Gewinner mit der Air France. Im Anschluss an das Gewinnspiel wurde eine Kooperation mit Air Berlin eingegangen: Auf jeder »Raffaello«-Packung fand sich ein 10-Euro-Gutschein.

IKEA und Philips Anstatt die für Fernseher oder andere elektronische Geräte vorgesehenen Leerstellen bei Möbeln mit Pappattrappen zu füllen, wurden originale Geräte von Philips aufgestellt. Das sieht ansprechender aus, und Philips bekommt eine gute Werbeplattform.

Paramount Pictures und BMW Zeitgleich zum Relaunch des Mini Coopers wurde auch der Kultfilm *The Italian Job* neu verfilmt. Im Film fungiert der neue Mini als materieller Protagonist. Zum Start des Films auf dem Sender Premiere gab es zudem einen Mini zu gewinnen.

Ferrero und beauty24.de Auf den »Yogurette«-Verpackungen finden sich Coupons, mit denen man vergünstigt Wellness-Wochenenden bei beauty24.de buchen kann.

Strategie E
(Künstlicher) Rabatt oder Produktaufwertung

Quelle und Coca-Cola Was tun, wenn aufgrund der Saison (Sommer) und der Aktualität (Fußball-WM) Kühlschränke und Fernsehgeräte gleichermaßen im Fokus des Handels stehen? Welches Produkt soll in der Werbung herausgestellt werden? Schließlich kann doch auf der Titelseite einer bundesweit gestreuten Zeitungsbeilage nicht ein Kühlschrank neben einem Fernsehgerät beworben werden. Oder doch?

Vor dieser Fragestellung stand die Werbeabteilung für den stationären Handel des Versandhauses Quelle – und entwickelte zusammen mit einer externen Agentur und der angrenzenden Abteilung Verkaufsförderung (VKF) eine kreative Lösung: Unter der Headline »Lieber Preise klein als Flasche leer!« bildeten die Fürther einen Kühlschrank ab, der mit Coca-Cola befüllt war. Coca-Cola war offizieller Partner der Fußball-WM und mit dem Slogan »Die WM der Fans mit Coca-Cola« massiv in der Werbung präsent. Diese Kampagne wiederum wurde als Fernsehbild gewählt, sodass nun auch die Verbindung zwischen Fernsehgerät und Kühlschrank hergestellt war. Der Abdruck des offiziellen WM-Logos konnte dank des Werbepartners Coca-Cola ebenfalls realisiert werden und sicherte der Aktion zusätzliche Aufmerksamkeit. Flankiert wurde die Werbemaßnahme durch VKF-Promotion vor den örtlichen Quelle-Verkaufshäusern: Torwandschießen, WM-Gewinnspiele und Coca-Cola-Ausschank sorgten für zusätzliche Frequenz in den Quelle-Filialen.

Durch die Aktion konnte Quelle den Umsatz im Warenbereich Kühlschrank verdreifachen und den Umsatz für Fernsehgeräte verdoppeln; außerdem wurden die örtlichen Verkaufshäuser im Aktionszeitraum deutlich häufiger von Kunden besucht, neue Zielgruppen konnten gewonnen wurden. Ganz zu schweigen von dem allgemeinen Imagegewinn. Coca-Cola erhielt als Kooperationspartner zehn Millionen Werbekontakte durch die Quelle-Beilagen sowie einen Zusatzumsatz durch den Verkauf von Getränken (für Kühlschrankausstattung) an den Handelspartner.

Von dem Erfolg angespornt wurde schließlich auch eine Constructa-Waschmaschine zusammen mit einem farblich passenden Handtuchset verkauft. Sie glauben, damit könne man nun wirklich keine Kunden gewinnen? Sie täuschen sich! Davon mal abgesehen: Die Handtücher passen prima zu meinen Badvorlegern.

Ferrero, UCI Kinowelt und Postbank: »Milchtaler Sparbuch«
Auf den Kinder-Produkten von Ferrero fanden sich bis 2005 »Milchtaler«. Für eine bestimmte Summe von ihnen gibt es wechselnde Prämien. Bis Anfang 2004 konnte zum Beispiel bei der Postbank ein Sparbuch mit 5 Euro Guthaben eröffnet werden oder es gab kostenlose Kinokarten bei der UCI Kinowelt.

Müllermilch und Kamps Im März 2005 startete Kamps eine Aktion, bei der man beim Kauf von drei Croissants einen Müllermilch Schoko-Drink gratis erhielt.

Gruner + Jahr und Reclam Der Frauenzeitschrift *Brigitte* wurde eine Sonderausgabe des Reclamheftes *Die Marquise von O.* als Add-On beigefügt – passend zum Titelthema »Die Sehnsucht nach der großen Liebe«. In anderen Ländern sind Add-Ons bei Frauenzeitschriften bereits üblich und beinhalten beispielsweise kleine Taschen oder Espandrillos im Sommer.

Ferrero und Zoologische Gärten Beim Kauf eines »Happy Hippo«-Riegels von Kinderschokolade (Ferrero) erhielten Sie im Jahr 2005 einen Gutschein für einen ermäßigten Zoobesuch (Gutschein auf der Verpackung).

Procter & Gamble und Disney Jede Großpackung »Ariel« enthielt ein Heldenwerkzeug aus dem computeranimierten Streifen *Die Unglaublichen.* »Bounty«- und »Tempo«-Packungen waren Puzzles beigelegt – und außerdem halfen sie, wenn man über die Abenteuer der *Unglaublichen* Tränen lachte. Zusätzlich gab es ein Gewinnspiel mit passenden Preisen wie eine private Kinovorstellung oder Filmbücher.

Fleurop und Ferrero Auf den Packungen der Ferrero-Produkte »Rocher«, »Mon Chérie« und »Ferrero Küsschen« fanden sich im Frühjahr 2005 Gutscheine für Frühlingssträuße von Fleurop, in denen die Süßigkeiten eingearbeitet waren.

Eine ganz simple, aber gute Form der Kooperation sei zum Schluss noch erwähnt: das Aushandeln von Rabatten. Gerade wenn Sie eine bestimmte Unternehmensgröße erreicht haben, ist es oft sehr leicht, bei vielen Firmen Rabatte zu erhalten, die für Ihre Kunden oder auch Ihre Mitarbeiter sehr interessant sein können.

Club Nokia Wer bei Nokia Clubmitglied ist (das kann jeder werden, der ein Nokia-Mobiltelefon besitzt), hat Zugang zu vielen Preisnachlässen. So kann er sich beispielsweise bei den AYK-Sonnenstudios gegen Vorlage des Mitgliedsausweises 20 Minuten lang für 5 Euro bräunen und bekommt Vergünstigungen bei Europcar und der UCI Kinowelt.

Strategie F
Bedürfnisse ausbauen

Werbung versucht vielfach, Bedürfnisse zu wecken. Sie können es sich leichter machen, indem Sie einfach an ein bereits vorhandenes Bedürfnis andocken.

Die folgenden Beispiele sind noch keine echten Kooperationen, könnten jedoch als Basis für zukünftige Kooperationen dienen.

Giotto (Ferrero) Die Werbung von »Giotto« fußt darauf, dass es optimal zu Kaffee passt. Bei dieser engen Symbiose fällt es fast schon auf, dass nicht gleichzeitig eine bestimmte Kaffeemarke beworben wird. Der Grund ist möglicherweise der, dass man sich nicht einschränken, sondern vielmehr die »Institution« Kaffeepause besetzen möchte. Die Werbung wäre auch als Kooperation mit einem Kafeeröster denkbar.

Amazon Wenn Sie sich beim Internethändler Amazon.de beispielsweise ein Buch kaufen, erhalten Sie, basierend auf Ihrem und dem Kaufverhalten anderer Kunden, Vorschläge für weitere Bücher und Produkte, die Ihnen auch gefallen könnten. Was bei Amazon ausgefeilte technische Systeme machen, leistete früher der engagierte Buchhändler.

Strategie G
Marke mal Marke

Auf dem Vormarsch sind Produkte, die eine Mischung aus zwei oder gar mehr bekannten Marken darstellen. Auf diese Weise gibt es einen doppelten Wiedererkennungseffekt und die Kunden beider Produkte werden für die Neuentwicklung angesprochen. Außerdem können Sie so eine gute Symbiose von Experten auf bestimmten Bereichen schaffen. So kann etwas völlig Neues entstehen.

Duracell, Oral-B, Braun und Disney Im Produkt der elektrischen Kinderzahnbürste von Oral-B sind vier Firmen vereint, die auf ihrem jeweiligen Gebiet einen Beitrag für die Zahnbürste leisten. Oral-B hat die Zahnbürste entwickelt, Braun steuert die Elektronik bei, Duracell sorgt mit Batterien für lang anhaltende Power, und Disney trägt mit Bildern von Comicfiguren dazu bei, dass die Zahnbürste den Kindern gefällt.

Unilever und Kraft Foods Schon seit längerer Zeit gibt es Langnese-Eis zu kaufen, in das bekannte Süßwaren der Firma Kraft Foods eingearbeitet sind. So kam es zu Produktentwicklungen wie »Langnese Cremissimo Milka Kuhflecken« und »Langnese Cremissimo Toblerone«.

Motorola (Mobilfunk), Burton (Snowboardausstatter) und Oakley (Brillenhersteller) Für die Wintersaison 2006 wollen die Unternehmen »intelligente« Snowboardbekleidung entwickeln. Diese soll die drahtlose Kommunikation von mobilen Kleingeräten wie auch von Computer und Peripheriegeräten ermöglichen. Oakley und Motorola haben bereits eine entsprechende Sonnenbrille auf den Markt gebracht.

Philips und Sara Lee Einen wirklich durchschlagenden Erfolg haben Philips und der Konsumartikelhersteller Sara Lee mit ihrem Produkt »Senseo« entwickelt. Aus der Beobachtung heraus, dass Haushalte immer weniger Personen umschließen – bis hin zum Singlehaushalt –, brachten die beiden Firmen eine Kaffeemaschine heraus, die für das Aufbrühen von nur einer oder zwei Tassen konzipiert ist. Der Kaffee ist, Teebeuteln vergleichbar, in kleine Pads abgepackt. In der Kooperation wird grundsätzlich angestrebt, die Kaffeepads patentieren zu lassen, sodass Sara Lee der exklusive Partner für Philips Senseo ist. In den Niederlanden hat mittlerweile jeder vierte Haushalt eine Senseo-Kaffeemaschine. Philips hat inzwischen eine exklusive Silver-Senseo-Maschine auf den Markt gebracht, die mehr als doppelt so teuer ist wie das Ursprungsmodell. Und den Senseo-Kaffee gibt es nun statt der ursprünglich fünf in zwölf Geschmacksrichtungen.

Braun und Jacobs Natürlich hat das Modell Philips-Sara Lee mittlerweile viele Nachahmer gefunden: So entwickelten Jacobs Kaffee und

Braun ebenfalls eine optimale Verbindung von Kaffee und Kaffeemaschine.

Krups und Heineken Krups hat in Zusammenarbeit mit Heineken eine Mini-Zapfanlage für Privathaushalte herausgebracht. Die dazu passenden 4-Liter-»Fässer« werden exklusiv von Heineken abgefüllt und in den Niederlanden sowie in der Schweiz in den Handel gebracht. Man kann sich vorstellen, dass Philips diese Innovation nicht unbeantwortet lassen konnte. Mittlerweile gibt es auch eine Philips-Zapfanlage, für die der belgische Brauereikonzern INBEV die Fässer zur Verfügung stellt.

Vorreiter Philips Das Unternehmen Philips ist offensichtlich sehr findig, wenn es um Kooperationen geht. In Zusammenarbeit mit dem Kosmetikkonzern Nivea wurde beispielsweise der Rasierer »Cool Skin« auf den Markt gebracht, mit dessen Hilfe sich der gestresste Businessman Zeit sparen kann, da die Rasierlotion durch den Rasierer gleich mit aufgetragen wird. In einer Kooperation mit Crest (Procter & Gamble) wurde »Sonicare« entwickelt, eine elektrische Zahnbürste, die flüssige Zahnpasta direkt über den Bürstenkopf auf die Zähne verteilt. Gemeinsam mit Unilever erdachte man das Bügeleisen »Perfective«, das einen feinen Sprühfilm eines Antifaltenfluids an die Wäsche abgibt, das erst durch das Bügeleisen wirksam wird.

Scholl, Celine und Burberry Scholl, Hersteller von Fußpflegeprodukten und Schuhwerk, entwarf gemeinsam mit dem französischen Designerlabel Celine und Burberry eigene Holzsandalen, die ausschließlich in den Shops von Celine und Burberry erhältlich sind.

Strategie H
Empfehlung

Gerade im hochpreisigen Segment unterstützen Sie die Exklusivität Ihres Produkts oder Ihrer Dienstleistung, wenn Sie eine Partnerschaft mit einem anderen Luxusanbieter eingehen. Sie können eine Empfehlung aussprechen oder wechselseitig aufeinander verweisen. Diese Strategie kann von jedem Einzelunternehmer angewandt werden. Hier ein Beispiel aus der Werbung.

Reckitt Benckiser und AEG Reckitt Benckiser ist der Hersteller von hochpreisigen Reinigungsprodukten wie »Calgonit«, »Calgon« und »Vanish«. AEG als Hersteller von Haushaltsgeräten empfiehlt die Produkte von Reckitt Benckiser, die helfen sollen, die Lebensdauer der Geräte zu verlängern. Darüber hinaus gibt es Gewinnspiele von Reckitt Benckiser, bei denen es neue AEG-Geräte zu gewinnen gibt. Reckitt Benckiser bezeichnet AEG offiziell als Partner und ist verlinkt mit dessen Homepage.

Strategie I
Profilgeber

Marken, die für spezifische Produkte stehen und mit einem bestimmten Image verbunden werden, werden für andere Marken eingesetzt und unterstützen diese damit. Dieser Trend kommt auch dem Wunsch des Kunden entgegen, der sich über vertraute Marken freut, die er auch zu Hause konsumiert. In der Automobilbranche ist dieser Trend schon länger sichtbar.

United Airlines und Starbucks Bei der großen amerikanischen Fluggesellschaft United Airlines wird beispielsweise Starbucks Kaffee serviert wie auch Produkte weiterer namhafter amerikanischer Hersteller. Auf diese Weise wird das Image von United Airlines als amerikanische Fluggesellschaft unterstrichen.

Hotels und Luxusmarken Schon seit längerem gibt es Kooperationen zwischen Hotelketten und Pflegeprodukten. Während man vor einiger Zeit noch No-Name-Produkte in unauffälligem Design und gleichbleibender seifiger Duftnote vorfand, werden heute in einigen

Hotelketten Markenprodukte bereitgelegt. Diese passen in Image und Exklusivität meist sehr gut zur jeweiligen Hotelkette. So findet man die Marke Givenchy beispielsweise in luxuriösen One & Only Resorts in Dubai oder auf Mauritius. Im Hotel Martinez in Cannes gibt es sogar einen Givenchy-Spa-Bereich. In Hotels der Kette Ibis in Deutschland und Österreich werden Pflegeprodukte von Fenjal den Gästen zur Verfügung gestellt.

Beflügelt von diesem Erfolg gibt es zunehmend Beispiele dafür, dass eine Hotelkette und eine Luxusmarke gemeinsam Hotels kreieren. So haben Mariott und Bulgari ein Hotel in Mailand eröffnet, das nicht nur sehr luxuriös ist, sondern auch in der Nähe von zahlreichen exklusiven Boutiquen liegt. Weitere Häuser sind geplant.

Siemens und Alessi Siemens brachte 2003 ein schnurloses Telefon im Alessi-Design heraus. Alessi ist ein exklusiver italienischer Hersteller von Haushaltsprodukten und steht für höchstes Design. Siemens möchte sich auf diese Weise einen Ruf als führender Hersteller von Designtelefonen erwerben.

Smart und Hugo Um den Smart »forfour« zu promoten, wurde eine Spezialedition im Hugo-Boss-Design auf den Markt gebracht. So sollte der urbane Lifestyle von Smart mit dem modernen und trendigen Lebensgefühl der Marke Hugo vereint werden. Zudem gab es ein Gewinnspiel, dessen Teilnahmekarten man in Douglas-Parfümerien erhielt, in denen unter anderem die Hugo-Düfte angeboten werden.

VPhone und Swarovski Der südkoreanische Hersteller von Mobiltelefonen VPhone und Swarovski, der österreichische Produzent von Kristallziergegenständen, haben gemeinsam ein Handy entwickelt, dessen Display von Kristallen umrahmt ist. Ähnliche Kooperationen sind in Zukunft sicherlich noch verstärkt zu erwarten, da das Mobiltelefon immer mehr zum Designobjekt wird.

Acer und Ferrari Acer bietet ein Notebook im Ferraridesign an, mit dem man den Kunden Ferraris Geschwindigkeit ermöglichen möchte.

Breitling und Bentley Einen Ausblick, was aus Kooperationen werden kann, geben Breitling und Bentley. Breitling, bekannt für die Herstellung hochwertiger Uhren, entwickelte eine Uhr für das Armaturenbrett des Bentley Continental GT. Was so gut funktioniert, kann auch umgedreht werden: Breitling hat inzwischen eine »Bentley«-Armbanduhr herausgebracht, in der sich das typische Design wie auch das Logo wiederfinden.

Strategie X
Einfach Querdenken

Es gibt noch unzählige Beispiele für weitere Kooperationen, die mal nahe liegen, mal überraschen. Vielleicht haben Sie bereits ein paar Ideen für Ihr eigenes Vorhaben gewonnen? Wenn Sie jetzt sagen, dass sei ja alles schön und gut, aber für Ihre Branche, Ihr Produkt, Ihre Dienstleistung würde sich einfach keine Kooperation anbieten, habe ich nur eine Erwiderung: doch!

Spätestens das folgende Beispiel, das ich von Karl Heinz Karius (www.connection-network.de) erhielt, sollte Sie davon überzeugen, dass vieles scheinbar Unmögliche doch möglich ist. Ein Hersteller von Kinderbekleidung verkauft diese in großen Mengen an Handelsketten, kann aufgrund des enormen Wettbewerbsdrucks jedoch keine wünschenswerten Preise realisieren. Während er im Durchschnitt 2,90 Euro für einen Strampler erzielt, würde er gerne 3,30 Euro erwirtschaften können. Die Lösung fand sich mit einem Versicherungsunternehmen, das neue, möglichst junge Kunden akquirieren wollte. Die Kinderbekleidung wurde mit einem speziellen Versicherungsschutz versehen. Sollte das Kind beim Tragen der Kleidung einmal stürzen, dann ist es automatisch versichert. Müttern ist dies gerne einen Aufpreis von 50 Cent wert. Für den Kinderkleidungshersteller ist es eine Möglichkeit, etwas mehr an der Kleidung zu verdienen, für die Versicherung ein wirkungsvolles Mittel zur Neukundengewinnung. Junge Familien sind für Versicherer sehr interessante Kunden, da junge Eltern nachgewiesenermaßen ein ungeheures Sicherheitsbedürfnis entwickeln. Die Versicherung könnte dem Kinderbekleidungshersteller den Schutz eventuell sogar kostenlos überlassen, wenn sich die Käufer beispielsweise mit ihrer Adresse eintragen und somit ein guter Markteintritt für die Versicherung möglich ist. Immerhin bekommt sie daraufhin neue Adressen von jungen Erdenbürgern und kann damit bei einem anstehenden Besuch auf eine Berufsunfähigkeits-, Lebens-, Reise-, Ausbildungs- oder sonstige Versicherung hinweisen.

Wie Sie Kooperationen anbahnen

»Ein Million Dollar für eine Nacht mit Ihrer Frau!«, offerierte Robert Redford in dem Filmerfolg *Ein unmoralisches Angebot* einem jungen, mittellosen Architekten. Sicherlich ein gewagter Versuch, dieses delikate Beispiel aus Hollywood auf das Geschäftsleben zu übertragen. Doch müssen nicht gerade in diesem Bereich die Angebote unwiderstehlich sein?

Wenn Sie einem attraktiven Partner ein Angebot machen wollen, das er nicht ablehnen kann, zahlt sich konsequentes Networking aus. Vielleicht kennen Sie den möglichen Kooperationspartner bereits über die viel beschworenen sechs Ecken. Oder Sie hatten bereits auf einer Veranstaltung einen kurzen Kontakt. Oder der Entscheider auf der »anderen Seite« ist zufällig in der gleichen Vereinigung wie Sie. Letztendlich zahlt sich jetzt Ihr Einsatz, Ihr vielleicht langjähriges Engagement aus – indem Sie für Ihre Kooperationsidee über Ihr Netzwerk genau die richtigen Kontakte herstellen können.

In der Regel gibt es in der Anbahnung von Kooperationen eine ganze Reihe von Kommunikationsschritten: ein Ersttelefonat, die Zusendung von aussagekräftigen Unterlagen, ein persönlicher Besuch, bei dem sich Verkäufer und Einkäufer gegenübersitzen, eine Präsentation, in der Leistungen, Kundennutzen und Nutzen für die Unternehmen aufgezeigt werden. Alle Maßnahmen sollen unser Gegenüber davon überzeugen, dass genau diese Kooperation erfolgreich sein wird. Insbesondere dann, wenn es gilt, fehlendes Vertrauen oder mangelnde Größe des eigenen Unternehmens zu kompensieren. Und ganz nebenbei entsteht ein Kontakt von Mensch zu Mensch, entwickelt sich im Laufe dieses Prozesses eine persönliche Beziehung zwischen den Parteien.

Im Idealfall führen all diese Schritte dazu, dass Ihr Gesprächspartner hinreichend Nutzen für sich entdeckt, genügend Vertrauen oder gar Sympathie aufbaut und schließlich sagt: »Fassen Sie mir die Punkte noch einmal kurz zusammen, und schicken Sie mir ein Angebot.«

Ein wunderbarer Moment. Doch in den meisten Fällen geschieht nun vor allem eines: Der Kunde erhält ein Angebot, dessen Inhalt sich auf die Standardanrede, nüchterne Artikelnummern und -bezeichnungen des Produkts und den nackten Preis beschränkt. Zahllose Briefe liefern überdies ein Sammelsurium an undurchsichtigen Begriffen, verwirrenden unternehmensinternen Codierungen, kundenirrelevanten Lagerplatznummern und abschreckenden rechtlichen Absicherungsklauseln. Wohin verflüchtigte sich die persönliche Note aus den vorangegangenen Gesprächen? Wo bleiben das aussagekräftige Firmenprofil, die attraktive Beschreibung der gemeinsamen Ziele sowie die gelungene Präsentation der Nutzenargumente?

Wir haben an dieser Stelle gleich zwei Probleme: Konnte sich unser Gegenüber all diese Dinge merken, sodass er den gemeinsamen Nutzen wiedererkennt? Und falls er sich erinnert, ist er dann in der Lage, einem möglichen dritten Entscheider alle relevanten Informationen weiterzugeben? Wohl kaum. Der Informationsverlust ist enorm. Denn wir behalten von dem, was wir nur hören, gerade einmal 20 Prozent. Was aber, wenn gerade die übrigen 80 Prozent entscheidungsrelevant waren?

Abbildung 6: Was wir behalten

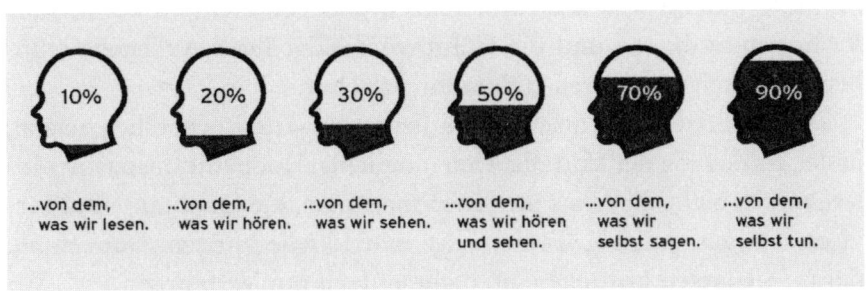

10%	20%	30%	50%	70%	90%
...von dem, was wir lesen.	...von dem, was wir hören.	...von dem, was wir sehen.	...von dem, was wir hören und sehen.	...von dem, was wir selbst sagen.	...von dem, was wir selbst tun.

Unwiderstehlich wird unser Angebot nicht nur durch seine inhaltliche Gestaltung: Fehlerfreie Rechtschreibung, hochwertige Papierqualität, saubere Heftung oder Bindung und das Einhalten des Firmen-Corporate-Design sind seine unabdingbaren Voraussetzungen. Hilfreich für den Partner ist auch, wenn dem Angebot eine Visitenkarte des Ansprechpartners beigefügt wird, damit er weiß, an wen er sich bei Rückfragen wenden kann. In jedem Fall bringt ein individueller Begleitbrief, der noch einmal auf eventuelle Vorverhandlungen eingeht und individuell zutreffende Argumente aufgreift, deutliche Pluspunkte.

Argumentieren Sie nicht allein mit Fakten, Statistiken oder Beweisführungen, sondern beleben Sie Ihr Angebot mit Beispielen. So wird es für Ihren Gesprächspartner plastischer und vorstellbarer. Eine zu differenzierte Argumentation schadet mehr, als dass sie nützt, weil sie als trocken und unverständlich wahrgenommen wird. Die Art der Argumentation prägt Ihr Image als Anbieter. Sie sollten sich nicht in Details verlieren und nie den größeren Zusammenhang Ihrer Botschaft verlieren. Oft reichen schon wenige Argumente aus. Allerdings müssen diese hochwertig und zutreffend sein, um zu überzeugen.

Außerdem sollten Sie die ganze Aussagekraft der Sprache nutzen. Wählen Sie Beispiele und Metaphern zur Veranschaulichung. Zusätzlich können Sie die Vorteile für die potenziellen Partner mithilfe von Adjektiven bildhafter machen: Sprechen Sie also von einem »wartungsfreien Hochleistungsserver« oder einem »bedienerfreundlichen Eingabesystem«: Nutzenkommunikation statt Fachkauderwelsch. Wichtig ist auch, dass Sie dem Schreiben einen lebendigen, sinnlich ansprechenden Charakter verleihen. Je intensiver Sie die Emotionen Ihrer Kunden ansprechen, desto höher sind Ihre Chancen, wahrgenommen zu werden. Zentrale Inhalte sind auch Referenzen und Grafiken. So können Sie Vertrauen aufbauen und die Glaubwürdigkeit Ihres Anliegens erhöhen. Grafiken illustrieren zudem Ihr Angebot.

Der Schlüssel zur Entscheidung liegt, wie viele Recherchen zeigen, in der Darlegung der Vorteile. Den möglichen Kooperationspartner interessieren nicht die trockenen Informationen, die Qualitäts- und Serviceleistungen an sich, sondern der individuelle Nutzen. Denken Sie daran: Sie bieten Lösungen an, nicht einfach nur Verfahren.

An dieser Stelle möchte ich noch einmal auf meine Veranstaltung mit Bill Clinton zurückkommen: Ohne Kooperationspartner wäre das Projekt nicht zu schultern gewesen. Da die Referentenkosten schon eine viertel Million Euro betrugen, war klar, dass die Gesamtveranstaltung mindestens die doppelten Kosten hervorrufen würde. Wir mussten Kooperationsideen entwickeln und geeignete Partner finden.

Unser Weg führte zu Medienpartnern, es gab Gespräche mit der *Süddeutschen Zeitung* und der *Augsburger Allgemeinen*, die zum Erfolg führten – auch, weil wir dort schon einen guten Ruf genossen und kooperiert hatten. Ich aktivierte weitere Personen aus meinem Netzwerk und gemeinsam konnten wir das Clinton-Projekt schneller organisieren – schließlich hatten wir ja nur sechs Wochen Zeit.

Sie möchten wissen, wie es weiterging?

Gut eine Woche vor der Veranstaltung erhielt ich einen Anruf aus den USA, dass am Montagmorgen um 8.30 Uhr Herr Timothy Emrich mit American Airlines in München landen würde. Herr Emrich ist der persönliche Berater von Präsident Bill Clinton. Als ich Montagabend ins Hotel fuhr, um ihn zu treffen, eilte ich in die Hotellobby und hielt Ausschau nach einem einzelnen Mann. Lediglich zwei Pärchen und eine größere Gruppe von rund acht Personen waren in der Lobby versammelt, während ich mich suchend umsah und schließlich zur Rezeption gehen wollte, um mich zu erkundigen. In diesem Augenblick kam ein junger Mann aus der Gruppe auf mich zu und fragte: »You are Hermann?« Ich antwortete verdutzt: »Yes, and you are Mr. Emrich?« Ich realisierte, dass Mr. Emrich nicht allein gekommen war, sondern in Begleitung von sieben weiteren Leuten aus verschiedenen Teams, unter anderem vom U.S.S.S., dem United States Secret Service. Bei der Vorstellung erklärte er, dass dies der erste Teil der Gruppe sei und der Rest bis Sonntag einfliegen würde. Ich fragte: »Was verstehen Sie unter ›Rest‹?« Mr. Emrich antwortete, dass bis Sonntag noch circa 40 Leute weltweit zusammengezogen würden. Ich runzelte die Stirn und erkundigte mich bei Paul, einem Mitarbeiter des U.S.S.S, ob das nötig wäre? Und er erwiderte: »Das ist für uns nur eine Kaffeefahrt. Wäre Mr. Clinton noch Präsident, würden wir mit rund 1 500 Mann anreisen.« Zwei Tage später landeten weitere Mitarbeiter vom United States Secret Service, um erst mal den Flughafen Augsburg lahm zu legen, sämtliche Nachtflugverbote aufzuheben und dafür zu sorgen, dass Mr. President immer und zu jeder Zeit ein- und ausfliegen durfte. Die bayerische Polizei, die ihren Einsatz immerhin ganze sechs Wochen lang plante und übte, war mit 300 Personen vertreten und lud den Präsidenten noch zu einer Besichtigung des Schlosses Linderhof ein.

Das Abendessen demonstrierte die enorme Perfektion des Planungsstabes von Präsident Clinton, der schon im Vorfeld der Veranstaltung eine Vielzahl von Fragen gestellt hatte. Ich will gar nicht ausführen, was sie alles wissen wollten – angefangen bei: Warum, wieso und weshalb wir so etwas überhaupt veranstalten, wer kommt und was beabsichtigt wird, welche Termine einzuhalten sind und so weiter.

Die spannendste Frage für mich war in diesem Zusammenhang der Tischplan, den wir schon einige Tage vor der Veranstaltung nach New York faxen mussten. Insgesamt waren 300 Gäste zum Abendessen angemeldet. Wir hatten geplant, 30 Personen an der Tafel des Präsidenten zu platzieren, und da war die professionelle Networking-Vorbereitung von Präsident Clinton zu erkennen. Sein Team forderte einige Tage vor der Veranstaltung eine graphische Darstellung der Sitzordnung des Präsidententisches an. Diese sollte nicht nur die Sitzpositionen und Namen der anwesenden Personen enthalten, sondern gleichzeitig auch eine DIN A4-Seite des jeweils dazugehörigen Lebenslaufs.

Kurzum: Es war ein schönes Fest und ein wunderbares Abendessen, das in hervorragender Art und Weise ausklang. Auch die Nachbereitung der Veranstaltung war ein voller Erfolg: Wir konnten uns über mehrere Fernsehberichte und annähernd 200 Presseberichte freuen.

Obwohl uns nur sechs Wochen zur Verfügung standen, um dieses Event vorzubereiten, konnte es aus medientechnischer Sicht hervorragend genutzt werden. Die gesamte Veranstaltung hatte rund 700 000 Euro an Kosten verursacht und ungefähr die gleiche Menge an Umsatz eingespielt. Das Event, das ein kalkuliertes Risiko darstellte, brachte neben einer Spende von über 50 000 Euro als Ergebnis eine schwarze Null, aber eine Außenwirkung, die kaum zu beziffern ist: »Hermann Scherer? Das ist doch der, der Präsident Clinton zum Abendessen eingeladen hat.«

Und nun Sie!

> Dass die Frauen das letzte Wort haben,
> beruht hauptsächlich darauf,
> dass den Männern nichts mehr einfällt.
>
> *Hanne Wieder*

Der deutschen Schauspielerin und Kabarettistin Hanne Wieder gebührt das letzte Wort dieses Buches. Fast zumindest. Dass mir zum Thema Networking nichts mehr einfallen würde, kann ich zwar nicht behaupten – Sie wissen ja, seine kompletten Erfahrungen sollte man in einem Buch nicht preisgeben, will man sich als Experte nicht ganz überflüssig machen –, eines jedoch kann ich Ihnen versichern: Sie haben das Entscheidende erfahren. Jetzt liegt es an Ihnen, meine Anregungen und Tipps umzusetzen, eine Strategien auszuwählen und kreativ das Knüpfen von Kontakten und Kooperationen anzugehen.

Meine Zielsetzung war es nicht, Ihnen lediglich das notwendige Networking-Werkzeug an die Hand zu geben. Ich wollte Ihnen vor allem einen Eindruck davon geben, was möglich ist. Das Interessante am Networking ist schließlich, dass wir es ohnehin alle tun – die Frage ist nur, wie intensiv und wie strategisch wir dabei vorgehen.

Was immer Sie bislang unter Networking verstanden haben – ich denke, Sie gehen nach Lektüre dieses Buches bewusster an das Schließen und Pflegen von Kontakten heran und Sie haben eine Vorstellung davon gewonnen, wie dynamisch und wie effektiv Networking sein kann. Der Begriff »Nutzen« wird in diesem Buch sehr häufig erwähnt – aus gutem Grund. Auch wenn ich Ihnen vermitteln möchte, dass »Networking Spirit« nichts mit einer schnöden Abrechnung von Leistungen und Gegenleistungen zu tun hat, so ist doch auch deutlich geworden, dass es Ziel von Networking ist, *Nutzen zu potenzieren*. Nutzen ist ein Maßstab für Zufriedenheit, für Glück und Erfolg. Doch nicht immer lässt sich dieser Gewinn als quantifizierbare Einheit beziffern. Doch Sie können gewiss sein: Es kommt darauf an, dass die Gesamtbilanz stimmt, und wenn Sie meinen Tipps folgen, dann wird sie das.

Immer wieder habe ich Ihnen auf den vorangegangenen Seiten von meinem Abendessen mit Bill Clinton erzählt – ganz einfach, weil ich daran vieles illustrieren konnte, was ich Ihnen vermitteln wollte. Am Anfang stand nur eine verrückte Idee, am Ende eine gelungene Veranstaltung, die unglaubliche Kreise zog – und das nicht nur in der Medienwelt. Die eine Seite ist, dass ich Networking im Vorfeld der Veranstaltung genutzt habe. Die andere, dass ich an diesem Tag mein Netzwerk enorm erweitern konnte. Ohne Networking hätte ich bis heute keinen Kontakt zu Bill Clinton hergestellt, ich hätte nie eine Veranstaltung in dieser Größenordnung stemmen können, ich hätte vermutlich nie die No Angels geküsst, nie mit dem United States Secret Service Tischordnungen diskutiert, nie den Klitschko-Brüdern die Hand geschüttelt und wohl auch nie dieses Buch geschrieben. Alleine bewegen Sie keine großen Steine.

Unser »Projekt Clinton« hat uns nicht reich gemacht, aber es hat unglaubliche Begehrlichkeiten geweckt. Obwohl mittlerweile einige Jahre ins Land gegangen sind, höre ich den Satz »Mensch, Sie sind doch der, der Clinton nach Deutschland holte« heute noch. Ich habe mir damit auf lange Sicht einen interessanten Untertitel geschaffen und mich als Experte profiliert. Inzwischen erhalte ich immer häufiger Anrufe von Verbänden und Unternehmen, die einen motivierenden Vortrag für ihre Kunden oder Mitarbeiter buchen möchten und mich zusätzlich auffordern, Mut und Begeisterung zu vermitteln, die großen Steine im Leben und Unternehmen zu bewegen, um so einen langfristigen (Unternehmens-)Erfolg sicherzustellen. Profiliert haben sich auch die von mir gegründete Firma Unternehmen Erfolg (www.unternehmen-erfolg.de) auf dem Gebiet der Veranstaltungsorganisation mit dem Konzept »Von den Besten profitieren« und die damit verbundenen deutschlandweiten Veranstaltungsreihen.

Auch persönlich habe ich durch das Clinton-Projekt dazugelernt: dass das »Unmögliche« manchmal leichter zu realisieren ist als das Naheliegende. An einen Bill Clinton traute sich keiner ran – da sagte jeder gleich: »Oh nee, das klappt nie, den kriegst du nicht!« Doch es hat funktioniert. Interessanterweise war Bill Clinton seither nicht mehr in Deutschland, er wurde nur via Satellit bei einigen Symposien und Kongressen zugeschaltet.

Ein einziges Problem stellt sich nun noch: Wie geht es weiter? Wen wollen wir jetzt einladen? Wir haben mit Bill Clinton die Messlatte so hoch gehängt, dass wir beim nächsten »Big Event« mit einem ganz besonderen Stargast überzeugen müssen. Das ist die Herausforderung, die jetzt ansteht – und vielleicht verrate ich Ihnen in meinem nächsten Buch ja mehr darüber.

Weiterführende Links und Übersichten zu diesem Buch finden Sie im Internet unter www.campus.de/isbn/3593377667.

Anhang

Literatur

Asgodom, Sabine und Hermann Scherer: *Jetzt komm' ich! Wie Frauen durch Marketing in eigener Sache nach oben kommen,* Landsberg 2001

Blanchard, Kenneth und Jesse Stoner: *Full Steam Ahead? Volle Kraft voraus!,* Offenbach 2004

Christiani, Alexander: *Magnet-Marketing,* Frankfurt/Main 2001

Fleisch, Elgar: *Das Netzwerkunternehmen,* Berlin 2001

Focus Magazin Verlag/Unternehmen Erfolg, *FOCUS FORUM: Die Erfolgsmacher. Von den Besten profitieren,* Frankfurt/New York 2004

Focus Magazin Verlag/Unternehmen Erfolg, *FOCUS FORUM: Die Erfolgsmacher II. Von den Besten profitieren,* Frankfurt/New York 2004

Hauser, Jürgen: *Kontrakte durch Kontakte. Networking für Verkäufer,* Wiesbaden 2002

Horx, Matthias: *Future Fitness,* Frankfurt 2003

Horx, Matthias: *Wie wir leben werden,* Frankfurt/New York 2005

Jarillo, Jose-Carlos: *Strategic Networks: Creating the Borderless Organization,* Oxford 1995

Keupp, Heiner und Bernd Röhrle: »Soziale Netzwerke. Eine Metapher des gesellschaftlichen Umbruchs«, in: Heiner Keupp (Hrsg.): *Riskante Chancen. Das Subjekt zwischen Psychokultur und Selbstorganisation,* Frankfurt 1987

Laubacher, Robert J. und Thomas W. Malone: »Vernetzt, klein und flexibel – die Firma des 21. Jahrhunderts«, in: *Harvard Business Manager* 2002; Sonderband »Effizienz«

Mackay, Harvey: *Networking,* Berlin 1997

von Münchhausen, Marco und Hermann Scherer: *Die kleinen Saboteure.* Frankfurt/New York 2003

Österle, Hubert, Elgar Fleisch und Rainer Alt: *Business Networking in der Praxis,* Berlin 2001

Öttl, Christine und Gitte Härtner: *Networking*, Hamburg 2004

Picot, Arnold, Ralf Reichwald und Rolf T. Wigand: *Die grenzenlose Unternehmung: Information, Organisation und Management*, Wiesbaden 2003

Preisendörfer, Peter und Thomas Voss: »Arbeitsmarkt und soziale Netzwerke: Die Bedeutung sozialer Kontakte beim Zugang zu Arbeitsplätzen«, in: *Soziale Welt* 39/1988

Pütz, Robert: *Creative Networking: the international approach to generating ideas*, Köln 1994

Röhrle, Bernd: *Soziale Netzwerke und soziale Unterstützung*, Weinheim 1994

Rottloff, Andrea: *Networking. Kontakte knüpfen. Verbindungen pflegen. Beziehungen nutzen*, Bindlach 2004

Ruck, Karin: *Professionelles Networking*, Frankfurt 2004

Rudolph, Ulrike: *Karrierefaktor Networking* (mit CD-ROM), Freiburg 2004

Rupprecht-Däullary, Marita: *Zwischenbetriebliche Kooperation*, Wiesbaden 1994

Scheddin, Monika: *Erfolgsstrategie Networking*, Nürnberg 2003

Scheler, Uwe: *Erfolgsfaktor Networking*, Frankfurt/New York 2000

Scherer, Hermann: *30 Minuten für eine gezielte Fragetechnik*, Offenbach 2003

Scherer, Hermann: »Auftreten wie beim Rendezvous«, in: *Focus* 29/2001

Scherer, Hermann: »Erfolg im Vertrieb mit Future skills«, in: *sales business*, 6/2001

Scherer, Hermann: »Erfolgreich verhandeln«, in: *sales business* 5/2001

Scherer, Hermann: *Ganz einfach verkaufen*, Offenbach 2003

Scherer, Hermann: *Jeder Tag ist Schlussverkauf*, Offenbach 2001

Scherer, Hermann: »Lust auf Profilierung«, *in*: Evelyn Rosewich (Hrsg.): *Mehr Lust auf Leistung*, Offenbach 2003

Scherer, Hermann: *Sie bekommen nicht, was Sie verdienen, sondern was Sie verhandeln*, Offenbach 2002

Scherer, Hermann (Hrsg.): *Von den Besten profitieren*, Offenbach 2001

Scherer, Hermann (Hrsg.): *Von den Besten profitieren – Teil II*, Offenbach 2002

Scherer, Hermann (Hrsg.): *Von den Besten profitieren – Teil III*, Offenbach 2003

Scherer, Hermann und Sabine Thienel: »Ich bin einfach gut«, in: *Focus Money* 32/2001

Scherer, Hermann, Sabine Thienel und Susanne Vieser: »So sichern Sie Ihre Karriere«, in: *Focus Money* 35/2001

Sydow, Jörg: *Strategische Netzwerke. Evolution und Organisation*, Wiesbaden 1992

Templeton, Timothy L. und Lynda Rutledge Stephenson: *Networking, das sich auszahlt*, Frankfurt 2004

Simon, Hermann: *Think! Strategische Unternehmensführung statt Kurzfrist-Denke*, Frankfurt 2004 de Vries, Jan: *Die Erreichbarkeitsfalle. Lassen Sie Ihre Kunden nicht im Kommunikationsnirwana verschwinden*, Erlangen 2003

Wasserman, S. und K. Faust: *Social network analysis: methods and applications*, Cambridge 1994

Wikner, Ulrike: *Networking – die neue Form der Karriereplanung*, Eibelstadt 2000

Winand, Udo und Klaus Nathusius: *Unternehmungsnetzwerke und virtuelle Organisationen*, Stuttgart 1998

Wolf, Kirsten: *Karriere durch Networking. Erfolgreich Beziehungen knüpfen im Beruf*, Niedernhausen 1999

Register

News-to-use-Letter

Möchten Sie regelmäßig wertvolle Praxistipps und aktuelle Informationen rund um die Themen persönlicher Erfolg und Unternehmenserfolg?

Gerne senden wir Ihnen unverbindlich und kostenlos den regelmäßigen News-to-use-Letter mit wertvollen Praxistipps und aktuellen Informationen für Ihren persönlichen Erfolg und Ihren Unternehmenserfolg.
(Der News-to-use-Letter ist jederzeit abbestellbar. Sie finden in jedem Letter einen Abmeldelink, falls Sie den Letter nicht mehr lesen möchten.)

Senden Sie eine Mail mit dem Betreff „Letter" an info@scherer.us oder gehen Sie ins Internet unter www.scherer.us

Weitere Infos: Telefon: + 49.(0)8161.99 19.0
Hermann Scherer   Telefax: + 49.(0)8161.99 19.19
Ismaninger Straße 47   info@hermannscherer.de
D-85356 Freising   www.hermannscherer.de

Impulsive Vorträge

Zu folgenden Themen hält Hermann Scherer Vorträge:

Business-Motivation/Unternehmenserfolg
Spielregeln für die Pole-Position in den Märkten von morgen
Mutiges Management für die Märkte von morgen

Motivation
Die kleinen Saboteure – So managen Sie die inneren
Schweinehunde im Unternehmen.

Verkauf und Verkaufsmotivation
Verkaufen im Verdrängungswettbewerb
Sind Sie unwiderstehlich?

Marketing
Differenzieren oder verlieren
Sind Sie gut und keiner weiß es?

Verhandlung
Sie bekommen nicht das, was Sie verdienen, sondern das,
was Sie verhandeln. Argumente schlagen Rabatte.

Networking
Der Beziehungsarchitekt

Weitere Infos: info@hermannscherer.de · www.hermannscherer.de